파이썬
데이터 클리닝 쿡북

파이썬과 판다스를 활용한 데이터 전처리

파이썬
데이터 클리닝 쿡북

파이썬과 판다스를 활용한 데이터 전처리

지은이 마이클 워커

옮긴이 최용

펴낸이 박찬규   엮은이 김윤래   디자인 북누리   표지디자인 Arowa & Arowana

펴낸곳 위키북스   전화 031-955-3658, 3659   팩스 031-955-3660

주소 경기도 파주시 문발로 115 세종출판벤처타운 311호

가격 28,000   페이지 388   책규격 188 x 240mm

초판 발행 2021년 11월 19일

ISBN 979-11-5839-278-9 (93000)

등록번호 제406-2006-000036호   등록일자 2006년 05월 19일

홈페이지 wikibook.co.kr   전자우편 wikibook@wikibook.co.kr

파이썬
데이터 클리닝 쿡북

파이썬과 판다스를 활용한 데이터 전처리

마이클 워커 지음
최용 옮김

위키북스

마이클 워커(Michael Walker)

30년 이상 여러 교육기관에서 데이터 분석가로 일했다. 또한 2006년부터 대학에서 데이터 과학, 연구 방법, 통계, 컴퓨터 프로그래밍을 가르쳤디. 그는 공공 부문 및 재단의 보고서를 생산하며 학술지에 게재할 자료를 분석한다.

링멍제(Meng-Chieh Ling)

독일 카를스루에 공과대학교에서 응집물질물리학 박사를 취득했다. 그 후 물리학이 아닌 데이터 과학으로 진로를 틀었다. 다름슈타트의 AGT 인터내셔널에서 2년간 일한 뒤, 뒤셀도르프의 체크24 패션(CHECK24 Fashion)에 데이터 과학자로 합류했다. 데이터 정제에 머신러닝을 적용해 효율을 높이고, 딥러닝으로 어트리뷰트를 자동으로 태깅하고, 이미지 기반 추천 시스템을 개발한다.

세바스천 셀레스(Sébastien Celles)

프랑스 푸아티에 대학교 열 과학(thermal science)부 응용 물리학 교수다. 2000년대초부터 수치 시뮬레이션, 데이터 플로팅, 데이터 예측 등의 작업에 파이썬을 사용했다. 《Mastering Python for data science》와 《Julia for Data Science: Explore data science from scratch with Julia》의 기술 검토를 맡은 바 있다.

또한 PyPI에 있는 openweathermap_requests, pandas_degreedays, pandas_confusion, python-constraint, python-server, python-windrose 같은 여러 파이썬 패키지를 만들었다.

최용

한국방송통신대학교에서 컴퓨터 과학을 전공하고 2000년대 초부터 IT 업계에서 일했다. 은행의 일괄 작업 운영과 서버 운영 자동화를 돕는 외산 소프트웨어의 기술 지원 업무를 주로 했고, 현재는 위키북스에서 교정 업무를 하고 있다.

저서로 《왕초보를 위한 파이썬》(사이버출판사, 2002), 《예제 중심의 파이썬》(인피니티북스) 등이 있으며, 《파이썬으로 배우는 데이터 과학 입문과 실습》(위키북스), 《익스플로링 라즈베리 파이》(위키북스), 《침투 본능, 해커의 기술》(위키북스), 《웹 애플리케이션 보안》(한빛미디어) 등을 번역했다.

01

표 데이터를 판다스로
가져올 때의 데이터 정제

1.1 CSV 파일 가져오기   2

준비   2

작업 방법   3

원리   6

추가 정보   7

참고   8

1.2 엑셀 파일 가져오기   8

준비   8

작업 방법   9

원리   14

추가 정보   15

참고   16

1.3 SQL 데이터베이스의 데이터를 가져오기   16

준비   16

작업 방법   17

원리   22

추가 정보   23

참고   23

1.4 SPSS, Stata, SAS 데이터 가져오기   24

준비   24

작업 방법   25

원리   31

추가 정보   32

참고   32

1.5 R 데이터 가져오기   33

준비   33

작업 방법   33

원리   36

추가 정보   37

참고   37

1.6 표 데이터 저장   38

준비   39

작업 방법   39

원리   42

추가 정보   42

02

HTML과 JSON을 판다스로
가져올 때의 데이터 정제

2.1 단순한 JSON 데이터 가져오기   43
준비   44
작업 방법   44
원리   49
추가 정보   50

2.2 API를 통해 복잡한 JSON 데이터 가져오기   51
준비   51
작업 방법   53
원리   55
추가 정보   56
참고   56

2.3 웹페이지의 데이터 가져오기   57
준비   57
작업 방법   58
원리   61
추가 정보   62

2.4 JSON 데이터 저장   63
준비   63
작업 방법   64
원리   66
추가 정보   67

03

데이터 측정

3.1 처음 데이터를 훑어보기   69
준비   70
작업 방법   70
원리   73
추가 정보   74
참고   75

3.2 열을 선택하고 정돈하기   75
준비   75
작업 방법   75
원리   81
추가 정보   82
참고   83

3.3 행을 선택하기 83
준비 84
작업 방법 84
원리 92
추가 정보 93
참고 94

3.4 범주형변수의 빈도를 생성하기 94
준비 94
작업 방법 94
원리 98
추가 정보 98

3.5 연속변수의 요약통계 생성하기 99
준비 99
작업 방법 99
원리 102
참고 103

04

데이터의 부분집합에서
누락값과 이상값 식별

4.1 누락값 찾기 105
준비 105
작업 방법 105
원리 109
참고 109

4.2 변수가 1개인 이상값 식별하기 109
준비 110
작업 방법 110
원리 117
추가 정보 118
참고 118

4.3 이변량 관계의 이상값과 예상치 못한 값 식별하기 119
준비 120
작업 방법 120
원리 126
추가 정보 127
참고 127

4.4 부분집합을 이용해 변수 간의 논리적 불일치를 찾기   128

준비   128

작업 방법   128

원리   134

참고   135

**4.5 선형 회귀를 활용해 유의한 영향을 끼치는
데이터 포인트를 식별하기**   135

준비   135

작업 방법   136

원리   140

추가 정보   140

4.6 k-최근접 이웃을 활용해 이상값을 찾기   141

준비   141

작업 방법   141

원리   144

추가 정보   144

참고   144

4.7 아이솔레이션 포레스트를 활용한 이상 탐지   145

준비   145

작업 방법   145

원리   148

추가 정보   149

참고   149

05

**시각화를 활용해
예상치 못한 값을 식별하기**

5.1 히스토그램을 활용해 연속변수의 분포를 조사하기   151

준비   151

작업 방법   152

원리   157

추가 정보   158

5.2 박스플롯을 활용해 연속변수의 이상값을 식별하기   158

준비   158

작업 방법   159

원리   163

추가 정보   164

참고   164

**5.3 그룹별 박스플롯으로 특정 그룹에서
   예상치 못한 값을 드러내기** 165
　　준비 165
　　작업 방법 165
　　원리 170
　　추가 정보 171
　　참고 171

5.4 바이올린 플롯으로 분포 형태와 이상값을 조사하기 171
　　준비 172
　　작업 방법 172
　　원리 176
　　추가 정보 177
　　참고 178

5.5 산점도를 활용해 이변량 관계를 보기 178
　　준비 178
　　작업 방법 178
　　원리 184
　　추가 정보 185
　　참고 185

5.6 라인 플롯으로 연속변수의 추세를 조사하기 185
　　준비 185
　　작업 방법 186
　　원리 191
　　추가 정보 191
　　참고 192

5.7 상관행렬을 기반으로 히트맵을 작성하기 192
　　준비 192
　　작업 방법 192
　　원리 195
　　추가 정보 195
　　참고 195

06

데이터 정제,
탐색 및 시리즈 연산

6.1 판다스 시리즈에서 값을 얻기   197
　준비   198
　작업 방법   198
　원리   201

6.2 판다스 시리즈에 대한 요약통계 표시   202
　준비   202
　작업 방법   202
　원리   205
　추가 정보   206
　참고   207

6.3 시리즈 값 변경   207
　준비   207
　작업 방법   207
　원리   210
　추가 정보   211
　참고   211

6.4 조건에 따라 시리즈 값을 변경   211
　준비   212
　작업 방법   212
　원리   216
　추가 정보   217
　참고   218

6.5 문자열 시리즈 데이터 평가와 정제   218
　준비   218
　작업 방법   218
　원리   223
　추가 정보   223

6.6 날짜 다루기   223
　준비   224
　작업 방법   224
　원리   228
　참고   229

6.7 누락 데이터 식별과 정제   230
　준비   230
　작업 방법   230
　원리   234

추가 정보 234
참고 234

6.8 k-최근접 이웃으로 누락값 대치 235
준비 235
작업 방법 235
원리 237
추가 정보 237
참고 237

07

**집계 시
지저분한 데이터 다루기**

7.1 itertuples을 활용한 데이터 순회(안티 패턴) 239
준비 240
작업 방법 240
원리 243
추가 정보 243

7.2 넘파이 배열의 그룹별 요약을 계산 244
준비 244
작업 방법 244
원리 247
추가 정보 247
참고 247

7.3 groupby를 사용해 데이터를 그룹별로 조직화하기 248
준비 248
작업 방법 248
원리 251
추가 정보 251

7.4 좀 더 복잡한 집계 함수를 groupby와 함께 사용하기 251
준비 252
작업 방법 252
원리 257
추가 정보 258
참고 258

7.5 사용자 정의 함수 및 apply와 groupby 258
준비 259
작업 방법 259
원리 262

추가 정보   262

참고   263

7.6 groupby를 사용해 데이터프레임의 분석 단위를 바꾸기   263

준비   264

작업 방법   264

원리   266

08

데이터프레임들을 결합할 때의
데이터 문제 해결

8.1 데이터프레임을 수직으로 결합하기   268

준비   269

작업 방법   269

원리   272

참고   273

8.2 일대일 병합   273

준비   275

작업 방법   275

원리   279

추가 정보   280

8.3 병합 기준 열을 여러 개 사용하기   280

준비   281

작업 방법   281

원리   283

추가 정보   284

8.4 일대다 병합   284

준비   285

작업 방법   285

원리   289

추가 정보   290

참고   290

8.5 다대다 병합   290

준비   291

작업 방법   291

원리   295

추가 정보   296

8.6 병합 루틴 개발   296

준비   296

작업 방법   297

원리   298

참고   299

09

데이터 타이딩과
리셰이핑

9.1 중복 행 제거하기   301

준비   301

작업 방법   302

원리   304

추가 정보   305

참고   305

9.2 다대다 관계 수정하기   305

준비   306

작업 방법   306

원리   310

추가 정보   311

참고   312

9.3 stack과 melt로 넓은 데이터를 긴 포맷으로 리셰이핑   312

준비   313

작업 방법   313

원리   317

9.4 열 그룹을 녹이기   317

준비   317

작업 방법   317

원리   319

추가 정보   319

**9.5 unstack과 pivot을 사용해
데이터를 넓은 포맷으로 리셰이핑**   320

준비   320

작업 방법   320

원리   323

10

**사용자 정의 함수와
클래스로 데이터 정제를 자동화**

10.1 데이터를 처음 살펴보는 함수 325
준비 325
작업 방법 325
원리 329
추가 정보 330

10.2 요약통계와 빈도를 표시하는 함수 330
준비 330
작업 방법 330
원리 335
추가 정보 336
참고 336

10.3 이상치와 예상치 못한 값을 식별하는 함수 336
준비 336
작업 방법 337
원리 341
추가 정보 342
참고 342

10.4 데이터 집계와 결합을 위한 함수 342
준비 343
작업 방법 343
원리 348
추가 정보 349
참고 349

10.5 시리즈 값을 업데이트하는 로직을 담은 클래스 349
준비 350
작업 방법 350
원리 354
추가 정보 354
참고 355

10.6 표 형태가 아닌 데이터 구조를 다루는 클래스 355
준비 356
작업 방법 357
원리 360
추가 정보 361

이 책은 데이터 정제(data cleaning)를 다루는 실용적인 안내서다. '데이터 정제'란 데이터 분석을 위해 데이터를 준비하는 모든 작업을 아울러 이르는 말이다. 데이터 정제 과정은 데이터 임포트, 데이터 탐색, 이상값과 예상을 벗어나는 값 식별, 누락값 대치, 데이터 타이딩 등으로 이뤄지는 것이 일반적이다. 각각의 레시피는 원시 데이터를 가지고 데이터 정제 작업을 완료하기까지의 과정을 안내한다.

판다스에 관해서는 이미 좋은 책이 많이 나와 있다. 이 책이 기존 판다스 책들과 겹치는 점이 있는 것은 사실이다. 그렇지만 어디에 중점을 두는지에 차이가 있다. 필자는 이 책에서 방법뿐만 아니라 이유에도 중점을 두었다.

판다스는 나온 지가 그리 오래 되지 않았으므로, 필자가 데이터 정제 경험을 통해 갈고닦은 기술은 판다스 외의 도구를 통해 얻은 것이 더 많다. 파이썬과 R을 일상 업무에 활용한 지는 8년이 되었고, 그 전인 2000년대에는 C#과 T-SQL을 썼고, 90년대에는 SAS와 Stata를, 80년대에는 포트란과 파스칼을 다뤘다. 독자 대부분은 아마도 다양한 데이터 정제와 분석 도구를 경험했을 것이다. 어떤 도구를 사용하느냐보다 데이터 준비 작업과 데이터의 속성이 더 중요하다. 만약 필자에게 'SAS 데이터 정제 쿡북'이라든지 'R 데이터 정제 쿡북'의 집필을 요청했다 하더라도 주제는 크게 달라지지 않았을 것이다. 데이터 분석가들이 수십 년에 걸쳐 고심하던 것들을 이 책에서는 파이썬과 판다스의 관점에서 다뤘을 뿐이다.

각 장에서 파이썬 생태계의 여러 도구(판다스, 넘파이, 맷플롯립, 사이파이 등)를 가지고 데이터 정제 작업에 어떻게 접근할지를 논의하기에 앞서, 데이터 정제 작업을 어떻게 생각할 것인지를 먼저 다뤘다. 각 레시피에서도 데이터에서 무엇을 밝혀내고자 하는지를 논의했다. 필자는 '도구'와 '목적'을 이으려고 했다. 예를 들어, 이상값을 다룰 때 왜도와 첨도 같은 개념을 이해하는 것은 판다스 시리즈 값을 업데이트하는 방법을 이해하는 것만큼이나 중요하다.

대상 독자

지저분하고, 중복이 있으며, 품질이 낮은 데이터를 여러 파이썬 도구와 기법으로 다루려는 모든 이를 위해 이 책을 썼다. 이 책은 데이터를 정제하고 관리하는 법을 레시피 형식으로 기술했다. 파이썬 프로그래밍에 대한 실무 지식이 있으면 책을 읽는 데 충분하다.

장별 주제

1장 '표 데이터를 판다스로 가져올 때의 데이터 정제'에서는 CSV 파일, 엑셀 파일, 관계형 데이터베이스 테이블, SAS, SPSS, Stata 파일, R 파일을 판다스 데이터프레임에 로딩하는 도구를 알아본다.

2장 'HTML과 JSON을 판다스로 가져올 때의 데이터 정제'에서는 JSON 데이터를 읽고 정규화하는 기법과 웹 스크레이핑 기법을 논의한다.

3장 '데이터 측정'에서는 데이터프레임 탐색, 행과 열 선택, 요약통계 생성의 일반적 기법을 소개한다.

4장 '데이터의 부분집합에서 누락값과 이상값 식별'에서는 전체 데이터프레임 및 선택한 그룹에서 누락값과 이상값을 식별하는 법을 폭넓게 탐구한다.

5장 '시각화를 이용해 예상치 못한 값 식별'에서는 맷플롯립과 시본을 이용해 주요 변수의 분포를 히스토그램, 박스플롯, 산점도, 라인 플롯, 바이올린 플롯 등으로 시각화하는 법을 보여준다.

6장 '데이터 정제, 탐색 및 시리즈 연산'에서는 판다스 시리즈를 스칼라로 업데이트하기, 산술 연산, 하나 이상의 시리즈를 기초로 한 조건문을 논의한다.

7장 '집계 시 지저분한 데이터 고치기'에서는 데이터를 집계하는 여러 방법을 보이고, 그중 한 가지를 어떻게 선택할지 논의한다.

8장 '데이터프레임을 결합할 때의 데이터 이슈'에서는 데이터를 이어붙이고 병합하는 전략들을 알아보고, 데이터를 결합할 때 일반적으로 겪는 문제를 알아본다.

9장 '데이터 타이딩과 리셰이핑'에서는 중복 제거, 쌓기, 녹이기, 피버팅 등의 전략을 소개한다.

10장 '사용자 정의 함수와 클래스로 데이터 정제를 자동화'에서는 1장에서 9장까지 배운 많은 기술을 재사용 가능한 코드로 바꾸는 법을 알아본다.

이 책을 최대한 활용하려면

이 책을 최대한 활용하는 데 필요한 것은 파이썬 프로그래밍에 대한 실무지식뿐이다. 시스템 요구사항을 다음 표에 기술했다. 대신, 구글 코랩(Google Colab)을 사용해도 된다.

이 책에서 다루는 소프트웨어/하드웨어	OS 요구사항
파이썬 3.6 이상[1]	윈도우, 맥OS X, 리눅스 중 한 가지
1TB의 저장 공간, 8GB RAM, i5 프로세서(권장 사양)	
구글 코랩	

예제 코드 파일 다운로드

이 책의 예제 코드를 깃허브에서 다운로드할 수 있다. 코드가 수정될 경우 깃허브 저장소에 반영된다.

- https://github.com/PacktPublishing/Python-Data-Cleaning-Cookbook
- https://github.com/wikibook/data-cleansing (역자가 테스트하고 일부 코드를 수정했다.)

---

1 (옮긴이) 파이썬 3.9 이상에서는 패키지 설치가 원활하지 못할 수 있어 3.8을 권장

컬러 이미지 다운로드

이 책에 사용한 스크린숏/다이어그램의 컬러 이미지를 다음 주소에서 PDF 파일로 제공한다. https://static.packt-cdn.com/downloads/9781800565661_ColorImages.pdf

서식

이 책은 다음 규칙에 따라 서식을 적용했다.

본문 코드: 본문에 포함된 코드, 데이터베이스 테이블명, 폴더명, 파일명, 파일 확장자, 경로명, 더미 URL, 사용자 입력 등. (예: "특정 지역에 위치한 국가들의 total_cases_pm의 시리즈를 반환하는 getcases 함수를 정의한다.")

코드 블록은 다음과 같이 나타낸다.

```
>>> import pandas as pd
>>> import matplotlib.pyplot as plt
>>> import statsmodels.api as sm
```

굵은 글씨: 새로운 용어, 중요한 단어, 화면에 보이는 단어(메뉴나 대화 상자에 나오는 단어 등)를 나타낸다. (예: "국가별 코로나바이러스 확진자 및 사망자 누적 데이터와 **미국 종단 조사(National Longitudinal Survey, NLS)** 데이터를 다룰 것이다.")

> **Tip**
> **팁 또는 중요한 참고 사항**
> 이렇게 나타낸다.

> **참고**
> **팁 또는 중요한 참고 사항**
> 이렇게 나타낸다.

> **데이터에 관해**
> 이렇게 나타낸다.

구성

이 책에는 같은 이름의 항이 반복적으로 나타난다('준비', '작업 방법', '원리', '추가 정보', '참고').

레시피의 완성도를 높이기 위한 명확한 기준을 세우려고 이러한 구성을 취했다.

준비

레시피에서 예상되는 사항, 소프트웨어를 준비하는 방법, 레시피에 필요한 설정을 설명한다.

작업 방법

순서대로 따라할 수 있는 작업 절차를 안내한다.

원리

'작업 방법' 항에서 무슨 일이 일어난 것인지 구체적으로 설명한다.

추가 정보

레시피와 관련해 더 자세히 알고자 하는 독자를 위해 추가적인 정보를 제공한다.

참고

레시피와 관련된 유용한 자료를 소개한다.

요즘 각광받는 인공지능과 머신러닝은 데이터 없이는 불가능하며, '쓰레기를 넣으면 쓰레기가 나온다(Garbage in, garbage out)'라는 컴퓨터 분야의 격언은 여전히 유효합니다. 양질의 데이터를 얻고 정제하는 과정을 소홀히 한다면 제 아무리 뛰어난 기술을 적용하더라도 좋은 결과를 내기 힘들 것입니다.

이 책은 통계와 데이터 분석을 위해 데이터를 정제할 때 파이썬을 활용하는 방법을 단계적으로 기술한 레시피를 모은 쿡북입니다. 통계적 지식을 밑바탕으로 판다스와 넘파이 등으로 데이터를 정제하는 법을 주로 다루되, 엑셀이나 데이터베이스, R 데이터를 가져오는 법도 소개합니다. 또한 맷플롯립과 시본 등을 이용한 시각화도 소개하며, 함수와 클래스를 직접 만들어 업무 효율을 높이는 법도 소개했으므로 실무에 많은 도움이 될 것으로 생각합니다.

책에서 다루는 예제도 미술관 소장품, 지표온도 관측, NLS(미국 종단 조사), 코로나19 데이터 등으로 실제적입니다.

제가 현재 담당하고 있는 교정 업무와 별개로 이 책의 번역을 의뢰받고 주말에 주로 작업을 했습니다. 코로나19로 외부 활동에 제한이 많은 시기를 생산적으로 보낼 수 있어 다행으로 생각합니다.

좋은 책을 만들기 위해 항상 노력하는 위키북스의 여러분께 감사드리며, 번역 작업에 사용할 마크다운 파일을 만들어준 딸 유진에게도 고맙다는 말을 하고 싶습니다.

끝으로 독자 여러분께 감사드립니다!

2021년 9월
최용

표 데이터를 판다스로
가져올 때의 데이터 정제

파이썬(Python)의 과학용 배포판(아나콘다, WinPython, Canopy 등)에는 분석가에게 유용한 데이터 조작, 탐색, 시각화 도구가 들어있는데, 그중에서 중요한 도구 중 하나가 판다스(pandas)다. 2008년 웨스 맥키니(Wes McKinney)가 개발한 판다스는 2012년 이후에 인기를 얻었고, 이제는 데이터 분석가에게 필수적인 파이썬 라이브러리로 자리매김했다. 이 책에서는 판다스를 집중적으로 다루며, numpy, matplotlib, scipy 같은 유명 패키지도 사용한다.

판다스의 핵심 객체인 데이터프레임은 행과 열로 이뤄진 표 형식의 데이터를 표현한다. 판다스 외에도 표 형식을 다룰 수 있는 여러 데이터 저장 방식을 이번 장에서 알아볼 것인데, 판다스는 그것들과 유사한 점도 있다. 그렇지만 판다스는 인덱싱 기능이 있어 데이터의 선택(selecting), 결합(combining), 변환(transforming)을 직관적으로 할 수 있다. 이러한 특징을 이 책의 레시피에서 확인할 수 있을 것이다.

이렇게 좋은 기능을 활용하기 전에 먼저 할 일은 판다스에 데이터를 넣는 것이다. 데이터는 갖가지 포맷으로 들어온다. CSV나 엑셀 파일, SQL 데이터베이스의 테이블, SPSS · Stata · SAS · R 같은 통계 분석 패키지로부터 들어오는 데이터, JSON이나 웹 페이지처럼 같이 표 형식이 아닌 데이터도 있다.

이 레시피에서는 표 데이터를 임포트하는 도구를 알아본다. 다룰 주제는 다음과 같다.

- CSV 파일 가져오기

- 엑셀 파일 가져오기

- SQL 데이터베이스의 데이터를 가져오기

- SPSS, Stata, SAS 데이터 가져오기

- R 데이터 가져오기

- 표 데이터 저장

1.1 CSV 파일 가져오기

pandas 라이브러리의 read_csv 메서드로 **CSV(콤마로 구분한 값, comma separated values)** 파일을 읽어 판다스 데이터프레임으로 메모리에 로드할 수 있다. 이 레시피에서는 CSV 파일을 읽는 방법을 설명하며, 적절한 열(column) 이름을 짓는 법, 날짜를 파싱하는 법, 중요한 누락 데이터를 포함한 열을 드롭(drop)하는 법도 다룬다.

원시 데이터(raw data)를 CSV 파일에 저장하는 경우가 많다. CSV 파일에는 행(row)을 구분하기 위해 각 줄(line)의 끝에 캐리지 리턴(carriage return)이 있고, 열을 구분하기 위해 데이터값 사이에 콤마가 있다. 구분자(delimiter)로 콤마 대신 탭 등을 사용하기도 한다. 값을 따옴표로 표시하기도 하는데, 이는 특정 값에 구분자와 동일한 문자(콤마 등)가 포함된 경우 유용하다.

CSV 파일에 있는 모든 데이터는 논리적 자료형과 무관하게 보두 문자(character)다. CSV가 너무 길지도 않으면서 텍스트 편집기에서 읽기 쉬운 것은 그 덕분이다. 판다스의 read_csv 메서드는 각 열의 자료형을 유추할 수 있지만, 올바로 처리하려면 작업이 필요하다.

준비

이번 장을 위한 폴더를 생성하고 그곳에 파이썬 스크립트 또는 **주피터 노트북(Jupyter Notebook)** 파일을 생성하자. data 폴더를 만들고 그곳에 landtempssample.csv 파일을 생성하자. 또는 깃허브 저장소에서 모든 파일을 가져와도 된다. CSV 파일의 첫 부분은 다음과 같다.

```
locationid,year,month,temp,latitude,longitude,stnelev,station,countryid,country
USS0010K01S,2000,4,5.27,39.9,-110.75,2773.7,INDIAN_CANYON,US,United States
CI000085406,1940,5,18.04,-18.35,-70.333,58.0,ARICA,CI,Chile
USC00036376,2013,12,6.22,34.3703,-91.1242,61.0,SAINT_CHARLES,US,United States
ASN00024002,1963,2,22.93,-34.2833,140.6,65.5,BERRI_IRRIGATION,AS,Australia
ASN00028007,2001,11,,-14.7803,143.5036,79.4,MUSGRAVE,AS,Australia
```

> **참고**
>
> 이 데이터셋은 미국 해양대기청(National Oceanic and Atmospheric Administration)의 공공 데이터인 전지구 기후 네트워크(Global Historical Climatology Network, GHCN) 데이터베이스[1]에서 가져온 것이다. 전체 데이터셋의 일부인 10만 건으로 된 샘플이며, 역시 저장소에서 얻을 수 있다.

작업 방법

판다스의 매우 유용한 read_csv를 활용해 CSV 파일을 임포트한다.

① pandas 라이브러리를 임포트하고, 출력을 보기 쉽게 환경을 설정한다.

```
>>> import pandas as pd
>>> pd.options.display.float_format = '{:,.2f}'.format
>>> pd.set_option('display.width', 85)
>>> pd.set_option('display.max_columns', 8)
```

② 데이터 파일을 읽고, 제목을 바꾸고, 데이터 열을 파싱한다.

skiprows 매개변수(parameter)에 인자(argument)로 1을 전달해 첫 행을 건너뛰고, 판다스 날짜 열을 만드는 데 사용할 열의 리스트를 parse_dates로 전달하고, 임포트 과정에서 메모리를 적게 사용하도록 하는 low_memory는 False로 설정한다.

```
>>> landtemps = pd.read_csv('data/landtempssample.csv',
...     names=['stationid','year','month','avgtemp','latitude',
...       'longitude','elevation','station','countryid','country'],
...     skiprows=1,
...     parse_dates=[['month','year']],
...     low_memory=False)

>>> type(landtemps)
<class 'pandas.core.frame.DataFrame'>
```

③ 데이터를 간단히 살펴본다.

처음 몇 행을 살펴보고, 전체 열의 자료형을 알아보고, 행과 열의 개수도 확인한다.

---

1 https://www.ncdc.noaa.gov/data-access/land-based-station-data/land-based-datasets/global-historical-climatology-network-monthly-version-4

```
>>> landtemps.head(7)
   month_year    stationid ... countryid        country
0 2000-04-01  USS0010K01S ...        US  United States
1 1940-05-01  CI000085406 ...        CI          Chile
2 2013-12-01  USC00036376 ...        US  United States
3 1963-02-01  ASN00024002 ...        AS      Australia
4 2001-11-01  ASN00028007 ...        AS      Australia
5 1991-04-01  USW00024151 ...        US  United States
6 1993-12-01  RSM00022641 ...        RS         Russia

[7 rows x 9 columns]
>>> landtemps.dtypes
month_year    datetime64[ns]
stationid             object
avgtemp              float64
latitude             float64
longitude            float64
elevation            float64
station               object
countryid             object
country               object
dtype: object
>>> landtemps.shape
(100000, 9)
```

④ 열 이름을 더 나은 이름으로 바꾸고, 월평균 기온(avgtemp)의 요약통계(summary statistic)를 본다.

```
>>> landtemps.rename(columns={'month_year':'measuredate'}, inplace=True)
>>> landtemps.dtypes
measuredate    datetime64[ns]
stationid             object
avgtemp              float64
latitude             float64
longitude            float64
elevation            float64
station               object
countryid             object
country               object
dtype: object
```

```
>>> landtemps.avgtemp.describe()
count   85,554.00
mean        10.92
std         11.52
min        -70.70
25%          3.46
50%         12.22
75%         19.57
max         39.95
Name: avgtemp, dtype: float64
```

⑤ 각 열의 누락값(missing value)을 찾는다.

isnull을 사용하면 열의 값이 누락된 경우 True가, 그렇지 않은 경우 False가 반환된다. 이것을 sum과 체이닝 (chaining) 해서 열별 누락값 개수를 구할 수 있다. (불 값에 대해 sum을 계산할 때는 True를 1로, False를 0으로 간주한다. 메서드 체이닝은 이 레시피의 '추가 정보' 항에서 논의한다.)

```
>>> landtemps.isnull().sum()
measuredate      0
stationid        0
avgtemp      14446
latitude         0
longitude        0
elevation        0
station          0
countryid        0
country          5
dtype: int64
```

⑥ avgtemp 데이터가 누락된 열을 제거한다.

dropna의 subset 매개변수는 avgtemp 값이 누락된 행을 드롭하도록 설정하고, inplace 매개변수는 True로 설정 한다. inplace가 기본값인 False로 지정되면 데이터프레임이 출력되지만 변경사항은 유지되지 않는다. 데이터프 레임의 shape 어트리뷰트는 행과 열의 개수를 나타낸다.

```
>>> landtemps.dropna(subset=['avgtemp'], inplace=True)
>>> landtemps.shape
(85554, 9)
```

끝났다! CSV 파일을 판다스로 가져오는 법은 이렇게 간단하다.

원리

이 책의 레시피 대부분에서는 pandas 라이브러리를 사용하며, 이후의 코드에서 참조하기 쉽게 pd로 부르는 관례를 따랐다. 또한 float_format을 이용해 부동소수점 값을 읽기 쉽게 표시하며, set_option으로 터미널 출력 폭을 변수 개수에 맞춰 넓게 잡는다.

❷의 첫 줄에서 많은 일이 일어난다. read_csv로 판다스 데이터프레임을 메모리에 로딩하고 landtemps라는 이름을 붙였다. 파일명을 전달하는 것 외에도, 원하는 열 제목의 리스트를 names 매개변수로 설정했다. 또한 skiprows를 1로 설정함으로써 read_csv가 첫 행을 건너뛰게 했는데, CSV 파일의 첫 행에 원래 열의 제목이 있기 때문이다. 첫 행을 건너뛰라고 지시하지 않으면 read_csv는 첫 행에 실제 데이터가 있는 것으로 간주한다.

read_csv에서 날짜 변환도 처리할 수 있다. parse_dates 매개변수를 사용해 month와 year 열을 변환했다.

❸에서는 표준적인 데이터 확인 절차 몇 가지를 수행한다. head(7)로 첫 일곱 행의 전체 열을 출력한다. 데이터프레임의 dtypes 어트리뷰트를 사용해 전체 열의 자료형을 나타낸다. 각 열에는 예상되는 자료형이 있다. 판다스에서 문자(character) 데이터는 객체(object) 데이터 타입을 갖는데, 이는 복합적인 값을 허용한다. shape는 데이터프레임의 행의 개수(이 예에서는 100,000)와 열의 개수(9)를 나타내는 튜플을 반환한다.

read_csv로 month와 year 열을 파싱한 결과는 month_year라는 열로 주어지는데, ❹에서 rename 메서드를 사용해 좀 더 나은 이름으로 바꿨다. inplace=True는 메모리 상에서 열 이름을 새로운 것으로 교체한다. describe 메서드로 avgtemp 열에 대한 요약통계를 구했다.

avgtemp의 count는 avgtemp에 유효한 값이 있는 행의 수가 85,554임을 나타낸다. 전체 데이터프레임이 100,000 행이라는 것을 shape 어트리뷰트를 통해 알 수 있었다. ❺에서 landtemps.isnull().sum()으로 누락값을 계산한 결과와도 일치한다($100,000 - 85,554 = 14,446$).

❻에서는 avgtemp가 NaN인 행 전체를 드롭한다. (판다스에서는 'not a number'를 줄인 NaN으로 누락값을 표시한다.) 어느 열에 대해 누락값을 점검할 것인지를 subset으로 가리킨다. 이제 landtemps의 shape 어트리뷰트는 85,554행이 있음을 가리키며, 이는 앞서 describe의 카운트에서 예상한 것과 일치한다.

추가 정보

읽으려는 파일에 콤마 이외의 구분자(예: 탭)가 사용된 경우 read_csv의 sep 매개변수에 지정할 수 있다. 그리고 판다스 데이터프레임을 생성할 때 인덱스가 생성된다. head와 sample을 수행했을 때 출력의 맨 왼쪽에 나오는 숫자가 인덱스 값이다. head 또는 sample의 행 개수를 지정할 수 있으며, 기본값은 5다.

read_csv의 low_memory는 메모리가 적은 시스템에서 큰 파일을 다루기 용이하도록 데이터를 청크(chunk)로 처리하는 옵션으로 기본값은 True다.[2] read_csv가 성공적으로 완료되면 전체 데이터프레임이 메모리에 로드된다.

landtemps.isnull().sum() 문장에서는 메서드 두 개를 체이닝해서 사용했다. isnull은 각 열의 null 여부를 검사한 결과로 True와 False 값의 데이터프레임을 반환한다. 그 결과로 나온 데이터프레임을 sum이 취하여 각 열의 True 값을 합산하는데, 이때 True를 1로, False를 0으로 계산한다. 다음과 같이 두 단계로 표현해도 같은 결과를 얻을 수 있다.

```
>>> checknull = landtemps.isnull()
>>> checknull.sum()
```

메서드들을 체이닝해야 할 때와 그렇게 하지 말아야 할 때를 정하는 명확한 규칙은 없다. 필자의 경험으로는 작업을 정말로 한 단계로 간주하는지, 아니면 둘 이상의 단계로 나눠 생각하는지를 기준으로 삼는 것이 도움이 됐다. 메서드를 엮을 때의 장점은 불필요한 객체가 만들어지지 않는다는 것이다.

이 레시피에서 사용한 데이터셋은 1700만 건에 가까운 지표온도 데이터베이스의 샘플에 불과하다. 장비 사양이 충분하다면 더 큰 파일을 가지고도 수행해볼 수 있다.

```
>>> landtemps = pd.read_csv('data/landtemps.zip', compression='zip',
...     names=['stationid','year','month','avgtemp','latitude',
...         'longitude','elevation','station','countryid','country'],
...     skiprows=1,
...     parse_dates=[['month','year']],
...     low_memory=False)
```

read_csv는 ZIP 압축 파일을 읽을 수 있다. ZIP 파일의 이름과 압축 방식을 매개변수로 전달하면 된다.

---

2 (옮긴이) low_memory가 True로 설정된 경우 타입 추정이 비일관적으로 이뤄질 우려가 있어, 이를 방지하기 위해 False로 지정한다.

참고

이후 레시피에서는 행 탐색과 병합을 원활히 하기 위해 인덱스를 설정한다.

이 레시피에 사용하기 위해 GHCN의 원시 데이터를 상당 부분 리셰이핑했다. 이를 8장 '데이터프레임을 결합할 때의 데이터 이슈'에서 다룬다.

1.2 엑셀 파일 가져오기

pandas 라이브러리의 read_excel 메서드로 엑셀 파일에서 데이터를 임포트해 메모리에 판다스 데이터프레임으로 로드할 수 있다. 이 레시피에서는 엑셀 파일을 임포트할 때 표의 위아래에 있는 부수적인 열을 배제하고 특정 열을 선택하는 법, 데이터가 없는 열을 제거하는 법, 특정 시트를 연결하는 법을 다룬다.

엑셀은 표 형식으로 되어 있어 데이터를 행과 열로 정리할 수 있지만, 스프레드시트는 데이터셋이 아니며, 사람들이 데이터를 항상 잘 정돈해 저장한다는 보장은 없다. 우리 기대를 충족하는 데이터도 있기는 하지만, 임포트하는 데이터 앞뒤로 불필요한 행과 열이 있는 경우도 많다. 스프레드시트 작성자가 자료형을 항상 명확히 정의하지도 않는다. 0으로 시작하는 숫자가 포함된 데이터를 임포트하는 데 곤란을 겪어본 사람이라면 이런 이야기가 너무나 친숙할 것이다. 게다가 엑셀에서는 같은 열의 자료형을 일관적으로 지정하거나 파이썬 같은 프로그래밍 언어에 사용하기 적합한 열 제목을 짓는 것이 필수적이지도 않다.

다행스럽게도 read_excel에는 행을 건너뛰고 특정 열을 선택하는 등 지저분한 엑셀 데이터를 다룰 때 유용한 여러 옵션이 있어, 특정 시트에서 데이터를 뽑아내는 작업을 좀 더 쉽게 처리할 수 있다.

준비

이 책의 깃허브에서 GDPpercapita.xlsx 파일과 코드를 다운로드한다. 코드에서는 데이터 파일이 data 폴더에 있는 것으로 가정한다. 엑셀 파일 앞부분은 다음과 같다.

Dataset: Metropolitan areas							
Variables	GDP per cap						
Unit	US Dollar						
Year	2001	2002	2003	2004	2005	2006	2007
Metropolitan areas							
AUS: Australia							
AUS01: Greater Sydney	43313	44008	45424	45837	45423	45547	45880
AUS02: Greater Melbourne							
AUS03: Greater Brisbane	37580	37564	39080	40762	42976	44475	44635

그림 1.1 데이터셋 앞부분

끝부분은 다음과 같다.

USA162: Tuscaloosa	35370	36593	38907	41846	44774	44298	46190
USA164: Linn							
USA165: Lafayette (IN)	38057	38723	39173	40412	40285	40879	41717
USA167: Weber							
USA169: Cass	44597	46856	49043	49134	49584	50417	51596
USA170: Benton (AR)							
Data extracted on 05 May 2020 10:55 UTC (GMT) from OECD.Stat							

그림 1.2 데이터셋 끝부분

> **참고**
>
> 이 데이터셋은 경제협력개발기구(Organisation for Economic Co-operation and Development)의 공공 데이터로
> https://stats.oecd.org/에서 얻을 수 있다.

작업 방법

엑셀 파일을 판다스에 임포트하고 데이터 정제 작업을 한다.

① pandas 라이브러리를 임포트한다.

```
>>> import pandas as pd
```

② 1인당 GDP 엑셀 데이터를 읽는다.

우리가 필요로 하는 데이터가 있는 시트를 선택하되, 불필요한 행과 열은 건너뛴다. sheet_name 매개변수로 시트를 지정한다. skiprows를 4로, skipfooter를 1로 지정해 처음 네 행(첫 행은 숨겨져 있다)과 마지막 행을 건너뛴다. usecols에는 A 열과 C~T 열에서 데이터를 얻도록 지정한다(B 열은 공백이다). head로 처음 몇 행을 살펴본다.

```
>>> percapitaGDP = pd.read_excel("data/GDPpercapita.xlsx",
...     sheet_name="OECD.Stat export",
...     skiprows=4,
...     skipfooter=1,
...     usecols="A,C:T")
```

```
>>> percapitaGDP.head()
                    Year    2001  ...   2017    2018
0        Metropolitan areas     NaN  ...    NaN     NaN
1            AUS: Australia      ..  ...     ..      ..
2      AUS01: Greater Sydney   43313  ...  50578   49860
3   AUS02: Greater Melbourne   40125  ...  43025   42674
4    AUS03: Greater Brisbane   37580  ...  46876   46640

[5 rows x 19 columns]
```

③ 데이터프레임의 info 메서드로 각 열의 자료형과 널이 아닌(non-null) 행의 수를 확인한다.

```
>>> percapitaGDP.info()
<class 'pandas.core.frame.DataFrame'>
RangeIndex: 702 entries, 0 to 701
Data columns (total 19 columns):
 #   Column  Non-Null Count  Dtype
---  ------  --------------  -----
 0   Year    702 non-null    object
 1   2001    701 non-null    object
 2   2002    701 non-null    object
 3   2003    701 non-null    object
 4   2004    701 non-null    object
 5   2005    701 non-null    object
 6   2006    701 non-null    object
 7   2007    701 non-null    object
 8   2008    701 non-null    object
 9   2009    701 non-null    object
 10  2010    701 non-null    object
 11  2011    701 non-null    object
 12  2012    701 non-null    object
 13  2013    701 non-null    object
 14  2014    701 non-null    object
 15  2015    701 non-null    object
 16  2016    701 non-null    object
 17  2017    701 non-null    object
 18  2018    701 non-null    object
dtypes: object(19)
memory usage: 104.3+ KB
```

④ Year 열의 이름을 metro로 바꾸고 앞에 있는 공백을 제거한다.

열 이름을 대도시권(metropolitan area)을 나타내는 metro로 바꾼다. metro 값 중에는 도시 이름 앞에 공백이 추가된 것도 있고 뒤에 추가된 것도 있다. 앞에 있는 공백은 startswith(' ')로 테스트할 수 있으며 any를 함께 사용하면 첫 문자에 공백인 행이 있는지 조사한다. 뒤에 있는 공백을 검사하려면 endswith(' ')를 사용한다. strip으로 앞뒤의 공백을 모두 제거한다.

```
>>> percapitaGDP.rename(columns={'Year':'metro'}, inplace=True)
>>> percapitaGDP.metro.str.startswith(' ').any()
True
>>> percapitaGDP.metro.str.endswith(' ').any()
True
>>> percapitaGDP.metro = percapitaGDP.metro.str.strip()
```

⑤ 데이터 열들을 숫자로 변환한다.

연도별 GDP 열(2001~2018) 전체를 순회하며 object 자료형을 float로 변환한다. 문자 데이터(이 예제에서는 '..')가 포함되었더라도 강제로(coerce) 변환한다. 해당 열에 문자가 있으면 누락값이 되며, 이는 우리가 의도한 것이다. 연도별 열의 데이터를 더 잘 드러내게 열 이름도 바꾼다.

```
>>> for col in percapitaGDP.columns[1:]:
...     percapitaGDP[col] = pd.to_numeric(percapitaGDP[col], errors='coerce')
...     percapitaGDP.rename(columns={col:'pcGDP'+col}, inplace=True)
...
>>> percapitaGDP.head()
                    metro  pcGDP2001  ...  pcGDP2017  pcGDP2018
0        Metropolitan areas        NaN  ...        NaN        NaN
1             AUS: Australia        NaN  ...        NaN        NaN
2      AUS01: Greater Sydney      43313  ...      50578      49860
3   AUS02: Greater Melbourne      40125  ...      43025      42674
4    AUS03: Greater Brisbane      37580  ...      46876      46640

[5 rows x 19 columns]
>>> percapitaGDP.dtypes
metro          object
pcGDP2001      float64
pcGDP2002      float64
pcGDP2003      float64
pcGDP2004      float64
pcGDP2005      float64
```

```
pcGDP2006    float64
pcGDP2007    float64
pcGDP2008    float64
pcGDP2009    float64
pcGDP2010    float64
pcGDP2011    float64
pcGDP2012    float64
pcGDP2013    float64
pcGDP2014    float64
pcGDP2015    float64
pcGDP2016    float64
pcGDP2017    float64
pcGDP2018    float64
dtype: object
```

⑥ describe 메서드로 데이터프레임의 모든 숫자 데이터에 대한 요약통계를 생성한다.

```
>>> percapitaGDP.describe()
        pcGDP2001   pcGDP2002   ...   pcGDP2017   pcGDP2018
count         424         440   ...         445         441
mean        41264       41015   ...       47489       48033
std         11878       12537   ...       15464       15720
min         10988       11435   ...        2745        2832
25%         33139       32636   ...       37316       37908
50%         39544       39684   ...       45385       46057
75%         47972       48611   ...       56023       56638
max         91488       93566   ...      122242      127468

[8 rows x 18 columns]
```

⑦ 1인당 GDP 값이 누락된 행을 제거한다.

dropna의 subset 매개변수를 사용해 두 번째 열부터 마지막 열까지를 전부 검사한다(열 번호는 0부터 시작). how
는 subset에 지정된 열의 값이 모두 누락되었을 때만 행을 드롭하도록 all을 지정한다. shape를 사용해 결과 데이
터프레임의 행과 열 수를 표시한다.

```
>>> percapitaGDP.dropna(subset=percapitaGDP.columns[1:], how="all", inplace=True)
>>> percapitaGDP.describe()
        pcGDP2001   pcGDP2002   ...   pcGDP2017   pcGDP2018
```

```
count      424     440  ...       445      441
mean     41264   41015  ...     47489    48033
std      11878   12537  ...     15464    15720
min      10988   11435  ...      2745     2832
25%      33139   32636  ...     37316    37908
50%      39544   39684  ...     45385    46057
75%      47972   48611  ...     56023    56638
max      91488   93566  ...    122242   127468

[8 rows x 18 columns]
>>> percapitaGDP.head()
                      metro  pcGDP2001  ...  pcGDP2017  pcGDP2018
2        AUS01: Greater Sydney      43313  ...      50578      49860
3     AUS02: Greater Melbourne      40125  ...      43025      42674
4      AUS03: Greater Brisbane      37580  ...      46876      46640
5         AUS04: Greater Perth      45713  ...      66424      70390
6     AUS05: Greater Adelaide      36505  ...      40115      39924

[5 rows x 19 columns]
>>> percapitaGDP.shape
(480, 19)
```

⑧ 대도시권 열을 사용해 데이터프레임의 인덱스를 설정한다.

인덱스를 설정하기 전에 metro 열에 유일값(unique value)이 480건 있음을 확인한다.

```
>>> percapitaGDP.metro.count()
480
>>> percapitaGDP.metro.nunique()
480
>>> percapitaGDP.set_index('metro', inplace=True)
>>> percapitaGDP.head()
                         pcGDP2001  pcGDP2002  ...  pcGDP2017  pcGDP2018
metro                                                 ...
AUS01: Greater Sydney        43313      44008  ...      50578      49860
AUS02: Greater Melbourne     40125      40894  ...      43025      42674
AUS03: Greater Brisbane      37580      37564  ...      46876      46640
AUS04: Greater Perth         45713      47371  ...      66424      70390
AUS05: Greater Adelaide      36505      37194  ...      40115      39924
```

```
[5 rows x 18 columns]
>>> percapitaGDP.loc['AUS02: Greater Melbourne']
pcGDP2001    40125
pcGDP2002    40894
pcGDP2003    41602
pcGDP2004    42188
pcGDP2005    41484
pcGDP2006    41589
pcGDP2007    42316
pcGDP2008    40975
pcGDP2009    41384
pcGDP2010    40943
pcGDP2011    41165
pcGDP2012    41264
pcGDP2013    41157
pcGDP2014    42114
pcGDP2015    42928
pcGDP2016    42671
pcGDP2017    43025
pcGDP2018    42674
Name: AUS02: Greater Melbourne, dtype: float64
```

엑셀 데이터를 판다스 데이터프레임으로 임포트하고 스프레드시트에 있던 지저분한 것들을 정리했다.

원리

②에서 우리가 원하는 데이터 대부분을 얻을 수 있었지만 몇 가지 문제가 있었다. read_excel은 GDP 데이터 전체를 문자 데이터로 해석했고, 쓸모없는 데이터가 있는 열이 많이 있었으며, 열의 이름이 데이터를 잘 나타내지 못했다. 게다가, 대도시권 열은 인덱스로 삼기에 유용할 수 있었지만 앞뒤에 공백이 있고 누락값이나 중복값이 있을 수도 있었다.

read_excel은 Year를 대도시권의 열 이름으로 해석했는데, 이는 엑셀 열 데이터 위에 있는 헤더를 찾다 보니 Year가 나왔기 때문이다. ④에서 그 열의 이름을 metro로 바꿨다. 또한 strip으로 앞뒤의 공백 문제를 해결했다. 공백이 앞에만 있다면 lstrip을 써도 되고, 공백이 뒤에만 있다면 rstrip을 쓰면 된다. 문자 데이터의 앞뒤에는 공백이 있다고 가정하고, 처음에 임포트한 뒤 바로 정리하는 것이 좋다.

스프레드시트 작성자는 누락 데이터를 '..'으로 나타냈는데, 이것은 유효한 문자 데이터이므로 해당 열은 객체 자료형이 되었다(문자 또는 복합 데이터가 있는 열을 판다스가 다루는 방법이다). ⑤에서 해당 열을 숫자로 강제 변환했고, 이 과정에서 원본 데이터의 '..'은 판다스에서 누락값을 나타낼 때 쓰이는 NaN(숫자가 아님)으로 교체됐다. 우리가 의도한 대로다.

판다스에서는 데이터프레임의 열을 쉽게 훑을 수 있어, 코드 몇 줄만으로 1인당 GDP 열을 모두 수정할 수 있었다. [1:]을 지정해, 두 번째 열에서 마지막 열까지에 대해 반복문을 수행했다. 이 열들을 숫자로 변환하고 적절한 이름을 다시 붙였다.

연간 GDP 열의 제목을 정리하는 것이 좋은 이유가 몇 가지 있다. 우선, 실제로 어떤 데이터가 있는지 기억하는 데 도움이 된다. 그리고 대도시권을 기준으로 삼아 다른 데이터와 병합하더라도 변수명 충돌을 걱정할 필요가 없다. 또한 이러한 열들을 기초로 하는 판다스 시리즈에 어트리뷰트 액세스를 사용해 작업할 수 있다(자세한 내용은 '추가 정보'를 참조).

⑥에서 describe를 실행한 결과 420~480행만이 유효한 1인당 GDP 데이터를 갖고 있음을 확인했다. ⑦에서 전체 GDP 열에 누락값이 있는 행을 모두 드롭한 결과로 데이터프레임에는 480행이 남겨졌는데, 이는 우리가 기대한 바와 일치한다.

추가 정보

판다스 데이터프레임은 열을 다루는 기능이 뛰어나다. 어트리뷰트 액세스(예: percapitaGPA.metro) 또는 괄호 표기(예: percapitaGPA['metro'])로 판다스 데이터 시리즈의 기능을 이용할 수 있다. 둘 중 어느 방법을 사용하든, str.startswith와 같은 데이터 시리즈 문자열 검사라든지 nunique 같은 집계 메서드를 이용할 수 있다. 원래의 열 이름인 20##은 숫자로 시작하기 때문에 어트리뷰트 액세스를 할 수 없음에 유의하자. 예컨대 percapitaGDP.pcGDP2001.count()는 작동하지만 percapitaGDP.2001.count()는 구문 오류를 일으킨다. 2001은 숫자로 시작하므로 유효한 파이썬 식별자가 아니기 때문이다.

판다스는 문자열 조작과 데이터 시리즈 연산 기능이 풍부하며, 이후의 레시피에서 많이 다뤄볼 것이다. 이 레시피에서는 필자가 엑셀 데이터를 다룰 때 가장 유용하다고 느꼈던 기능을 소개했다.

참고

이 데이터는 대도시권별로 18개의 1인당 GDP 열이 있는데, 연도와 1인당 GDP 열이 있는 18개의 행으로 리셰이핑하는 것을 고려할 만하다. 데이터 리셰이핑에 관한 레시피는 9장 '데이터 타이딩과 리셰이핑'에 있다.

1.3 SQL 데이터베이스의 데이터를 가져오기

이 레시피에서는 pymssql과 mysql API로 **마이크로소프트 SQL 서버**와 (이제는 **오라클** 소유가 된) **MySQL** 데이터베이스에서 데이터를 읽는다. 데이터베이스는 조직 구성원 및 그들과 상호작용하는 이들이 동시에 트랜잭션(transaction)을 일으키도록 설계되므로, 그로부터 얻은 데이터는 잘 구조화되는 경향이 있다. 각 트랜잭션이 조직의 또 다른 트랜잭션과 연관되었을 가능성도 높다.

따라서 대기업의 시스템에서 얻은 데이터 테이블은 CSV 파일이나 엑셀 파일보다 구조화가 잘되어 있을 것이며, 로직이 내재되었을 가능성은 낮다. 어느 한 테이블의 데이터는 다른 테이블과 연관지어 살펴야 완전한 의미를 파악할 수 있다. 데이터를 조회할 때는 이러한 관계(relationship)—기본 키(primary key)와 외래 키(foreign key)의 무결성(integrity)을 포함—를 유지해야 한다. 데이터 테이블이 잘 구조화되어 있다고 해서 복잡하지 않으리라는 보장은 없다. 데이터값을 결정하는 복잡한 부호화(coding) 규칙이 존재할 뿐 아니라, 시간이 가면서 규칙이 변하기도 한다. 예를 들어, 소매점 체인의 직원 정보에 들어가는 코드 일부는 1998년에 쓰던 것과 2020년 것이 달라졌을 수도 있다. 마찬가지로, 누락값을 의미하는 99999 같은 것을 판다스에서는 유효한 값으로 인식할 수도 있다.

이와 같은 로직 대부분은 스토어드 프로시저나 기타 애플리케이션에 구현된 비즈니스 로직이므로, 시스템에서 데이터를 끄집어냈을 때는 로직을 잃게 된다. 잃어버린 로직 일부는 데이터 분석을 준비하면서 다시 만들 수밖에 없다. 이러한 작업을 할 때는 항상 복수의 테이블을 결합하게 되므로 로직을 보존하는 것이 중요하다. 따라서 SQL 테이블을 판다스 데이터프레임에 로드한 뒤에 부호화 로직을 어느 정도 추가하는 작업이 필요할 수 있다. 그러한 작업을 어떻게 하는지를 이 레시피에서 살펴본다.

준비

이 레시피는 pymssql과 mysql API가 설치된 것으로 가정한다. 아직 설치하지 않았다면 pip로 쉽게 설치할 수 있다. 터미널(윈도우에서는 파워셸)에서 pip install pymssql 또는 pip install mysql-connector-python 명령을 입력한다.

참고

이 레시피에서는 학생들의 수학 성적을 담은 공개 데이터셋[3]를 사용한다.

작업 방법

SQL 서버와 MySQL 데이터 테이블을 판다스 데이터프레임으로 임포트한다.

① pandas, numpy, pymssql, mysql을 임포트한다.

이 단계는 시스템에 pymssql과 mysql API가 설치되어 있음을 전제로 한다.

```
>>> import pandas as pd
>>> import numpy as np
>>> import pymssql
>>> import mysql.connector
```

② pymssql API와 read_sql을 사용해 SQL 서버 인스턴스로부터 데이터를 조회해 로드한다.

SQL 서버 데이터에서 얻고자 하는 열을 조회한다. 이때 열 이름은 SQL 별칭(alias)을 사용해 더 나은 것으로 바꾼다(예: fedu AS fathereducation). pymssql의 connect 함수에 자격증명을 전달해 SQL 서버에 연결한다. select 문과 connection 객체를 read_sql에 전달함으로써 판다스 데이터프레임을 생성한다. 연결을 닫아 서버의 커넥션 풀에 반납한다.

```
>>> query = "SELECT studentid, school, sex, age, famsize,\
...   medu AS mothereducation, fedu AS fathereducation,\
...   traveltime, studytime, failures, famrel, freetime,\
...   goout, g1 AS gradeperiod1, g2 AS gradeperiod2,\
...   g3 AS gradeperiod3 From studentmath"
>>>
>>> server = "pdcc.c9sqqzd5fulv.us-west-2.rds.amazonaws.com"
>>> user = "pdccuser"
>>> password = "pdccpass"
>>> database = "pdcctest"
>>>
>>> conn = pymssql.connect(server=server,
...   user=user, password=password, database=database)
```

---

3 https://archive.ics.uci.edu/ml/machine-learning-databases/00320/

```
>>> studentmath = pd.read_sql(query,conn)
>>> conn.close()
```

③ 자료형을 확인하고 처음 몇 행을 조사한다.

```
>>> studentmath.dtypes
studentid          object
school             object
sex                object
age                int64
famsize            object
mothereducation    int64
fathereducation    int64
traveltime         int64
studytime          int64
failures           int64
famrel             int64
freetime           int64
goout              int64
gradeperiod1       int64
gradeperiod2       int64
gradeperiod3       int64
dtype: object
>>> studentmath.head()
   studentid school ... gradeperiod2 gradeperiod3
0       001     GP  ...            6            6
1       002     GP  ...            5            6
2       003     GP  ...            8           10
3       004     GP  ...           14           15
4       005     GP  ...           10           10

[5 rows x 16 columns]
```

④ MySQL 데이터를 가져오려면 mysql 커넥터와 read_sql을 사용한다.

　mysql 데이터에 연결을 생성하고 read_sql에 전달함으로써 데이터를 조회해 판다스 데이터프레임에 로드한다. (SQL 서버와 MySQL에 같은 데이터를 업로드했으므로 이후 단계부터는 같은 SQL SELECT 문을 사용할 수 있다.)

```
>>> host = "pdccmysql.c9sqqzd5fulv.us-west-2.rds.amazonaws.com"
>>> user = "pdccuser"
>>> password = "pdccpass"
>>> database = "pdccschema"
>>> connmysql = mysql.connector.connect(host=host,
...   database=database,user=user,password=password)
>>> studentmath = pd.read_sql(query,connmysql)
>>> connmysql.close()
```

⑤ 열을 재배열하고 인덱스를 설정하고 누락값이 있는지 확인한다.

성적 데이터를 데이터프레임의 왼쪽 studentid 바로 뒤로 이동한다. freetime 열도 traveltime과 studytime 바로 뒤로 이동한다.

각 행에 ID가 있으며 각 ID가 유일한지 확인하고, studentid를 인덱스로 설정한다.

```
>>> newcolorder = ['studentid', 'gradeperiod1', 'gradeperiod2',
...   'gradeperiod3', 'school', 'sex', 'age', 'famsize',
...   'mothereducation', 'fathereducation', 'traveltime',
...   'studytime', 'freetime', 'failures', 'famrel',
...   'goout']
>>> studentmath = studentmath[newcolorder]
>>> studentmath.studentid.count()
395
>>> studentmath.studentid.nunique()
395
>>> studentmath.set_index('studentid', inplace=True)
```

⑥ 데이터프레임의 count 함수로 누락값이 있는지 검사한다.

```
>>> studentmath.count()
gradeperiod1       395
gradeperiod2       395
gradeperiod3       395
school             395
sex                395
age                395
famsize            395
mothereducation    395
fathereducation    395
```

```
traveltime        395
studytime         395
freetime          395
failures          395
famrel            395
goout             395
dtype: int64
```

⑦ 부호화된 데이터값은 더 많은 정보를 갖는 값으로 바꾼다.

열의 값을 교체하는 데 사용할 딕셔너리를 만든 다음, replace로 새로운 값을 설정한다.

```
>>> setvalues={"famrel":{1:"1:very bad",2:"2:bad",3:"3:neutral",
...    4:"4:good",5:"5:excellent"},
...    "freetime":{1:"1:very low",2:"2:low",3:"3:neutral",
...    4:"4:high",5:"5:very high"},
...    "goout":{1:"1:very low",2:"2:low",3:"3:neutral",
...    4:"4:high",5:"5:very high"},
...    "mothereducation":{0:np.nan,1:"1:k-4",2:"2:5-9",
...    3:"3:secondary ed",4:"4:higher ed"},
...    "fathereducation":{0:np.nan,1:"1:k-4",2:"2:5-9",
...    3:"3:secondary ed",4:"4:higher ed"}}
>>>
>>> studentmath.replace(setvalues, inplace=True)
>>> setvalueskeys = [k for k in setvalues]
```

⑧ 열의 자료형을 새로운 데이터에 맞게 category로 변경한다.

메모리 사용량에 변화가 있는지 확인한다.

```
>>> studentmath[setvalueskeys].memory_usage(index=False)
famrel             3160
freetime           3160
goout              3160
mothereducation    3160
fathereducation    3160
dtype: int64
>>> for col in studentmath[setvalueskeys].columns:
...    studentmath[col] = studentmath[col].astype('category')
...
>>> studentmath[setvalueskeys].memory_usage(index=False)
```

```
famrel            607
freetime          607
goout             607
mothereducation   599
fathereducation   599
dtype: int64
```

⑨ famrel 열의 값에 대해 비율을 계산한다.

value_counts를 실행하고 normalize를 True로 설정해 비율[4]을 생성한다.

```
>>> studentmath['famrel'].value_counts(sort=False, normalize=True)
1:very bad    0.02
2:bad         0.05
3:neutral     0.17
4:good        0.49
5:excellent   0.27
Name: famrel, dtype: float64
```

⑩ apply를 사용해 여러 열에 대해 비율을 계산한다.

```
>>> studentmath[['freetime','goout']].\
...     apply(pd.Series.value_counts, sort=False, normalize=True)
              freetime  goout
1:very low    0.05      0.06
2:low         0.16      0.26
3:neutral     0.40      0.33
4:high        0.29      0.22
5:very high   0.10      0.13
>>>
>>> studentmath[['mothereducation','fathereducation']].\
...     apply(pd.Series.value_counts, sort=False, normalize=True)
                mothereducation  fathereducation
1:k-4           0.15             0.21
2:5-9           0.26             0.29
3:secondary ed  0.25             0.25
4:higher ed     0.33             0.24
```

---

4 (옮긴이) value_counts의 normalize 옵션을 True로 지정하면 상대빈도가 구해진다. 원문에서는 'percentage'라고 표현했지만 총합이 100이 아닌 1이므로 '비율'로 옮겼다.

지금까지 SQL 데이터베이스에서 데이터 테이블을 조회하고, 그 데이터를 판다스에 로드하고, 초기 확인과 정제를 수행했다.

원리

대기업 시스템에서 얻은 데이터는 CSV나 엑셀 파일에 비해 구조화가 잘 된 것이 많으므로 행을 건너뛰거나 열의 자료형이 달라진 것을 다루는 작업은 하지 않아도 된다. 그렇지만 탐색적 분석에 앞서 손질이 필요하다. 우리가 필요로 하는 것보다 더 많은 열이 있는 경우가 많으며 열 이름이 직관적이지 않거나 분석에 적합한 순서로 되어 있지 않기도 하다. 입력 오류를 피하고 저장 공간을 절약할 목적으로, 많은 데이터값의 의미는 데이터 테이블에 저장되지 않는다. 예컨대, mothereducation에는 secondary education[5] 대신 3이 들어 있다. 가능한 한 정제 과정의 초기에 그러한 부호화를 재현하는 것이 좋다.

SQL 데이터베이스 서버에서 데이터를 꺼내려면 서버에 인증할 연결 객체와 SQL SELECT 문자열이 필요하다. 이것들을 read_sql에 전달해 데이터를 조회하고 판다스 데이터프레임에 로드한다. 필자는 이때 열 이름을 정돈하는 SQL SELECT 문을 사용한다. 열을 재배열하기도 하지만, 이 레시피에서는 그것을 나중에 처리한다.

⑥에서 인덱스를 설정했으며 모든 행에 유일한 studentid가 존재하는지 확인했다. 이는 대기업의 데이터를 다룰 때 더욱 중요한데, 십중팔구는 조회한 데이터를 시스템의 다른 데이터 파일과 병합할 것이기 때문이다. 인덱스 없이도 병합을 할 수 있는 때도 있기는 하지만, 항상 인덱스를 설정하는 원칙을 세워두면 병합하기 까다로운 상황에 도움이 되며 병합 속도도 높일 수 있을 것이다.

데이터프레임의 count 함수를 사용해 확인한 결과, 누락값은 존재하지 않았으며 모든 열에 누락값이 아닌 값(행)이 395개 있었다. 지나치게 좋아서 오히려 의심스럽다. 필시 논리적으로는 결측된 값이 있을 것이다. 즉, 누락값을 의미하는 −1, 0, 9, 99 같은 값이 유효한 숫자와 섞여 있을지 모른다. 이러한 가능성을 다음 단계에서 해소한다.

⑦에서는 여러 열의 데이터값을 변경하는 유용한 기법을 볼 수 있다. 기존 값을 새로운 값에 대응하는 딕셔너리를 만들고 replace를 수행했다. 코드값이 문자열로 대체되어 저장 공간이 낭비되는 것을 막기 위해 자료형을 category로 지정했다. setvalueskeys = [k for k in setvalues]를 실행해 setvalues 딕셔너리의 키의 리스트 [famrel, freetime, goout, mothereducation, fathereducation]을 생성했다. 그런

---

5 (옮긴이) 우리나라의 중고등학교에 해당한다.

다음 반복문을 통해 다섯 개 열에 astype 메서드를 사용해 자료형을 category로 지정했다. 이러한 방법으로 해당 열들의 메모리 사용량을 상당히 줄였다.

끝으로, 상대빈도(relative frequency)를 보기 위해 value_counts를 사용해 새로운 값의 할당을 확인했다. apply를 활용해 여러 열에 대해 value_counts를 실행했다. value_counts가 빈도를 기준으로 정렬되지 않게 sort를 False로 설정했다.

데이터프레임 replace 메서드도 read_sql으로 조회할 때 누락값으로 인식하지 못하는 논리적인 누락값을 다룰 때 편리한 도구다. mothereducation과 fathereducation의 값이 0인 것이 이에 해당하는 것으로 보인다. 이 문제를 setvalues 딕셔너리에서 해결한다. mothereducation과 fathereducation 값이 0인 것을 NaN으로 교체하는 것이다. 이러한 유형의 누락값은 불명확하고 이후 작업에 상당한 영향을 끼칠 수 있으므로 데이터를 임포트한 지 얼마 안 되었을 때 빨리 찾아내는 것이 중요하다.

SPSS, SAS, R 같은 통계 패키지 사용자는 이러한 접근이 SPSS와 R, SAS의 proc format과 차이가 있음을 알아챘을 것이다. 판다스에서는 실제 데이터를 정보를 더 많이 담은 값으로 변경해야 한다. 하지만 열에 범주 자료형을 지정함으로써 실제 소요되는 메모리를 절약했으며, 이는 R에서의 factor와 비슷하다.

추가 정보

성적 데이터를 데이터프레임의 시작 근처로 옮겼다. 잠정적인 목표변수(target variable) 또는 종속변수(dependent variable)를 왼쪽 열에 두고 항상 가장 먼저 생각하면 도움이 된다. 성격이 비슷한 열끼리 모아두는 것도 좋다. 이 예에서는 개인을 나타내는 변수(sex, age), 가족과 관련된 변수(mothereducation, fathereducation), 학생들이 여가 시간을 어떻게 보내는지에 대한 변수(traveltime, studytime, freetime)를 한 데 모았다. ⑦에서는 replace 대신 map을 사용해도 된다. 판다스 0.19.2 버전이전에는 map이 훨씬 더 효율적이었지만 지금은 그러한 차이가 크지 않다. 하지만 매우 큰 데이터셋을 다룬다면 맵을 사용할 것을 고려하자.

참고

8장 '데이터프레임을 결합할 때의 데이터 이슈'에서 데이터 병합을 자세히 다룬다. 변수 간의 이변량(bivariate)과 다변량(multivariate) 관계를 4장 '데이터의 부분집합에서 누락값과 이상값 식별'에서 다룬다. 그와 같은 접근을 SPSS, SAS, R 같은 패키지에 어떻게 적용할지를 1장의 나머지 레시피에서 다룬다.

1.4 SPSS, Stata, SAS 데이터 가져오기

이 레시피에서는 pyreadstat을 이용해 세 가지 유명한 통계 패키지의 데이터를 판다스로 읽어들인다. 데이터 분석가가 변수와 변수 레이블 같은 메타데이터를 잃어버리지 않으면서 통계 패키지로부터 데이터를 가져올 수 있다는 것이 pyreadstat의 주요한 장점이다.

SPSS나 Stata, 혹은 SAS 데이터 파일을 받아들었을 때는 CSV, 엑셀 파일, SQL 데이터베이스에서 겪었던 이슈들은 이미 해결되어 있을 것이다. CSV나 엑셀 파일처럼 열 이름이 잘못되거나 자료형이 바뀌거나 누락값이 불분명한 문제도 없고, SQL 데이터처럼 비즈니스 로직(데이터 코드 등)을 잃어버릴 일도 없다. 다른 사람 혹은 다른 조직에게서 건네받은 통계 패키지의 데이터 파일에는 범주형 자료를 위한 변수 레이블과 값 레이블이 첨가된 경우가 많다. 예를 들어 presentsat(발표 만족도)이라는 데이터 열이 있다고 가정할 때 overall satisfaction with presentation(발표에 대한 전반적인 만족도)라는 변수 레이블과 1~5의 값 레이블(1은 매우 불만족을, 5는 매우 만족을 나타냄)이 있을 것이다.

이러한 통계 시스템들의 데이터를 판다스로 가져올 때는 메타데이터를 보존하는 것이 관건이다. 판다스에는 변수 및 값 레이블과 정확히 일치하는 것이 없어, SPSS, Stata, SAS 데이터를 가져오는 빌트인(built-in) 도구는 메타데이터를 잃어버린다. 이 레시피에서는 pyreadstat을 사용해 변수와 변수 레이블 정보를 판다스에 로드하고 그러한 정보를 표현하는 몇 가지 기법을 소개한다.

준비

이 레시피는 pyreadstat 패키지를 설치한 것으로 가정한다. 설치하지 않았다면 pip로 설치할 수 있다. 터미널(윈도우에서는 파워셸)에서 pip install pyreadstat 명령을 실행한다. 이 레시피의 코드를 실습하려면 SPSS, Stata, SAS 데이터 파일이 필요하다.

미국 종단 조사(NLS) 데이터를 사용한다.

> 참고
> 미국 종단 조사는 미국 노동통계국에서 실시한다. 1980년에서 1985년 사이 출생한 개인 집단(a cohort of individuals)을 1997년에 조사한 것을 시작으로, 2017년까지 매년 추적조사가 이뤄졌다. 이 레시피에서는 학업 성적, 취업, 소득, 정부에 대한 태도 등 수백 가지 데이터 중 42개의 변수를 선택했다. SPSS, Stata, SAS 파일을 저장소[5]에서 다운로드할 수 있다.

작업 방법

SPSS, Stata, SAS에서 값 레이블 같은 메타데이터가 포함된 데이터를 가져온다.

① pandas, numpy, pyreadstat을 임포트한다.

이 단계는 pyreadstat을 설치한 것으로 가정한다.

```
>>> import pandas as pd
>>> import numpy as np
>>> import pyreadstat
```

② SPSS 데이터를 조회한다.

pyreadstat의 read_sav 메서드에 경로와 파일명을 전달한다. 처음 몇 행과 빈도분포(frequency distribution)를 출력한다. 열 이름과 값 레이블은 비기술적(non-descriptive)이며, read_sav는 판다스 데이터프레임과 메타 객체를 모두 생성한다.

```
>>> nls97spss, metaspss = pyreadstat.read_sav('data/nls97.sav')
>>> nls97spss.dtypes
R0000100      float64
R0536300      float64
R0536401      float64
...
U2962900      float64
U2963000      float64
Z9063900      float64
dtype: object
>>> nls97spss.head()
   R0000100   R0536300  ...   U2963000   Z9063900
0      1.00       2.00  ...        NaN      52.00
1      2.00       1.00  ...       6.00       0.00
2      3.00       2.00  ...       6.00       0.00
3      4.00       2.00  ...       6.00       4.00
4      5.00       1.00  ...       5.00      12.00

[5 rows x 42 columns]
>>> nls97spss['R0536300'].value_counts(normalize=True)
1.00    0.51
2.00    0.49
Name: R0536300, dtype: float64
```

③ 메타데이터를 활용해 열 레이블과 값 레이블을 개선한다.

read_sav를 호출했을 때 생성된 metaspss 객체에는 SPSS 파일에서 온 열 레이블과 값 레이블이 있다. variable_value_labels 딕셔너리를 사용해 R0536300 열의 값을 값 레이블에 매핑한다(데이터를 바꾸는 것은 아니고 value_counts를 좀 더 보기 좋게 출력하려는 것이다.) set_value_labels 메서드를 사용해 값 레이블을 데이터프레임에 실제로 적용한다.

```
>>> metaspss.variable_value_labels['R0536300']
{0.0: 'No Information', 1.0: 'Male', 2.0: 'Female'}
>>> nls97spss['R0536300'].\
...    map(metaspss.variable_value_labels['R0536300']).\
...    value_counts(normalize=True)
Male      0.51
Female    0.49
Name: R0536300, dtype: float64
>>> nls97spss = pyreadstat.set_value_labels(nls97spss, metaspss, formats_as_category=True)
```

④ 메타데이터의 열 레이블을 사용해 열 이름을 바꾼다.

metaspss에서 온 열 레이블을 데이터프레임에 사용하려면 metaspss의 열 이름을 데이터프레임의 열 이름에 할당하기만 하면 된다. 열 이름의 대문자를 소문자로 바꾸고, 공백을 밑줄로 바꾸고, 그 외에 영문자나 숫자가 아닌 것을 모두 지워 정돈한다.

```
>>> nls97spss.columns = metaspss.column_labels
>>> nls97spss['KEY!SEX (SYMBOL) 1997'].value_counts(normalize=True)
Male      0.51
Female    0.49
Name: KEY!SEX (SYMBOL) 1997, dtype: float64
>>> nls97spss.dtypes
PUBID - YTH ID CODE 1997                   float64
KEY!SEX (SYMBOL) 1997                      category
KEY!BDATE M/Y (SYMBOL) 1997                float64
KEY!BDATE M/Y (SYMBOL) 1997                float64
CV_SAMPLE_TYPE 1997                        category
KEY!RACE_ETHNICITY (SYMBOL) 1997           category
...
HRS/WK R WATCHES TELEVISION 2017           category
HRS/NIGHT R SLEEPS 2017                     float64
CVC_WKSWK_YR_ALL L99                        float64
dtype: object
```

```
>>> nls97spss.columns = nls97spss.columns.\
...     str.lower().\
...     str.replace(' ','_').\
...     str.replace('[^a-z0-9_]', '')
>>> nls97spss.set_index('pubid__yth_id_code_1997', inplace=True)
```

⑤ 처음부터 값 레이블을 적용해 과정을 단순화한다.

read_sav를 처음 호출할 때 apply_value_formats를 True로 설정해 데이터 값을 실제로 적용할 수 있다. 이렇게
해두면 나중에 set_value_labels 함수를 호출하지 않아도 된다.

```
>>> nls97spss, metaspss = pyreadstat.read_sav('data/nls97.sav', apply_value_formats=True,
formats_as_category=True)
>>> nls97spss.columns = metaspss.column_labels
>>> nls97spss.columns = nls97spss.columns.\
...     str.lower().\
...     str.replace(' ','_').\
...     str.replace('[^a-z0-9_]', '')
```

⑥ 열을 확인하고 처음 몇 행을 살펴본다.

```
>>> nls97spss.dtypes
pubid__yth_id_code_1997                 float64
keysex_symbol_1997                      category
keybdate_my_symbol_1997                 float64
keybdate_my_symbol_1997                 float64
...
hrsnight_r_sleeps_2017                  float64
cvc_wkswk_yr_all_l99                    float64
dtype: object
>>> nls97spss.head()
   pubid__yth_id_code_1997 keysex_symbol_1997  ...  \
0                     1.00             Female  ...
1                     2.00               Male  ...
2                     3.00             Female  ...
3                     4.00             Female  ...
4                     5.00               Male  ...

   hrsnight_r_sleeps_2017  cvc_wkswk_yr_all_l99
0                     NaN                 52.00
```

```
1                    6.00                0.00
2                    6.00                0.00
3                    6.00                4.00
4                    5.00               12.00

[5 rows x 42 columns]
```

⑦ value_counts를 실행하고 인덱스를 설정한다.

```
>>> nls97spss.govt_responsibility__provide_jobs_2006.\
...    value_counts(sort=False)
Definitely should be          454
Definitely should not be      300
Probably should be            617
Probably should not be        462
Name: govt_responsibility__provide_jobs_2006, dtype: int64
>>> nls97spss.set_index('pubid__yth_id_code_1997', inplace=True)
```

⑧ Stata 데이터를 가져오고, 값 레이블을 적용하고, 열 제목을 손질한다.

　　SPSS 데이터에 사용한 것과 같은 방법을 Stata 데이터에도 적용한다.

```
>>> nls97stata, metastata = pyreadstat.read_dta('data/nls97.dta', apply_value_formats=True,
formats_as_category=True)
>>> nls97stata.columns = metastata.column_labels
>>> nls97stata.columns = nls97stata.columns.\
...      str.lower().\
...      str.replace(' ','_').\
...      str.replace('[^a-z0-9_]', '')
>>> nls97stata.dtypes
pubid__yth_id_code_1997                    float64
keysex_symbol_1997                         category
keybdate_my_symbol_1997                    float64
keybdate_my_symbol_1997                    float64
...
hrsnight_r_sleeps_2017                     float64
cvc_wkswk_yr_all_199                       float64
dtype: object
```

⑨ 데이터를 몇 행 살펴보고 value_counts를 실행한다.

```
>>> nls97stata.head()
   pubid__yth_id_code_1997 keysex_symbol_1997 ... \
0                     1.00             Female ...
1                     2.00               Male ...
2                     3.00             Female ...
3                     4.00             Female ...
4                     5.00               Male ...


   hrsnight_r_sleeps_2017  cvc_wkswk_yr_all_l99
0                   -5.00                 52.00
1                    6.00                  0.00
2                    6.00                  0.00
3                    6.00                  4.00
4                    5.00                 12.00


[5 rows x 42 columns]
>>> nls97stata.govt_responsibility__provide_jobs_2006.\
... value_counts(sort=False)
-5.0                       1425
-4.0                       5665
-2.0                         56
-1.0                          5
Definitely should be        454
Definitely should not be    300
Probably should be          617
Probably should not be      462
Name: govt_responsibility__provide_jobs_2006, dtype: int64
```

⑩ Stata 데이터와 함께 나타나는 논리적 누락값을 수정하고 인덱스를 설정한다.

```
>>> nls97stata.min()
pubid__yth_id_code_1997          1.00
keybdate_my_symbol_1997          1.00
keybdate_my_symbol_1997      1,980.00
...
cv_bio_child_hh_2017            -5.00
cv_bio_child_nr_2017            -5.00
```

```
hrsnight_r_sleeps_2017              -5.00
cvc_wkswk_yr_all_199                -4.00
dtype: float64
>>> nls97stata.replace(list(range(-9,0)), np.nan, inplace=True)
>>> nls97stata.min()
pubid__yth_id_code_1997              1.00
keybdate_my_symbol_1997              1.00
keybdate_my_symbol_1997          1,980.00
...
cv_bio_child_hh_2017                 0.00
cv_bio_child_nr_2017                 0.00
hrsnight_r_sleeps_2017               0.00
cvc_wkswk_yr_all_199                 0.00
dtype: float64
>>> nls97stata.set_index('pubid__yth_id_code_1997', inplace=True)
```

⑪ SAS 데이터를 조회한다. 값 레이블에 SAS 카탈로그 파일을 사용한다.

SAS에서는 데이터 값이 카탈로그 파일에 저장된다. 카탈로그 파일 경로와 파일명을 지정해 값 레이블을 조회하고 이를 적용한다.

```
>>> nls97sas, metasas = pyreadstat.read_sas7bdat('data/nls97.sas7bdat', catalog_file='data/
nlsformats3.sas7bcat', formats_as_category=True)
>>> nls97sas.columns = metasas.column_labels
>>>
>>> nls97sas.columns = nls97sas.columns.\
...     str.lower().\
...     str.replace(' ','_').\
...     str.replace('[^a-z0-9_]', '')
>>>
>>> nls97sas.head()
   pubid__yth_id_code_1997 keysex_symbol_1997 ...  \
0                     1.00             Female ...
1                     2.00               Male ...
2                     3.00             Female ...
3                     4.00             Female ...
4                     5.00               Male ...

   hrsnight_r_sleeps_2017  cvc_wkswk_yr_all_199
```

```
0              NaN         52.00
1             6.00          0.00
2             6.00          0.00
3             6.00          4.00
4             5.00         12.00

[5 rows x 42 columns]
>>> nls97sas.keysex_symbol_1997.value_counts()
Male      4599
Female    4385
Name: keysex_symbol_1997, dtype: int64
>>> nls97sas.set_index('pubid__yth_id_code_1997', inplace=True)
```

중요한 메타데이터를 잃어버리지 않으면서 SPSS, SAS, Stata 데이터를 가져오는 방법을 시연했다.

원리

pyreadstat의 read_sav, read_dta, read_sas7bdat는 각각 SPSS, Stata, SAS 데이터 파일을 읽는 메서드로 모두 비슷한 방식으로 작동한다. SPSS와 Stata 파일에서 데이터를 읽을 때는 apply_value_formats를 True로 설정해 값 레이블을 적용할 수 있으며(⑥와 ⑧), SAS의 경우 카탈로그 파일 경로와 파일명을 지정한다(⑪). 데이터 값이 변경되는 열에 대해서는 formats_as_category를 True로 설정해 자료형을 category로 변경할 수 있다. 메타 객체는 통계 패키지에서 온 열 이름과 열 레이블을 포함하므로, 메타데이터 열 레이블을 판다스 데이터프레임 열 이름에 할당할 수 있다(nls97spss.columns = metaspss.column_labels). 메타 열 레이블을 할당한 후에도 메타데이터 열 이름에 판다스 열 이름을 설정해 원래 열 제목을 복원할 수 있다(nls97spss.columns = metaspss.column_names).

③에서 SPSS 데이터를 읽을 때는 값 레이블을 적용하지 않았다. 예에서는 변수 하나에 대한 딕셔너리(metaspss.variable_value_labels['R0536300'])만 살펴봤지만, 모든 변수에 대해서 볼 수도 있었다(metaspss.variable_value_labels). 레이블에 문제가 없다면 set_value_labels 함수를 호출해 설정한다. 데이터를 잘 알지 못해서 레이블을 적용하기 전에 조사할 필요가 있다면 이런 방식으로 접근하는 것이 좋다.

메타 객체로부터 온 열 레이블이 원래 열 제목보다 나을 때도 있다. 이 예제에서 봤듯이, 대규모의 조사 결과를 담은 SPSS, Stata, SAS 파일의 열 제목은 마치 암호문처럼 보일 수 있다. 그렇지만 레이블은 종종 불필요한 공백, 대문자, 영문자와 숫자 이외의 문자 등을 포함해 열 제목으로 사용하기 부적당할 때도 많다. 몇 가지 문자열 연산을 체이닝해 대문자를 소문자로 변환하고, 공백을 밑줄로 치환하고, 영문자와 숫자 이외의 문자를 제거한다.

누락값을 다루는 일은 까다로울 수 있는데, 데이터가 빠진 데에는 나름의 이유가 있기 때문이다. 설문조사 파일의 누락값은 건너뛰는 문항일 수도 있고 응답자가 표시하지 않았을 수도 있으며 부적절한 응답이었을 수도 있다. NLS에는 −1부터 −9까지 9가지 누락값이 있을 수 있다. SPSS 데이터를 가져올 때는 이러한 값들이 자동으로 NaN으로 설정되며, Stata는 원래 값이 보존된다. (SPSS 데이터를 가져올 때 user_missing을 True로 설정해 이러한 값들을 보존할 수 있다.) Stata 데이터를 가져올 때는 −1부터 −9까지의 값을 모두 NaN으로 바꾸도록 지시해야 하는데, 데이터프레임의 replace 함수에 −9에서 −1까지의 정수를 담은 리스트를 전달함으로써 그렇게 할 수 있다(list(range(-9,0))).

추가 정보

값 레이블을 어떻게 지정하는가 하는 관점에서는 이 레시피가 지난번 레시피와 비슷하다고 느꼈을 수 있다. set_value_labels 함수는 지난번 레시피에서 값 레이블을 지정하는 데 사용한 데이터프레임 replace 메서드와 비슷하다. 매핑된 열을 값 레이블로 치환하려고 딕셔너리를 전달했다. 이번 레시피의 set_value_labels 함수도 같은 일을 하되, 메타데이터 객체의 variable_value_labels 프로퍼티를 딕셔너리로 사용했다.

통계 패키지에서 얻은 데이터는 SQL 데이터베이스만큼 잘 구조화되어 있지는 않은 편이다. 통계 패키지는 분석을 용이하게 하는 방향으로 설계되었으므로 데이터베이스 정규화 규칙을 따르지 않는다. 때로는 암시적인 관계형 구조를 띠고 있어, 평탄화된 데이터로부터 관계형 구조를 복원(unflatten)해야 할 수도 있다. 예를 들어, 데이터에 개별 데이터와 사건 수준 데이터가 결합되어 있을 수 있다(개인과 병원 방문, 큰곰과 겨울잠 깨는 날짜 등). 이러한 데이터는 분석 목적에 따라 리셰이핑이 필요할 수 있다.

참고

pyreadstat 패키지는 https://github.com/Roche/pyreadstat에 잘 문서화되어 있다. 열을 선택하고 누락 데이터를 다루는 유용한 옵션이 많이 있지만 지면이 부족해 이 레시피에서 모두 다루지는 않았다.

1.5 R 데이터 가져오기

이 레시피에서는 pyreadr를 사용해 R 데이터 파일을 판다스로 읽어들인다. pyreadr는 메타데이터를 포착하지 못하므로, 값 레이블(R의 팩터와 유사)과 열 제목을 재구성하는 코드를 작성할 것이다. 이는 'SQL 데이터베이스의 데이터 가져오기' 레시피에서 했던 것과 비슷하다.

R 통계 패키지가 다루는 범위는 여러 면에서 파이썬과 판다스를 조합한 것과 비슷하다고 할 수 있다. 이 두 가지는 다양한 데이터를 전처리하고 분석함에 있어 매우 유용한 도구다. 데이터 과학자 중에는 R과 파이썬을 모두 다루는 사람도 있다. 어느 것을 선호하는지에 따라 데이터 조작을 파이썬으로 하고 통계 분석을 R로 한다거나, 그 반대로 작업하기도 한다. 그러나 현재 R의 rds나 rdata로 저장한 파일을 파이썬으로 읽는 도구는 거의 없다. 분석가들은 데이터를 CSV로 일단 저장했다가 파이썬에서 CSV 파일을 로드하곤 한다. 우리는 pyreadstat의 개발자가 만든 pyreadr을 사용할 것인데, R을 설치하지 않아도 되기 때문에 선택했다.

R 파일을 받거나 직접 만들었다면 적어도 CSV나 엑셀 파일보다는 구조화가 잘되어 있을 것으로 믿어도 된다. 각 열은 한 가지 자료형만으로 되어 있을 것이고 열 제목은 파이썬 변수로 사용하기 적절할 것이며, 모든 행의 구조가 같을 것이다. 그렇지만 SQL 데이터를 가지고 작업한 것처럼 부호화 로직을 되살려야 할 수도 있다.

준비

이 레시피는 pyreadr 패키지가 설치된 것으로 가정한다. 설치하지 않았다면 pip로 설치하자. 터미널(윈도우는 파워셸)에서 pip install pyreadr 명령을 실행한다. 코드를 실행하려면 R의 rds 파일이 필요하다.

이 레시피에서도 미국 종단 조사(NLS) 데이터를 사용한다.

작업 방법

중요 메타데이터를 잃어버리지 않으면서 R 데이터를 가져올 것이다.

① pandas, numpy, pprint, pyreadr 패키지를 임포트한다.

```
>>> import pandas as pd
>>> import numpy as np
```

```
>>> import pyreadr
>>> import pprint
```

② R 데이터를 가져온다.

read_r 메서드에 R 데이터 경로와 파일명을 전달해 조회하고 판다스 데이터프레임에 로드한다. read_r은 한 개이상의 객체를 반환할 수 있다. rdata 파일과 달리, rds 파일을 읽을 때에는 None을 키로 갖는 한 개의 객체가 반환된다. None을 가리킴으로써 판다스 데이터프레임을 얻는다.

```
>>> nls97r = pyreadr.read_r('data/nls97.rds')[None]
>>> nls97r.dtypes
R0000100    int32
R0536300    int32
...
U2962800    int32
U2962900    int32
U2963000    int32
Z9063900    int32
dtype: object
>>> nls97r.head(10)
    R0000100  R0536300  ...  U2963000  Z9063900
0          1         2  ...        -5        52
1          2         1  ...         6         0
2          3         2  ...         6         0
3          4         2  ...         6         4
4          5         1  ...         5        12
5          6         2  ...         6         6
6          7         1  ...        -5         0
7          8         2  ...        -5        39
8          9         1  ...         4         0
9         10         1  ...         6         0

[10 rows x 42 columns]
```

③ 값 레이블과 열 제목을 위한 딕셔너리를 준비한다.

열을 값 레이블에 매핑하는 딕셔너리를 로드하고 선호하는 열 이름의 리스트를 생성한다.

```
>>> with open('data/nlscodes.txt', 'r') as reader:
...     setvalues = eval(reader.read())
```

```
...
>>> pprint.pprint(setvalues)
{'R0536300': {0.0: 'No Information', 1.0: 'Male', 2.0: 'Female'},
 'R1235800': {0.0: 'Oversample', 1.0: 'Cross-sectional'},
 'S8646900': {1.0: '1. Definitely',
              2.0: '2. Probably ',
              3.0: '3. Probably not',
              4.0: '4. Definitely not'},
...
>>> newcols = ['personid','gender','birthmonth','birthyear', 'sampletype',  'category','s
atverbal','satmath', 'gpaoverall','gpaeng','gpamath','gpascience','govjobs', 'govprices',
 'govhealth','goveld','govind','govunemp', 'govinc','govcollege','govhousing','govenvironme
nt', 'bacredits','coltype1','coltype2','coltype3','coltype4', 'coltype5','coltype6','highe
stgrade','maritalstatus', 'childnumhome','childnumaway', 'degreecol1', 'degreecol2','degree
col3','degreecol4','wageincome', 'weeklyhrscomputer','weeklyhrstv', 'nightlyhrssleep','wee
ksworkedlastyear']
```

④ 값 레이블과 누락값을 설정하고 선택한 열을 범주 자료형으로 변경한다.

setvalues 딕셔너리를 사용해 기존 값을 값 레이블로 대체한다.

−9에서 −1까지의 모든 값을 NaN으로 대체한다.

```
>>> nls97r.replace(setvalues, inplace=True)
>>> nls97r.head()
  R0000100 R0536300 ...  U2963000 Z9063900
0        1   Female ...        -5       52
1        2     Male ...         6        0
2        3   Female ...         6        0
3        4   Female ...         6        4
4        5     Male ...         5       12

[5 rows x 42 columns]
>>> nls97r.replace(list(range(-9,0)), np.nan, inplace=True)
>>> for col in nls97r[[k for k in setvalues]].columns:
...     nls97r[col] = nls97r[col].astype('category')
...
>>> nls97r.dtypes
R0000100      float64
R0536300      category
```

```
R0536401      float64
R0536402      float64
R1235800      category
                ...
U2857300      category
U2962800      category
U2962900      category
U2963000      float64
Z9063900      float64
Length: 42, dtype: object
```

⑤ 의미 있는 열 제목을 짓는다.

```
>>> nls97r.columns = newcols
>>> nls97r.dtypes
personid               float64
gender                 category
birthmonth             float64
birthyear              float64
sampletype             category
                          ...
wageincome             category
weeklyhrscomputer      category
weeklyhrstv            category
nightlyhrssleep        float64
weeksworkedlastyear    float64
Length: 42, dtype: object
```

R 데이터를 판다스로 가져오고 값 레이블을 할당하는 방법을 시연했다.

원리

pyreadr을 이용해 R 데이터를 판다스에서 쉽게 읽어들일 수 있다. read_r 함수에 파일명을 전달하기만 하면 된다. read_r은 복수의 객체를 반환하므로 그중 어느 것을 사용할지 지정해야 한다. rds 파일은 rdata 파일과 달리 한 개의 객체를 반환하며, 키는 None이다.

③에서는 변수를 값 레이블에 매핑하는 딕셔너리와 선호하는 열 제목의 리스트를 로드했다. ④에서는 값 레이블을 적용했다. 또한 열의 자료형을 category로 바꿨는데, [k for k in setvalues]로 setvalues 딕셔너리의 키의 리스트를 만들어 열들에 대해 반복적으로 처리했다.

⑤에서 열 제목을 좀 더 직관적인 것으로 바꿨다. 여기서는 순서가 중요하다. 열 이름을 바꾸기 전에 값 레이블을 설정해야 하는데, 이는 setvalues 딕셔너리가 원래의 열 제목에 기초하기 때문이다.

pyreadr을 사용해 R 파일을 직접 판다스로 읽어들이는 방식의 주된 장점은 R 데이터를 CSV 파일로 변환할 필요가 없다는 것이다. 파일을 읽는 파이썬 코드를 작성해두면 R 데이터가 바뀔 때마다 다시 실행시키기만 하면 된다. 작업하는 컴퓨터에 R을 설치하지 않았을 때 특히 도움이 된다.

추가 정보

pyreadr은 복수의 데이터프레임을 반환할 수 있어 rdata 파일에 있는 여러 개의 R 데이터 객체를 저장할 때 유용하다. 단 한 번의 호출로 모든 객체를 반환할 수 있다.

pprint는 파이썬 딕셔너리를 보기 좋게 표시하는 데 유용한 도구다.

참고

pyreadr에 관한 명확한 지침과 예제를 https://github.com/ofajardo/pyreadr에서 얻을 수 있다.

비교적 새로운 포맷인 페더(feather) 파일을 R과 파이썬 모두에서 읽을 수 있다. 이에 대해서는 다음 레시피에서 논의한다.

R 데이터를 가져올 때 pyreadr 대신 rpy2를 사용할 수도 있다. rpy2를 사용하려면 R도 설치해야 하지만 pyreadr보다 강력하다. R 팩터를 읽어 자동으로 판다스 데이터프레임 값을 설정한다. 다음 코드를 보자.

```
>>> import rpy2.robjects as robjects
>>> from rpy2.robjects import pandas2ri
>>> pandas2ri.activate()
>>> readRDS = robjects.r['readRDS']
>>> nls97withvalues = readRDS('data/nls97withvalues.rds')
```

```
>>> nls97withvalues
     R0000100 R0536300 R0536401  ...                  U2962900  U2963000 Z9063900
1           1   Female         9  ...                       NaN -2147483648       52
2           2     Male         7  ...      3 to 10 hours a week         6        0
3           3   Female         9  ...      3 to 10 hours a week         6        0
4           4   Female         2  ...      3 to 10 hours a week         6        4
5           5     Male        10  ...      3 to 10 hours a week         5       12
...       ...      ...       ...  ...                       ...       ...      ...
8980     9018   Female         3  ...      3 to 10 hours a week         4       49
8981     9019     Male         9  ...      3 to 10 hours a week         6        0
8982     9020     Male         7  ...                       NaN -2147483648       15
8983     9021     Male         7  ...      3 to 10 hours a week         7       50
8984     9022   Female         1  ...  Less than 2 hours per week       7       20

[8984 rows x 42 columns]
```

−2147483648라는 값이 생성됐는데, 이는 readRDS가 숫자 열의 누락 데이터를 해석하는 과정에서 만들어진 것이다. 이 숫자가 유효한 값이 아니라는 것을 확인한 후 NaN으로 대체하는 것이 좋다.

1.6 표 데이터 저장

데이터를 영속화(persist), 즉 메모리에 있는 데이터를 로컬 또는 원격 스토리지에 복사하는 몇 가지 이유가 있다. 나중에 데이터 생성 과정을 되풀이하지 않고도 이용하기 위해서일 수도 있고, 다른 사람과 공유하기 위해서일 수도 있고, 다른 소프트웨어에서 이용하기 위해서일 수도 있다. 이 레시피에서는 판다스 데이터프레임에 로드했던 데이터를 CSV, 엑셀, 피클(pickle), 페더 등의 파일 유형에 저장한다.

영속화는 데이터의 일부분을 좀 더 자세히 들여다보고자 할 때도 필요한데, 우리가 종종 간과하지만 이 점도 역시 중요하다. 때로는 다른 사람의 면밀한 조사를 거친 후에야 우리의 분석을 완수할 수 있다. 중견 기업이나 대기업의 운영 데이터를 다루는 분석가는 일상적인 데이터 정제 작업으로서 이러한 작업을 수행한다.

데이터를 영속화하는 이러한 이유들과 더불어, 데이터를 언제 어떻게 직렬화할 것인지에 대한 결정에는 다른 여러 요인이 작용한다. 데이터 분석 프로젝트에서는 데이터를 저장하고 다시 로드하는 하드웨어 및 소프트웨어 자원과 데이터셋의 크기를 고려해야 한다. 분석가가 데이터를 저장하는 것은 단순히 워드 프로세서에서 Ctrl + S를 누르는 것보다는 많은 의도를 갖고 이뤄지기 마련이다.

영속화한 데이터는 생성 당시의 로직과 별개로 저장되는데, 이는 분석 작업의 무결성에 가장 심각한 위협이라 할 수 있다. 우리는 과거(일주일, 한 달, 혹은 일 년 전)에 저장했던 데이터를 로드해놓고도, 변수를 어떻게 정의했고 다른 변수와의 관계가 어떤지를 잊어버리는 일을 종종 겪는다. 데이터 정제 작업을 완료하기 전이라면, 데이터를 재생성하는 것이 워크스테이션과 네트워크에 부담스럽지 않은 한, 데이터를 영속화하기에 최선의 시점은 아니다. 작업의 마일스톤에 도달했을 때 한 번만 영속화하는 것이 좋다.

데이터를 영속화하는 *시기*뿐만 아니라 *방법*도 고민해야 한다. 영속화한 데이터를 나중에 같은 소프트웨어에서 이용할 것이라면 소프트웨어 자체 바이너리 포맷으로 저장하는 것이 최선인데, SPSS, SAS, Stata, R 같은 소프트웨어에서는 직관적이지만 판다스에서는 그렇지가 않다. 그렇지만 나쁘게 받아들일 필요는 없다. 파이썬에서는 CSV와 엑셀부터 피클과 페더까지 다양한 방식으로 저장할 수 있으니 말이다. 이 레시피는 이러한 여러 가지 파일 형식으로 저장하는 법을 다룬다.

준비

이 레시피를 위해 시스템에 페더가 설치되어 있어야 한다. 터미널(윈도우에서는 파워셀)에서 `pip install pyarrow` 명령을 실행한다. Chapter01 폴더에 `views` 폴더가 없다면 생성하자.

> **참고**
>
> 이 데이터셋은 미국 해양대기청의 GHCN 통합 데이터베이스[6]에서 얻은 것이다. 전체 데이터셋에서 10만 건을 추출한 샘플로, 이 책의 깃허브 저장소에서도 얻을 수 있다.

작업 방법

CSV 파일을 판다스로 로드하고 피클 파일과 페더 파일로 저장한다. 데이터의 일부를 CSV와 엑셀 포맷으로도 저장한다.

---

7 https://www.ncdc.noaa.gov/data-access/land-based-station-data/land-based-datasets/global-historical-climatology-network-monthly-version-4

① pandas와 pyarrow를 임포트하고 디스플레이를 조정한다.

판다스를 페더로 저장하려면 pyarrow를 임포트한다.

```
>>> import pandas as pd
>>> import pyarrow
```

② 지표온도 CSV 파일을 판다스로 로드하고, 누락 데이터가 있는 행을 드롭하고, 인덱스를 설정한다.

```
>>> landtemps = pd.read_csv('data/landtempssample.csv',
...     names=['stationid','year','month','avgtemp','latitude',
...       'longitude','elevation','station','countryid','country'],
...     skiprows=1,
...     parse_dates=[['month','year']],
...     low_memory=False)
>>>
>>> landtemps.rename(columns={'month_year':'measuredate'}, inplace=True)
>>> landtemps.dropna(subset=['avgtemp'], inplace=True)
>>> landtemps.dtypes
measuredate     datetime64[ns]
stationid               object
avgtemp                float64
latitude               float64
longitude              float64
elevation              float64
station                 object
countryid               object
country                 object
dtype: object
>>> landtemps.set_index(['measuredate','stationid'], inplace=True)
```

③ 온도의 극단값(extreme value)을 CSV와 엑셀 파일에 기록한다.

quantile을 사용해 각 분포의 양끝 1/1000에 속하는 이상값(outlier) 행을 선택한다.

```
>>> extremevals = landtemps[(landtemps.avgtemp < landtemps.avgtemp.quantile(.001)) |
(landtemps.avgtemp > landtemps.avgtemp.quantile(.999))]
>>> extremevals.shape
(171, 7)
>>> extremevals.sample(7)
                       avgtemp  ...      country
```

```
measuredate stationid            ...
1980-07-01 ER000063043    36.38  ...      Eritrea
1938-07-01 IZXLT018290    36.15  ...         Iraq
2015-05-01 IN019070100    34.90  ...        India
1961-11-01 RSM00024266   -36.17  ...       Russia
1997-07-01 AYM00089828   -65.57  ...   Antarctica
2006-08-01 SU000062640    36.30  ...        Sudan
2007-06-01 MUM00041244    35.70  ...         Oman

[7 rows x 7 columns]
>>> extremevals.to_excel('views/tempext.xlsx')
>>> extremevals.to_csv('views/tempext.csv')
```

④ 피클 및 페더 파일로 저장한다.

페더 파일을 저장하려면 인덱스를 리셋한다.

```
>>> landtemps.to_pickle('data/landtemps.pkl')
>>> landtemps.reset_index(inplace=True)
>>> landtemps.to_feather("data/landtemps.ftr")
```

⑤ 방금 저장한 피클 및 페더 파일을 로드한다.

피클 파일을 저장하고 로드하는 동안 인덱스가 보존된다.

```
>>> landtemps = pd.read_pickle('data/landtemps.pkl')
>>> landtemps.head(2).T
measuredate    2000-04-01  1940-05-01
stationid     USS0010K01S CI000085406
avgtemp             5.27       18.04
latitude           39.9       -18.35
longitude       -110.75      -70.33
elevation       2,773.7        58.0
station     INDIAN_CANYON      ARICA
countryid            US          CI
country   United States       Chile
>>> landtemps = pd.read_feather("data/landtemps.ftr")
>>> landtemps.head(2).T
                         0                    1
measuredate  2000-04-01 00:00:00  1940-05-01 00:00:00
stationid          USS0010K01S          CI000085406
```

avgtemp	5.27	18.04
latitude	39.9	-18.35
longitude	-110.75	-70.33
elevation	2,773.7	58.0
station	INDIAN_CANYON	ARICA
countryid	US	CI
country	United States	Chile

판다스 데이터프레임을 피클과 페더 포맷으로 저장하는 방법을 시연했다.

원리

판다스 데이터를 저장하는 방법은 꽤 직관적인다. 데이터프레임에는 to_csv, to_excel, to_pickle, to_feather 메서드가 있다. 피클링은 인덱스를 보존한다.

추가 정보

CSV는 데이터를 저장할 때 추가 메모리를 매우 적게 사용하는 장점이 있지만, 속도가 느리고 자료형 같은 중요한 메타데이터를 잃어버린다는 단점이 있다. (파일을 다시 로드할 때 read_csv가 자료형을 찾아주기는 하지만 항상 그런 것은 아니다.) 피클 파일은 데이터를 유지하지만, 자원이 부족한 시스템에서는 직렬화가 부담스러울 수 있다. 페더는 자원 부담이 적고 파이썬과 R에서 쉽게 로드할 수 있지만 직렬화 과정에서 인덱스를 희생한다. 게다가 페더의 개발자는 장기적인 지원을 약속하지 않았다.

이 레시피에서는 프로젝트 마일스톤에 도달했을 때 데이터를 저장하라는 조언 외에 데이터 직렬화에 특정한 방법을 권장하지 않았다. 상황에 맞는 도구를 선택하기 바란다. 필자는 동료와 논의하고자 파일 일부를 공유할 때 CSV와 엑셀을 이용하고, 진행 중인 파이썬 프로젝트에 사용할 데이터를 저장할 때나 저사양 컴퓨터에서 작업할 때, R을 함께 사용할 때는 페더를 이용하며, 프로젝트를 마무리하는 단계에서는 데이터프레임을 피클링한다.

HTML과 JSON을 판다스로
가져올 때의 데이터 정제

2장에서도 다양한 소스로부터 데이터를 가져올 때 초기에 수행해야 할 작업을 다룬다. 지난 25년간 데이터 분석가는 표 형식이 아닌 반(半)정형 데이터를 다루는 일이 늘었다. 때로는 그러한 형태의 데이터를 직접 생성하고 저장해야 한다. 2장에서는 전통적인 표 형식의 데이터셋을 대체하는 JSON을 다루는데, 이때 얻은 일반적 지식을 XML이라든지 몽고DB 같은 NoSQL 데이터 스토어에도 적용할 수 있다. 웹사이트에서 데이터를 스크레이핑할 때 일반적으로 겪는 문제도 다룬다.

2장에서 다루는 레시피는 다음과 같다.

- 단순한 JSON 데이터 가져오기

- API를 통해 복잡한 JSON 데이터 가져오기

- 웹페이지의 데이터 가져오기

- JSON 데이터 저장

2.1 단순한 JSON 데이터 가져오기

컴퓨터 간, 혹은 프로세스, 노드 간에 데이터를 전송할 때 JSON(JavaScript Object Notation)을 이용하면 매우 편리하다. 클라이언트가 서버에 데이터를 요청하면, 서버는 로컬 스토리지에 데이터를 질의해 **SQL 서버 테이블**이나 테이블 같은 것을 클라이언트가 소비할 수 있는 JSON으로 변환한다.

첫 번째 서버(즉 웹서버)가 데이터베이스 서버에 요청을 전달하는 과정에서 더욱 복잡해지기도 한다. JSON으로 이런 일을 할 수 있는 것은 다음과 같은 특징 덕분이다.

- 사람이 읽을 수 있음

- 대다수의 클라이언트 장치가 소비할 수 있음

- 구조에 제한을 받지 않음

JSON은 상당히 유연해 무엇이든 받아들일 수 있다. 심지어 한 JSON 파일 내에서도 구조를 다르게 할 수 있어, 지점에 따라 키가 달라지기도 한다. 예를 들어, 파일 앞부분의 설명 키가 나머지 부분의 데이터 키와 전혀 다른 구조로 이뤄질 수 있다. 혹은 특정한 경우에만 존재하는 키가 있을 수도 있다. 이러한 지저분함(아차, 유연성)을 어떻게 다뤄야 할지 알아보자.

준비

이 레시피에서는 선거 입후보자 뉴스 기사 데이터[1]를 가지고 실습한다. JSON 파일들을 한 파일로 합치고 그중 6만 건의 뉴스 기사를 무작위로 선택했다. 이 샘플(allcandidatenewssample.json)은 이 책의 깃허브 저장소에 있다.

이 레시피에서는 리스트 컴프리헨션과 딕셔너리 컴프리헨션을 사용한다. 기억이 잘 나지 않으면 《데이터캠프(DataCamp)》의 리스트 컴프리헨션[2]과 딕셔너리 컴프리헨션[3] 자료를 참조하자.[4]

작업 방법

JSON 파일을 판다스로 가져오기 전에 데이터 점검과 정제를 수행한다.

① json과 pprint 라이브러리를 임포트한다.

JSON 데이터를 로드할 때 pprint를 사용해 리스트와 딕셔너리를 보기 좋게 출력할 수 있다.

```
>>> import pandas as pd
>>> import numpy as np
```

---

1 https://dataverse.harvard.edu/dataset.xhtml?persistentId=doi:10.7910/DVN/0ZLHOK

2 https://www.datacamp.com/community/tutorials/python-list-comprehension

3 https://www.datacamp.com/community/tutorials/python-dictionary-comprehension

4 (옮긴이) 역자가 번역한 온라인북 《실용 파이썬 프로그래밍(Practical Python Programming)》에도 리스트 컴프리헨션을 설명한 페이지가 있다. https://wikidocs.net/84393

```
>>> import json
>>> import pprint
>>> from collections import Counter
```

② JSON 데이터를 로드하고 문젯거리가 있는지 조사한다.

입후보자에 관한 뉴스 기사 데이터를 얻기 위해 json.load 메서드를 사용한다. load는 딕셔너리의 리스트를 반환한다. 리스트의 크기를 len으로 얻는데, 이 경우 뉴스 기사의 총수가 된다. (리스트의 각 아이템은 제목, 출처 등의 키와 그에 해당하는 값의 쌍을 갖는 딕셔너리다.) pprint로 처음 두 개의 딕셔너리를 출력한다. 첫 번째 항목의 source(출처) 키에 대한 값을 얻는다.

```
>>> with open('data/allcandidatenewssample.json') as f:
...    candidatenews = json.load(f)
...
>>> len(candidatenews)
60000

>>> pprint.pprint(candidatenews[0:2])
[{'date': '2019-12-25 10:00:00',
  'domain': 'www.nbcnews.com',
  'panel_position': 1,
  'query': 'Michael Bloomberg',
  'source': 'NBC News',
  'story_position': 6,
  'time': '18 hours ago',
  'title': 'Bloomberg cuts ties with company using prison inmates to make '
  'campaign calls',
  'url': 'https://www.nbcnews.com/politics/2020-election/bloomberg-cuts-ties-company-
using-prison-inmates-make-campaign-calls-n1106971'},
 {'date': '2019-11-09 08:00:00',
  'domain': 'www.townandcountrymag.com',
  'panel_position': 1,
  'query': 'Amy Klobuchar',
  'source': 'Town & Country Magazine',
  'story_position': 3,
  'time': '18 hours ago',
  'title': "Democratic Candidates React to Michael Bloomberg's Potential Run",
  'url': 'https://www.townandcountrymag.com/society/politics/a29739854/michael-bloomberg-
democratic-candidates-campaign-reactions/'}]
```

```
>>> pprint.pprint(candidatenews[0]['source'])
'NBC News'
```

③ 딕셔너리 구조가 일정한지 확인한다.

보통 아홉 개의 키가 있는데, 키의 개수가 더 많거나 적은 것이 있는지를 Counter로 확인한다. 딕셔너리에 데이터가 거의 없는 것(키 두 개만 있는 것)을 확인해 제거한다. 그 외의 딕셔너리가 리스트에 남아 있는지를 확인한다(60000-2382=57618).

```
>>> Counter([len(item) for item in candidatenews])
Counter({9: 57202, 2: 2382, 10: 416})
>>> pprint.pprint(next(item for item in candidatenews if len(item)<9))
{'date': '2019-09-11 18:00:00', 'reason': 'Not collected'}
>>> pprint.pprint(next(item for item in candidatenews if len(item)>9))
{'category': 'Satire',
 'date': '2019-08-21 04:00:00',
 'domain': 'politics.theonion.com',
 'panel_position': 1,
 'query': 'John Hickenlooper',
 'source': 'Politics | The Onion',
 'story_position': 8,
 'time': '4 days ago',
 'title': ''And Then There Were 23,' Says Wayne Messam Crossing Out '
          'Hickenlooper Photo \n'
          'In Elaborate Grid Of Rivals',
 'url': 'https://politics.theonion.com/and-then-therewere-23-says-wayne-messam-crossing-
ou-1837311060'}
>>> pprint.pprint([item for item in candidatenews if len(item)==2][0:10])
[{'date': '2019-09-11 18:00:00', 'reason': 'Not collected'},
 {'date': '2019-07-24 00:00:00', 'reason': 'No Top stories'},
 ...
 {'date': '2019-01-03 00:00:00', 'reason': 'No Top stories'}]
>>> candidatenews = [item for item in candidatenews if len(item)>2]
>>> len(candidatenews)
57618
```

④ JSON 데이터 개수를 구한다.

정치 뉴스를 다루는 《폴리티코(Politico)》 전용 딕셔너리 리스트를 만들고 앞부분을 출력한다.

```
>>> politico = [item for item in candidatenews if item["source"] == "Politico"]
>>> len(politico)
2732
>>> pprint.pprint(politico[0:2])
[{'date': '2019-05-18 18:00:00',
  'domain': 'www.politico.com',
  'panel_position': 1,
  'query': 'Marianne Williamson',
  'source': 'Politico',
  'story_position': 7,
  'time': '1 week ago',
  'title': 'Marianne Williamson reaches donor threshold for Dem debates',
  'url': 'https://www.politico.com/story/2019/05/09/marianne-williamson-2020-
election-1315133'},
 {'date': '2018-12-27 06:00:00',
  'domain': 'www.politico.com',
  'panel_position': 1,
  'query': 'Julian Castro',
  'source': 'Politico',
  'story_position': 1,
  'time': '1 hour ago',
  'title': "O'Rourke and Castro on collision course in Texas",
  'url': 'https://www.politico.com/story/2018/12/27/orourke-julian-castro-collision-texas-
election-1073720'}]
```

⑤ 출처(source) 데이터를 얻고 길이가 예상과 일치하는지 확인한다.

sources 리스트 앞부분을 출력한다. 출처별 뉴스 기사 카운트를 생성하고 가장 인기있는 출처 10곳을 출력한다. 《더 힐(The Hill)》의 source 값이 TheHill(공백 없음) 또는 The Hill로 되어있을 수 있음에 유의한다.

```
>>> sources = [item.get('source') for item in candidatenews]
>>> type(sources)
<class 'list'>
>>> len(sources)
57618
>>> sources[0:5]
['NBC News', 'Town & Country Magazine', 'TheHill', 'CNBC.com', 'Fox News']
>>> pprint.pprint(Counter(sources).most_common(10))
[('Fox News', 3530),
```

```
      ('CNN.com', 2750),
      ('Politico', 2732),
      ('TheHill', 2383),
      ('The New York Times', 1804),
      ('Washington Post', 1770),
      ('Washington Examiner', 1655),
      ('The Hill', 1342),
      ('New York Post', 1275),
      ('Vox', 941)]
```

⑥ 딕셔너리에서 잘못된 값을 수정한다.

The Hill의 source 값을 수정한다. 참고로 현재 The Hill은 뉴스 기사의 가장 빈번한 출처다.

```
>>> for newsdict in candidatenews:
...     newsdict.update((k, "The Hill") for k, v in newsdict.items()
...        if k == "source" and v == "TheHill")
...
>>> sources = [item.get('source') for item in candidatenews]

>>> pprint.pprint(Counter(sources).most_common(10))
[('The Hill', 3725),
 ('Fox News', 3530),
 ('CNN.com', 2750),
 ('Politico', 2732),
 ('The New York Times', 1804),
 ('Washington Post', 1770),
 ('Washington Examiner', 1655),
 ('New York Post', 1275),
 ('Vox', 941),
 ('Breitbart', 799)]
```

⑦ 판다스 데이터프레임을 생성한다.

JSON 데이터를 판다스 DataFrame 메서드에 전달한다. date 열을 datetime 자료형으로 변환한다.

```
>>> candidatenewsdf = pd.DataFrame(candidatenews)
>>> candidatenewsdf.dtypes
title        object
url          object
source       object
```

```
time              object
date              object
query             object
story_position     int64
panel_position    object
domain            object
category          object
dtype: object
```

⑧ source 값이 예상과 맞는지 확인한다.

그리고 date 열의 이름을 바꾼다.

```
>>> candidatenewsdf.rename(columns={'date':'storydate'}, inplace=True)
>>> candidatenewsdf.storydate = candidatenewsdf.storydate.astype('datetime64[ns]')
>>> candidatenewsdf.shape
(57618, 10)
>>> candidatenewsdf.source.value_counts(sort=True).head(10)
The Hill              3725
Fox News             3530
CNN.com              2750
Politico             2732
The New York Times    1804
Washington Post       1770
Washington Examiner   1655
New York Post         1275
Vox                    941
Breitbart              799
Name: source, dtype: int64
```

이제 판다스 데이터프레임에는 의미 있는 뉴스 기사만 들어 있으며 source 값도 수정됐다.

원리

json.load 메서드는 딕셔너리의 리스트를 반환한다. 이 데이터를 다룰 때는 리스트 메서드, 슬라이싱, 리스트 컴프리헨션, 딕셔너리 갱신 등 잘 알려진 방법을 활용한다. 단지 리스트를 채우거나 특정 범주에 속하는 건수를 세기만 한다면 굳이 판다스를 쓰지 않아도 된다.

②~⑥에서는 리스트 메서드를 활용해 이전의 레시피에서 했던 것과 같은 점검을 수행했다. ③에서 Counter와 리스트 컴프리헨션(Counter([len(item) for item in candidatenews]))으로 각 딕셔너리의 키 개수를 얻었다. 키가 두 개인 딕셔너리가 2,382개 있었고 키가 10개인 딕셔너리가 416개 있었다. next 로 키가 9개보다 적거나 9개보다 많은 딕셔너리의 예를 살펴봄으로써 전반적인 구조에 대한 감을 잡았다. 키가 2개인 딕셔너리 10개를 슬라이싱해서, 쓸만한 데이터가 있는지 확인했다. 그런 다음, 키를 2 개보다 더 많이 가진 딕셔너리만 선택한다.

④에서는 딕셔너리의 리스트에 대한 부분집합으로서 source가 Politico인 것을 추려내고 일부를 살펴봤다. 그런 다음 출처 데이터만 가진 리스트를 생성하고 Counter를 사용해 가장 많이 등장하는 열 곳을 출력했다(⑤).

⑥에서는 딕셔너리의 리스트에서 조건에 따라 키 값을 선택적으로 교체하는 방법을 시연했다. 이 경우 키(k)가 source이고 값(v)이 TheHill인 것을 The Hill로 교체했다. for k, v in newsdict.items()도 중요한 부분으로, candidatenews의 전체 키·값 쌍을 순회한다.

판다스 DataFrame 메서드에 딕셔너리의 리스트를 전달함으로써 손쉽게 판다스 데이터프레임을 생성할 수 있다(⑦). 주된 문제는 데이터 열을 문자열에서 날짜로 변환해야 한다는 점인데, JSON에서 날짜는 단순 문자열이기 때문이다.

추가 정보

⑤와 ⑥에서 item['source']가 아닌 item.get('source')를 썼다. 이것은 딕셔너리에서 누락된 키가 존재할 가능성이 있을 때 유용하다. 키가 누락된 경우 get은 None을 반환하지만, 선택적인 두 번째 인자에 반환값을 지정할 수 있다.

⑧에서는 date 열의 이름을 storydate로 바꿨다. 필수는 아니지만 좋은 아이디어다. 그냥 date라고 되어 있으면 실제로 어떤 날짜가 들어있는지 알기도 힘들고, 너무 흔한 이름이라서 나중에 문제를 일으킬 수 있다.

이 레시피에서 예로 든 뉴스 기사 데이터는 표 구조에 잘 맞는다. 따라서 리스트 아이템 각각을 열에 대응하고, 해당 행의 열 이름과 값을 키·값 쌍으로 삼는 것이 합당하다. 키 값 자체가 딕셔너리의 리스트로 되어 있다든지 하는 복잡한 문제가 없었다. 그런데 만약 기사별 작성자 리스트를 키 값으로 갖는 authors라는 키가 있고, 리스트의 각 항목은 기자의 정보를 담은 딕셔너리라면 어떨까? 파이썬에서

JSON 데이터를 다루다 보면 이런 경우를 종종 겪게 된다. 다음 레시피에서 이런 식으로 된 데이터를 다루는 법을 보인다.

2.2 API를 통해 복잡한 JSON 데이터 가져오기

JSON 데이터로 작업하는 것에는 유연성이라는 큰 장점이 있음을 앞의 레시피에서 논의했다. 어떤 구조를 상상하든 JSON 파일로 나타낼 수 있다. 이는 JSON 데이터가 지금까지 논의한 판다스 데이터프레임에 수용할 수 있는 표 형식이 아니라는 의미이기도 하다. 분석가와 애플리케이션 개발자가 JSON을 이용하는 이유가 바로 표 구조에 얽매이지 않아도 된다는 점 때문이다.

여러 테이블에 걸친 데이터를 조회할 때는 일대다(one-to-many) 병합이 필요할 때가 많다. 그러한 데이터를 단일 테이블 또는 파일에 저장하면 일대다 관계의 '일'에 해당하는 쪽에 중복 데이터가 발생하기 마련이다. 예를 들어, 학생 데이터와 학습 과정 데이터를 병합하면 각 과정에 대해 학생 데이터가 중복된다. JSON을 활용하면 이러한 중복 없이도 한 파일에 데이터를 저장할 수 있다. 학생별로 학습한 과정 데이터를 각 학생의 데이터에 중첩할 수 있다.

이런 구조로 된 JSON을 분석하려면 우리가 평소에 하는 것과 전혀 다른 방식으로 데이터를 조작하거나, JSON을 표 형식으로 변환해야 한다. 전자를 *10장 '사용자 정의 함수와 클래스로 데이터 정제를 자동화'의 '표 데이터 구조가 아닌 데이터를 다루는 클래스'* 레시피에서 다룬다. 이번에 소개하는 레시피는 후자의 방식으로, JSON의 노드를 선택해 표 구조로 변환하는 편리한 도구인 json_normalize를 이용한다.

JSON을 소비하는 방법으로는 API가 일반적이며 여기서도 그렇게 한다. 로컬에 파일을 저장하는 것에 비해 API를 통해 데이터를 얻는 방식이 나은 점으로, 원본 데이터가 갱신될 때 코드를 다시 실행하기 쉽다는 점을 들 수 있다.

준비

이 레시피는 requests와 pprint 라이브러리가 설치된 것으로 가정한다. 아직 설치하지 않았다면 pip로 설치할 수 있다. 터미널(윈도우에서는 파워셸)에서 pip install requests와 pip install pprint 명령을 실행한다.

다음은 클리블랜드 미술관(Cleveland Museum of Art, CMA) 소장품 API를 사용해 생성한 JSON 파일의 구조다. 앞쪽의 info 섹션도 있지만, 우리가 관심을 두는 것은 data 섹션이다. 이 데이터는 표 데이터 구조에 잘 들어맞지 않는다. 미술품 객체마다 복수의 인용(citations) 객체와 작가(creators) 객체가 있다. 지면을 절약하기 위해 JSON 파일을 축약했다.

```
{
  "info": {"total": 778, "parameters": {"african_american_artists": ""}},
  "data": [
    {
      "id": 165157,
      "accession_number": "2007.158",
      "title": "Fulton and Nostrand",
      "creation_date": "1958",
      "citations": [
        {
          "citation": "Annual Exhibition: Sculpture, Paintings...",
          "page_number": "Unpaginated, [8],[12]",
          "url": null
        },
        {
          "citation": "\"Moscow to See Modern U.S. Art,\"<em> New York...",
          "page_number": "P. 60",
          "url": null
        }
      ],
      "creators": [
        {
          "description": "Jacob Lawrence (American, 1917-2000)",
          "extent": null,
          "qualifier": null,
          "role": "artist",
          "birth_year": "1917",
          "death_year": "2000"
        }
      ]
    }
  ]
}
```

> **참고**
>
> 이 레시피는 클리블랜드 미술관의 공개 API[5]를 활용한다.

작업 방법

citation 행이 하나씩 있으면서 title과 creation_date가 중복된 미술품의 데이터 데이터프레임을 생성한다.

① json, requests, pprint 라이브러리를 임포트한다.

API로 JSON 데이터를 조회하는 데 requests 라이브러리가 필요하다. pprint로 리스트와 딕셔너리를 보기 좋게 출력한다.

```
>>> import pandas as pd
>>> import numpy as np
>>> import json
>>> import pprint
>>> import requests
```

② API를 사용해 JSON 데이터를 로드한다.

클리블랜드 미술관 소장품 API에 get 요청을 한다. 질의 문자열(query string)을 사용해 아프리카계 미국인 예술가의 작품을 조회하고, 그중 첫번째 것을 출력한다. 지면을 절약하기 위해 출력을 축약했다.[6]

```
>>> response = requests.get("https://openaccess-api.clevelandart.org/api/artworks/?african
_american_artists")
>>> camcollections = json.loads(response.text)
>>> print(len(camcollections['data']))
778
>>> pprint.pprint(camcollections['data'][0])
{'accession_number': '2007.158',
 'catalogue_raisonne': None,
 'citations': [{'citation': 'Annual Exhibition:Sculpture...',
                'page_number': 'Unpaginated, [8],[12]',
                'url': None},
               {'citation': '"Moscow to See Modern U.S....',
```

---

5 https://openaccess-api.clevelandart.org/

6 (옮긴이) camcollections 등의 일부 변수명은 클리블랜드 미술관(CMA)의 약자를 cam으로 잘못 표기한 것으로 보인다. 실습에 지장은 없으므로 고치지 않고 그대로 두었다.

```
                    'page_number': 'P. 60',
                    'url': None}]
 'collection': 'American - Painting',
 'creation_date': '1958',
 'creators': [{'biography': 'Jacob Lawrence (born 1917)...',
               'birth_year': '1917',
               'description': 'Jacob Lawrence (American...)',
               'role': 'artist'}],
 'type': 'Painting'}
```

③ JSON 데이터를 평탄화한다.

json_normalize 메서드를 사용해 JSON 데이터에서 데이터프레임을 생성한다. citations의 수가 행 수를 결정하며, accession_number, title, creation_date, collection, creators, type은 반복된다. 데이터가 평탄화되었는지 확인하기 위해 처음 두 건을 출력하는데, 보기 편하게 .T 옵션을 사용해 전치(transpose)한다.

```
>>> camcollectionsdf = pd.json_normalize(camcollections['data'], 'citations',\
...    ['accession_number', 'title', 'creation_date', 'collection', 'creators', 'type'])
>>> camcollectionsdf.head(2).T
                             0                           1
citation          Annual Exhibiti...      "Moscow to See Modern...
page_number            Unpaginated,                     P. 60
url                           None                       None
accession_number        2007.158                   2007.158
title               Fulton and No...          Fulton and No...
creation_date               1958                       1958
collection          American - Pa...          American - Pa...
creators        [{'description': 'J...    [{'description': 'J...
type                     Painting                   Painting
```

④ creators에서 birth_year 값을 추출한다.

```
>>> creator = camcollectionsdf[:1].creators[0]
>>> type(creator[0])
<class 'dict'>
>>> pprint.pprint(creator)
[{'biography': 'Jacob Lawrence (born 1917) has been a prominent art...',
  'birth_year': '1917',
  'death_year': '2000',
```

```
    'description': 'Jacob Lawrence (American, 1917-2000)',
    'extent': None,
    'name_in_original_language': None,
    'qualifier': None,
    'role': 'artist'}]
>>> camcollectionsdf['birthyear'] = camcollectionsdf.\
...     creators.apply(lambda x: x[0]['birth_year'])
>>> camcollectionsdf.birthyear.value_counts().\
...     sort_index().head()
1821  18
1886   2
1888   1
1892  13
1899  17
Name: birthyear, dtype: int64
```

인용(citation)별 행이 있고 소장품 정보(title, creation_date 등)가 중복된 판다스 데이터프레임을 얻었다.

원리

이번 레시피에서 다룬 JSON 파일은 이전 것보다 좀 더 흥미롭다. JSON 파일의 각 객체는 클리블랜드 미술관의 소장품에 대응한다. 소장품마다 인용이 한 건 이상 존재한다. 이 정보를 표 형식의 데이터프레임에 담는 유일한 방법은 이를 평탄화하는 것이다. 또한 작가마다 한 개 이상의 딕셔너리가 있는데, 여기에는 우리가 얻고자 하는 birth_year 값이 있다.

우리는 전체 소장품의 각 인용에 대응하는 행을 얻고자 한다. 이해를 돕기 위해 관계형 데이터에 비유하자면, 소장품 테이블과 인용 테이블이 있다고 할 때 소장품 테이블에서 인용 테이블로 일대다 병합하는 것과 같다. 여기서는 json_normalize로 그와 비슷한 일을 한다. json_normalize의 두 번째 매개변수로 *citations*를 전달함으로써 인용별 행을 생성하고, citation, page_number, url을 위한 각 인용 딕셔너리의 키 값을 데이터 값으로 사용했다.

json_normalize를 호출할 때의 세 번째 매개변수는 인용에 대해 반복되는 데이터 열 이름의 리스트다. 예제에서 accession_number, title, creation_date, collection, creators, type이 반복된 것을 볼 수 있다.

citation과 page_number는 다르다. (예제에서는 첫 번째와 두 번째 인용의 url이 같지만, 이는 서로 다를 수도 있다.)

작가(creators) 딕셔너리와 관련한 문제가 아직 남아 있다(한 사람 이상의 작가가 존재할 수 있다). json_normalize를 실행하면 세 번째 매개변수에 지정했던 각 키에 대한 값들이 해당 열과 행 데이터로 저장되는데, 그중에는 단순 텍스트도 있고 딕셔너리의 리스트(예: creators)도 있다. ④에서 첫 번째 소장품 행의 첫 번째 (이 경우 유일한) creators 아이템을 creator 변수에 넣는다. (creators 리스트는 소장품의 전체 citations에 대해 중복된다. title, creation_date 등도 마찬가지다.)

소장품별로 첫 번째 작가의 출생년도를 creator[0]['birth_year']에서 얻었다. 이것을 가지고 birthyear 시리즈를 생성하기 위해 apply와 람다(lambda) 함수를 사용했다.

```
>>> camcollectionsdf['birthyear'] = camcollectionsdf.\
...     creators.apply(lambda x: x[0]['birth_year'])
```

람다 함수에 대해서는 6장에서 자세히 살펴본다. 지금은 x가 creators 시리즈를 나타내고 x[0]는 우리가 원하는 리스트 아이템, 즉 creators[0]이라고 생각하자. birth_year 키로부터 값을 얻었다.

추가 정보

json_normalize를 호출할 때, API가 반환한 JSON 일부를 남겨둔 것을 알아챘을 것이다. json_normalize에 전달한 첫 번째 매개변수는 camcollections['data']였다. 결과적으로 JSON 데이터 앞부분의 info 객체를 무시했다. 우리가 원하는 데이터가 data 객체에 있기 때문에 그렇게 했다. 1장의 두 번째 레시피에서 skiprows 매개변수를 사용한 것과 크게 다르지 않다. JSON 파일의 시작 부분에는 이와 같은 메타데이터가 존재하곤 한다.

참고

이전의 레시피에서 판다스를 사용하지 않고 리스트 연산과 컴프리헨션으로 데이터의 무결성을 검사하는 방법을 시연했다. 그러한 기법은 이번 레시피와도 관련이 있다.

2.3 웹페이지의 데이터 가져오기

이 레시피에서는 **뷰티풀수프(Beautiful Soup)**로 웹페이지를 스크레이핑한 데이터를 판다스에 로드한다. API를 제공하지 않는 웹사이트에서 정기적으로 갱신되는 정보를 가져올 때 **웹 스크레이핑(web scraping)**이 매우 유용하다. 페이지가 갱신될 때마다 코드를 재실행해 새로운 데이터를 생성할 수 있다.

하지만 웹 스크레이퍼는 대상 페이지 구조가 바뀌면 깨져버리기 쉽다. API는 수신측을 고려해 데이터를 세심하게 선별해 설계하므로 그런 일이 별로 없다. 웹 디자이너 대다수는 데이터 교환의 신뢰성과 편의성보다는 정보를 화면에 잘 보이게 하는 데 더 높은 우선순위를 둔다. 따라서 얻고자 하는 데이터가 있는 HTML 엘리먼트가 이상한 위치에 있기도 하고, 서식 태그 때문에 데이터를 파악하기 힘들며, 데이터 해석을 돕는 데이터를 조회하기 힘든 것과 같이 웹 스크레이핑 고유의 데이터 정제 문제가 발생한다. 게다가 열의 자료형이나 제목 개수가 맞지 않거나 누락값이 있는 등 일반적인 데이터 정제 이슈도 있다. 이 레시피에서는 가장 흔하게 접하는 이슈들을 다룬다.

준비

이 레시피를 위해 뷰티풀수프를 설치해야 한다. 터미널(윈도우에서는 파워셸)에서 `pip install beautifulsoup4` 명령을 실행해 설치할 수 있다.

웹 페이지에서 데이터를 스크레이핑하고, 페이지에서 테이블을 찾아 판다스 데이터프레임에 로드한다.

Country	Cases	Deaths	Cases per Million	Deaths per Million	population	population_density	median_age	gdp_per_capita	hospital_beds_per_100k
Algeria	9,394	653	214	15	43,851,043	17	29	13,914	1.9
Austria	16,642	668	1848	74	9,006,400	107	44	45,437	7.4
Bangladesh	47,153	650	286	4	164,689,383	1265	28	3,524	0.8
Belgium	58,381	9467	5037	817	11,589,616	376	42	42,659	5.6
Brazil	514,849	29314	2422	138	212,559,409	25	34	14,103	2.2
Canada	90,936	7295	2409	193	37,742,157	4	41	44,018	2.5

그림 2.1 6개국의 코로나19 데이터

참고
이 웹페이지[6]는 아워월드인데이터(Our World in Data)에서 공개한 코로나19(COVID-19) 데이터[7]를 기초로 필자가 만들었다.

작업 방법

웹사이트에서 코로나19 데이터를 스크레이핑하고 통상적인 데이터 점검을 한다.

① pprint, requests, BeautifulSoup 라이브러리를 임포트한다.

```
>>> import pandas as pd
>>> import numpy as np
>>> import json
>>> import pprint
>>> import requests
>>> from bs4 import BeautifulSoup
```

② 웹 페이지를 파싱해 테이블 헤더 행을 구한다.

뷰티풀수프의 find 메서드로 테이블을 얻어내고 find_all로 해당 테이블의 th 엘리먼트에 중첩된 엘리먼트들을 조회한다. th 행의 열 레이블 리스트를 생성한다.

```
>>> webpage = requests.get("http://www.alrb.org/datacleaning/covidcaseoutliers.html")
>>> bs = BeautifulSoup(webpage.text, 'html.parser')

>>> theadrows = bs.find('table', {'id':'tblDeaths'}).thead.find_all('th')
>>> type(theadrows)
<class 'bs4.element.ResultSet'>

>>> labelcols = [j.get_text() for j in theadrows]
>>> labelcols[0] = "rowheadings"
>>> labelcols
['rowheadings', 'Cases', 'Deaths', 'Cases per Million', 'Deaths per Million', 'population',
'population_density', 'median_age', 'gdp_per_capita', 'hospital_beds_per_100k']
```

③ 테이블 셀에서 데이터를 가져온다.

---

7 http://www.alrb.org/datacleaning/covidcaseoutliers.html
8 https://ourworldindata.org/coronavirus-source-data

테이블에서 얻고자하는 행을 모두 찾는다. 테이블의 각 행에서 th 엘리먼트를 찾아 텍스트를 추출한다. 이때 얻은 텍스트를 행 레이블에 사용할 것이다. 또한 각 행에서 td 엘리먼트(데이터가 있는 셀)를 찾아서 텍스트를 모두 리스트에 저장한다. 그렇게 하면 테이블의 모든 숫자 데이터가 datarows에 들어간다(웹 페이지의 표와 비교해 일치하는지 확인 가능). 그런 다음 datarows의 각 리스트에 행 제목이 포함된 labelrows 리스트를 삽입한다.

```
>>> rows = bs.find('table', {'id':'tblDeaths'}).tbody.find_all('tr')
>>> datarows = []
>>> labelrows = []
>>> for row in rows:
...     rowlabels = row.find('th').get_text()
...     cells = row.find_all('td', {'class':'data'})
...     if (len(rowlabels)>3):
...         labelrows.append(rowlabels)
...     if (len(cells)>0):
...         cellvalues = [j.get_text() for j in cells]
...         datarows.append(cellvalues)
...
>>> pprint.pprint(datarows[0:2])
[['9,394', '653', '214', '15', '43,851,043', '17', '29', '13,914', '1.9'],
 ['16,642', '668', '1848', '74', '9,006,400', '107', '44', '45,437', '7.4']]
>>> pprint.pprint(labelrows[0:2])
['Algeria', 'Austria']
>>>
>>> for i in range(len(datarows)):
...     datarows[i].insert(0, labelrows[i])
...
>>> pprint.pprint(datarows[0:1])
[['Algeria','9,394','653','214','15','43,851,043','17','29','13,914','1.9']]
```

④ 데이터를 판다스에 로드한다.

판다스 DataFrame 메서드에 datarows 리스트를 전달한다. 판다스에서 읽어들이는 모든 데이터는 객체 자료형이 된다. 값이 있는 데이터도 콤마 때문에 숫자로 변환되지 않는다.

```
>>> totaldeaths = pd.DataFrame(datarows, columns=labelcols)
>>> totaldeaths.head()
  rowheadings    Cases Deaths  ...  median_age gdp_per_capita  \
0     Algeria    9,394    653  ...          29         13,914
1     Austria   16,642    668  ...          44         45,437
```

```
2   Bangladesh    47,153     650   ...       28          3,524
3      Belgium    58,381    9467   ...       42         42,659
4       Brazil   514,849   29314   ...       34         14,103


  hospital_beds_per_100k
0                    1.9
1                    7.4
2                    0.8
3                    5.6
4                    2.2


[5 rows x 10 columns]
>>> totaldeaths.dtypes
rowheadings                object
Cases                      object
Deaths                     object
Cases per Million          object
Deaths per Million         object
population                 object
population_density         object
median_age                 object
gdp_per_capita             object
hospital_beds_per_100k     object
dtype: object
```

⑤ 열 이름을 수정하고 데이터를 숫잣값으로 변환한다.

열 이름에서 공백을 제거한다. 데이터가 있는 열에서 숫자가 아닌 것을 제거(str.replace("[^0-9]","")로 콤마까지 제거)하고 숫자로 변환한다. 단, rowheadings 열은 그대로 둔다.

```
>>> totaldeaths.columns = totaldeaths.columns.str.replace(" ", "_").str.lower()
>>> for col in totaldeaths.columns[1:-1]:
...    totaldeaths[col] = totaldeaths[col].replace("[^0-9]","").astype('int64')
...
>>> totaldeaths['hospital_beds_per_100k'] = totaldeaths['hospital_beds_per_100k'].astype('
float')
>>> totaldeaths.head()
  rowheadings  cases  deaths  ...  median_age  gdp_per_capita  \
```

```
0      Algeria    9394     653  ...       29        13914
1      Austria   16642     668  ...       44        45437
2   Bangladesh   47153     650  ...       28         3524
3      Belgium   58381    9467  ...       42        42659
4       Brazil  514849   29314  ...       34        14103

   hospital_beds_per_100k
0                     1.9
1                     7.4
2                     0.8
3                     5.6
4                     2.2

[5 rows x 10 columns]
>>> totaldeaths.dtypes
rowheadings                 object
cases                        int64
deaths                       int64
cases_per_million            int64
deaths_per_million           int64
population                   int64
population_density           int64
median_age                   int64
gdp_per_capita               int64
hospital_beds_per_100k     float64
dtype: object
```

HTML 테이블을 가지고 판다스 데이터프레임을 만들었다.

원리

뷰티풀수프는 웹 페이지에서 HTML 엘리먼트를 찾아 텍스트를 추출하는 데 매우 유용한 도구다. HTML 엘리먼트 한 개는 find로 얻고 다른 것은 find_all로 얻을 수 있다. find와 find_all의 첫 번째 인자는 얻고자 하는 HTML 엘리먼트다. 두 번째 인자는 어트리뷰트의 딕셔너리다. 찾아낸 HTML 엘리먼트에서 텍스트를 얻어낼 때는 get_text를 사용한다.

엘리먼트와 텍스트를 처리하려면 ②와 ③에서와 같이 루핑이 필요하다. ②에서 실행한 아래 두 문장이 자주 쓰인다.

```
>>> theadrows = bs.find('table', {'id':'tblDeaths'}).thead.find_all('th')
>>> labelcols = [j.get_text() for j in theadrows]
```

첫 문장은 th 엘리먼트를 모두 찾아 theadrows라는 뷰티풀수프 결과 세트를 생성한다. 두 번째 문장은 theadrows를 순회하며 각 원소에서 get_text 메서드로 텍스트를 얻어 labelcols 리스트에 저장한다.

③에서도 뷰티풀수프를 활용한다. 대상 테이블에서 행(tr)을 찾는다(rows = bs.find('table', {'id':'tblDeaths'}).tbody.find_all('tr')). 그런 다음 각 행에 대하여 th 엘리먼트를 찾고 텍스트를 얻어낸다(rowlabels = row.find('th').get_text()). 각 열의 셀(td)도 찾아서 (cells = row.find_all('td', {'class':'data'}) 텍스트를 얻어낸다(cellvalues = [j.get_text() for j in cells]). 이 코드는 data가 되는 td 엘리먼트의 클래스에 의존적이다. 끝으로, 각 리스트 시작에 있는 th 엘리먼트에서 얻은 행 레이블을 datarows에 삽입한다.

```
>>> for i in range(len(datarows)):
...     datarows[i].insert(0, labelrows[i])
```

④에서는 DataFrame 메서드를 사용해, ②와 ③에서 생성한 리스트를 판다스에 로딩했다. 그런 다음 정제 작업을 했는데 이는 이전 레시피에서 했던 것과 비슷하다. 문자열 replace로 열 이름의 공백을 제거하고 숫자가 아닌 콤마 등도 모두 제거했다. rowheadings 열 이외의 모든 열을 숫자로 변환했다.

추가 정보

이 레시피의 스크레이핑 코드는 특정 웹 페이지 구조에 의존적이다. 메인 테이블에 ID, 열과 행 레이블에 th 태그가 있고, td 엘리먼트는 계속해서 데이터와 같은 클래스를 갖는다. 그렇지만 웹 페이지 구조가 바뀐다 해도 find와 find_all 호출에만 영향이 있고, 나머지 코드는 바뀌지 않을 것이다.

2.4 JSON 데이터 저장

JSON 파일을 직렬화(serialize)하는 이유가 몇 가지 있다.

- API를 가지고 데이터를 조회하되 일정 시점의 스냅숏을 만들고 싶을 수도 있다.

- JSON 파일의 데이터는 정적이며, 프로젝트의 여러 단계에 걸친 데이터 정제와 분석에 영향을 미친다.

- JSON 같은 비정형(schema-less) 포맷의 유연성이 데이터 정제 및 분석에서 겪는 문제를 해결하는 데 도움이 되기도 한다.

무엇보다도, JSON이 많은 데이터 문제를 해결할 수 있다는 점을 강조해야겠다. 표 데이터 구조에 분명한 장점이 있고, 특히 운영 데이터(operational data)에 대해 그러한 것은 사실이나, 분석 목적을 위한 데이터 저장에 항상 최선의 방식이 아닐 때도 있다. 분석을 위해 데이터를 준비할 때, 데이터를 병합하거나 플랫 파일(flat file: 일반 텍스트 파일에 구조나 인덱스 없이 데이터가 저장된 것)의 데이터 중복을 다루는 데 상당한 시간이 소요된다. 병합이나 리셰이핑 작업은 시간 집약적일 뿐 아니라 광범위한 데이터 오류가 발생할 여지를 만든다. 또한 이런 점을 의식해 데이터를 조작하는 기법에 지나친 관심을 쏟는 바람에 정작 중요한 개념적 이슈에는 신경을 많이 쓰지 못하게 되는 문제도 있다.

이 레시피에서는 클리블랜드 미술관 데이터를 다시 사용한다. 이 데이터 파일 분석에는 최소 세 개의 단위(미술품 수준, 작가 수준, 인용 수준)가 존재한다. JSON을 활용해 미술품에 인용과 작가를 중첩할 수 있다. (이 레시피의 '준비' 항에서 JSON 파일 구조를 확인할 수 있다.) 이 데이터는 이전 레시피에서 했던 것처럼 파일을 평탄화하지 않고서는 표 구조에 저장할 수 없다. 이 레시피에서는 JSON 데이터를 영속화하는 두 가지 방법을 살펴보는데, 각각에는 저마다의 장단점이 있다.

준비

클리블랜드 미술관 소장품 데이터 중 아프리카계 미국인 예술가의 작품을 다룬다. API를 통해 조회한 JSON 데이터 구조는 다음과 같다. 지면을 절약하기 위해 축약했다.

```
{
 "info": { "total": 778, "parameters": {"african_american_artists": ""}},
 "data": [
  {
    "id": 165157,
    "accession_number": "2007.158",
```

```
    "title": "Fulton and Nostrand",
    "creation_date": "1958",
    "citations": [
      {
        "citation": "Annual Exhibition: Sculpture, Paintings...",
        "page_number": "Unpaginated, [8],[12]",
        "url": null
      },
      {
        "citation": "\"Moscow to See Modern U.S. Art,\"<em> New York...",
        "page_number": "P. 60",
        "url": null
      }
    ],
    "creators": [
      {
        "description": "Jacob Lawrence (American, 1917-2000)",
        "extent": null,
        "qualifier": null,
        "role": "artist",
        "birth_year": "1917",
        "death_year": "2000"
      }
    ]
  }
]
}
```

작업 방법

두 가지 방법으로 JSON 데이터를 직렬화한다.

① pandas, json, pprint, requests, msgpack 라이브러리를 임포트한다.[9]

```
>>> import pandas as pd
>>> import json
```

---

9 (옮긴이) pip install msgpack 명령으로 msgpack을 설치할 수 있다.

```
>>> import pprint
>>> import requests
>>> import msgpack
```

② API로부터 JSON 데이터를 로드한다. JSON 출력은 축약한 것이다.

```
>>> response = requests.get("https://openaccess-api.clevelandart.org/api/artworks/?african
_american_artists")
>>> camcollections = json.loads(response.text)
>>> print(len(camcollections['data']))
778
>>> pprint.pprint(camcollections['data'][0])
{'accession_number': '2007.158',
 'catalogue_raisonne': None,
 'citations': [{'citation': 'Annual Exhibition:Sculpture...',
                'page_number': 'Unpaginated, [8],[12]',
                'url': None},
               {'citation': '"Moscow to See Modern U.S....',
                'page_number': 'P. 60',
                'url': None}]
 'collection': 'American - Painting',
 'creation_date': '1958',
 'creators': [{'biography': 'Jacob Lawrence (born 1917)...',
               'birth_year': '1917',
               'description': 'Jacob Lawrence (American...',
               'role': 'artist'}],
 'type': 'Painting'}
```

③ 파이썬 json 라이브러리를 사용해 JSON 파일을 저장하고 다시 로드한다.

　　JSON 데이터를 사람이 읽을 수 있는(human-readable) 형태로 저장한다. 잘되었는지 확인하기 위해, 저장했던
파일로부터 로드해서 첫 번째 소장품의 작가(creators)를 조회한다.

```
>>> with open("data/camcollections.json","w") as f:
...    json.dump(camcollections, f)
...
>>> with open("data/camcollections.json","r") as f:
...    camcollections = json.load(f)
...
>>> pprint.pprint(camcollections['data'][0]['creators'])
```

```
[{'biography': 'Jacob Lawrence (born 1917) has been a prominent artist since...'
  'birth_year': '1917',
  'description': 'Jacob Lawrence (American, 1917-2000)',
  'role': 'artist'}]
```

④ msgpack을 사용해 JSON 파일을 저장하고 다시 로드한다.

```
>>> with open("data/camcollections.msgpack", "wb") as outfile:
...     packed = msgpack.packb(camcollections)
...     outfile.write(packed)
...
1586507

>>> with open("data/camcollections.msgpack", "rb") as data_file:
...     msgbytes = data_file.read()
...
>>> camcollections = msgpack.unpackb(msgbytes)

>>> pprint.pprint(camcollections['data'][0]['creators'])
[{'biography': 'Jacob Lawrence (born 1917) has been a prominent...',
  'birth_year': '1917',
  'death_year': '2000',
  'description': 'Jacob Lawrence (American, 1917-2000)',
  'role': 'artist'}]
```

원리

우리는 클리블랜드 미술관 API를 사용해 소장품을 조회한다. 질의 문자열에 african_american_artists 플래그를 사용해 아프리카계 미국인 예술가의 작품만 질의했다. json.loads는 info 딕셔너리와 data 리스트를 반환한다. data 리스트의 길이는 778이며, 소장품을 나타내는 딕셔너리들로 이뤄져 있다. 데이터 구조를 파악하려고 첫 번째 소장품을 출력했다.(JSON 출력을 축약해서 실었다.)

③에서 파이썬 JSON 라이브러리를 사용해 데이터를 저장하고 다시 로딩했다. JSON을 이용해 데이터를 영속화하면 사람이 읽기 쉽다는 장점이 있다. 하지만 다른 직렬화 방식보다 오래 걸리고 저장 공간을 많이 차지하는 단점도 있다.

④에서 사용한 `msgpack`은 `json` 라이브러리보다 속도가 빠르고 파일로 저장했을 때 공간도 덜 차지한다. 하지만 JSON이 텍스트가 아닌 바이너리로 저장되어 사람이 읽을 수 없다는 단점도 있다.

추가 정보

필자는 업무에 두 가지 JSON 데이터 저장 방식을 모두 활용한다. 데이터양이 적고 정적인 편일 때는 사람이 읽을 수 있는 JSON을 선호한다. 1장에서 값 레이블을 만든 것과 같은 경우에 매우 적합한 방식이다.

데이터양이 많고 주기적으로 바뀔 경우 `msgpack`으로 작업한다. 대기업의 데이터베이스에서 주요 테이블의 스냅숏을 주기적으로 남길 때도 `msgpack` 파일을 활용하면 아주 좋다.

클리블랜드 미술관 데이터는 우리가 일상 업무에서 다루는 데이터와 중요한 공통점이 있다. 분석 단위는 수시로 바뀐다. 레시피에서는 소장품, 인용, 작가를 살펴봤는데, 일상 업무에서는 학생/강좌, 가구/예금을 동시에 살펴봐야 할 수도 있다. 규모가 큰 미술관의 데이터베이스는 소장품, 인용, 작가 테이블이 나뉘어 있을 가능성이 높으며, 분석을 위해 테이블을 병합해야 할 수 있다. 데이터를 병합하면 데이터 중복 이슈가 발생한다는 점을 분석 단위를 변경할 때마다 고려해야 한다.

JSON을 직접 다루도록 데이터 정제 절차를 변경하면 오류의 주된 원인을 제거할 수 있다. JSON 데이터를 정제하는 방법은 10장 '사용자 정의 함수와 클래스로 데이터 정제를 자동화'의 '표 형태가 아닌 데이터 구조를 다루는 클래스' 레시피에서 살펴본다.

03

데이터 측정

새로운 데이터셋을 받은 지 며칠 지나지 않아 팀원이 '데이터가 어떤 것 같아요?'라는 질문을 하는 일이 종종 일어난다. 가볍게 물어보는 때도 있지만, 그동안 발견한 위험 신호에 관한 걱정이 묻어날 때도 있다. 데이터 분석을 위한 준비를 빨리 마쳐야 하는 압박이 있을 수도 있다. 그렇다고 해서 준비 과정을 서둘러 끝내버리면 나중에 더 큰 문제가 생길 수 있다. 유효하지 않은 결과가 나온다든지, 변수의 관계를 잘못 해석한다든지, 분석의 주요 과정을 다시 수행해야 하는 일이 생길 수도 있다. 데이터를 탐색하기에 앞서 알고자 하는 것을 골라내는 것이 핵심이다. 이 장의 레시피들은 데이터가 분석에 적합한 형태인지 판단하는 기법을 다룬다. 데이터에 관한 질문에 '좋아보인다'고 답하지는 못하더라도, 최소한 '중요한 이슈는 무엇무엇이다'라고 대답할 수 있을 것이다.

분석가의 도메인 지식은 제한적일 때가 많으며, 최소한 데이터를 만든 사람보다는 부족할 것이다. 분석가는 데이터에 투영된 개체나 사건에 관해 실질적으로 이해하지는 못하더라도 눈앞의 데이터를 재빨리 파악해야 한다. 데이터와 함께 딕셔너리나 코드북이 주어지는 경우는 그리 많지 않다.

이 상황에서 무엇을 알아봐야 할지 재빨리 자문해보자. 잘 모르는 분야의 데이터를 처음 받아들었다면 다음과 같은 것을 살펴볼 수 있을 것이다.

- 데이터의 행이 어떻게 고유하게 식별되는가? 즉, 분석 단위가 무엇인가?

- 데이터셋에 행과 열이 몇 개나 있는가?

- 주요 범주형변수(categorical variable)는 무엇이고 각 값의 빈도는 어떤가?

- 중요한 연속변수(continuous variable)가 어떻게 분포하는가?

- 변수들이 서로 어떻게 연관되는가? 예를 들어, 연속변수의 분포가 데이터의 범주에 따라 어떻게 달라지는가?

- 어떤 변숫값이 예상 범위를 벗어나며, 누락값이 어떻게 분포하는가?

처음 네 가지 질문에 답하기 위한 필수 도구와 전략을 3장에서 살펴본다. 나머지 두 질문에 관해서는 4장에서 살펴본다.

이러한 첫 단계는 데이터 구조를 잘 알고 있는 경우(예: 매월 혹은 매년 수신하는 데이터가 이전의 데이터와 같은 열 이름과 자료형으로 된 경우)에도 역시 중요하다. 기존 프로그램을 재실행하기만 하면 문제 없이 결과가 나올 것으로 생각하기 쉽지만, 데이터 분석을 처음 준비했을 때처럼 경계심을 가져야 한다. 새로 받은 데이터가 익숙한 구조로 된 경우가 많겠지만, 앞의 질문들의 대답은 다른 의미를 갖는다. 주요 범주형변수의 새로운 값, 항상 허용되었지만 여러 기간 동안 나타나지 않았던 희귀한 값, 클라이언트/학생/고객 상태의 예기치 않은 변화가 있을 수 있다. 데이터에 얼마나 익숙한지와 무관하게 일정한 루틴에 따라 데이터를 이해하는 것이 중요하다.

이 장에서는 다음 주제를 다룬다.

- 처음 데이터를 훑어보기

- 열을 선택하고 정돈하기

- 행을 선택하기

- 범주형변수의 빈도를 생성하기

- 연속변수의 요약통계를 생성하기

3.1 처음 데이터를 훑어보기

이번 장에서 살펴볼 데이터셋은 두 가지다. 첫 번째는 미국 종단 조사(NLS97)로 동일한 개인 그룹을 대상으로 1997년부터 2007년까지 수행됐다. 두번째는 아워월드인데이터의 국가별 코로나19 확진자 수 및 사망자 수 데이터셋이다.

준비

이 레시피에서는 판다스를 주로 사용해 미국 종단 조사(NLS)와 코로나19 확진자 및 사망자 수 데이터를 살펴본다.

> **참고**
>
> NLS는 미국 노동통계국에서 실시했다. 1980년에서 1985년에 태어난 개인 집단을 대상으로 1997년에 시작되어, 2017년까지 매년 후속 조사가 이뤄졌다. 필자는 이 레시피에서 수백 가지 조사 항목 가운데 성적, 취업, 소득, 정부에 대한 태도 등 89개의 변수를 선택했다. 저장소[1]에서 SPSS, Stata, SAS 파일을 각각 다운로드할 수 있다.
>
> 아워월드인데이터[2]는 코로나19 공공 데이터를 제공한다.

작업 방법

NLS와 COVID 데이터를 처음으로 살펴본다. 행과 열의 수, 자료형을 확인한다.

① 라이브러리를 임포트하고 데이터프레임을 로드한다.

```
>>> import pandas as pd
>>> import numpy as np
>>> nls97 = pd.read_csv("data/nls97.csv")
>>>
>>> covidtotals = pd.read_csv("data/covidtotals.csv",
...    parse_dates=['lastdate'])
```

② nls97 데이터에 인덱스를 설정하고, 데이터 크기를 확인한다.
   인덱스 값이 고유한지도 확인한다.

```
>>> nls97.set_index("personid", inplace=True)
>>> nls97.index
Int64Index([100061, 100139, 100284, 100292, 100583, 100833, ...
            999543, 999698, 999963],
           dtype='int64', name='personid', length=8984)
>>> nls97.shape
(8984, 88)
>>> nls97.index.nunique()
8984
```

---

1 https://www.nlsinfo.org/investigator/pages/search
2 https://ourworldindata.org/coronavirus-source-data

③ 자료형과 non-null 값 개수를 확인한다.

```
>>> nls97.info()
<class 'pandas.core.frame.DataFrame'>
Int64Index: 8984 entries, 100061 to 999963
Data columns (total 88 columns):
 #   Column                Non-Null Count  Dtype
---  ------                --------------  -----
 0   gender                8984 non-null   object
 1   birthmonth            8984 non-null   int64
 2   birthyear             8984 non-null   int64
 3   highestgradecompleted 6663 non-null   float64
 4   maritalstatus         6672 non-null   object
 5   childathome           4791 non-null   float64
 6   childnotathome        4791 non-null   float64
 7   wageincome            5091 non-null   float64
 8   weeklyhrscomputer     6710 non-null   object
 9   weeklyhrstv           6711 non-null   object
 10  nightlyhrssleep       6706 non-null   float64
 11  satverbal             1406 non-null   float64
 12  satmath               1407 non-null   float64
 ...
 83  colenroct15           7469 non-null   object
 84  colenrfeb16           7036 non-null   object
 85  colenroct16           6733 non-null   object
 86  colenrfeb17           6733 non-null   object
 87  colenroct17           6734 non-null   object
dtypes: float64(29), int64(2), object(57)
memory usage: 6.1+ MB
```

④ nls97 데이터의 첫 행을 본다.

행과 열을 전치해서 출력한다.

```
>>> nls97.head(2).T
personid              100061   100139
gender                Female   Male
birthmonth                 5        9
birthyear               1980     1983
highestgradecompleted     13       12
```

```
maritalstatus                    Married            Married
...                                  ...                ...
colenroct15              1. Not enrolled  1. Not enrolled
colenrfeb16              1. Not enrolled  1. Not enrolled
colenroct16              1. Not enrolled  1. Not enrolled
colenrfeb17              1. Not enrolled  1. Not enrolled
colenroct17              1. Not enrolled  1. Not enrolled

[88 rows x 2 columns]
```

⑤ COVID 데이터에 인덱스를 설정하고 크기를 확인한다.

인덱스 값이 고유한지도 확인한다.

```
>>> covidtotals.set_index("iso_code", inplace=True)
>>> covidtotals.index
Index(['AFG', 'ALB', 'DZA', 'AND', 'AGO', 'AIA', 'ATG', 'ARG', ...
       'UZB', 'VAT', 'VEN', 'VNM', 'ESH', 'YEM', 'ZMB','ZWE'],
     dtype='object', name='iso_code', length=210)
>>> covidtotals.shape
(210, 11)
>>> covidtotals.index.nunique()
210
```

⑥ 자료형과 non-null 값 개수를 확인한다.

```
>>> covidtotals.info()
<class 'pandas.core.frame.DataFrame'>
Index: 210 entries, AFG to ZWE
Data columns (total 11 columns):
 #   Column          Non-Null Count   Dtype
---  ------          --------------   -----
 0   lastdate        210 non-null     datetime64[ns]
 1   location        210 non-null     object
 2   total_cases     210 non-null     int64
 3   total_deaths    210 non-null     int64
 4   total_cases_pm  209 non-null     float64
 5   total_deaths_pm 209 non-null     float64
 6   population      210 non-null     float64
 7   pop_density     198 non-null     float64
```

```
    8    median_age      186 non-null    float64
    9    gdp_per_capita  182 non-null    float64
   10    hosp_beds       164 non-null    float64
dtypes: datetime64[ns](1), float64(7), int64(2), object(1)
memory usage: 19.7+ KB
```

⑦ COVID 데이터에서 두 행을 샘플로 출력한다.

```
>>> covidtotals.sample(2, random_state=1).T
iso_code                       COG                  THA
lastdate        2020-06-01 00:00:00  2020-06-01 00:00:00
location                     Congo             Thailand
total_cases                    611                 3081
total_deaths                    20                   57
total_cases_pm                 111                   44
total_deaths_pm                  4                    1
population               5,518,092           69,799,978
pop_density                     15                  135
median_age                      19                   40
gdp_per_capita               4,881               16,278
hosp_beds                      NaN                    2
```

이렇게 하면 데이터프레임의 크기와 열의 자료형 등을 파악하는 데 도움이 된다.

원리

②에서 personid를 nls97 데이터프레임의 인덱스로 설정해 출력했다. 이것은 판다스에서 기본적으로 0 부터 매기는 행 번호인 RangeIndex보다는 의미 있는 인덱스다. 분석 단위가 개인일 때는 고유 식별자가 존재하기도 하는데, 이는 인덱스로 삼기에 좋은 후보다. 식별자를 이용하면 행을 선택하기 쉬워지기 때문이다. 가령, 사람을 선택할 때 nls97.loc[personid==1000061]보다는 nls97.loc[1000061]가 더 쉽다. 이 다음 레시피에서 알아본다.

판다스의 shape 어트리뷰트로 행과 열의 개수를 확인할 수 있고, info, head, sample 메서드를 호출해 각 열의 자료형, 누락값이 아닌 것(non-missing value)의 개수, 샘플 행의 값도 쉽게 알 수 있다. head(2)으로 처음 두 행을 볼 수도 있지만, 데이터프레임에서 무작위로 행을 뽑아서 보는 것이 유용할 때도 있다. 그럴 때 sample을 사용한다(random_state 매개변수를 함께 지정해 호출하면 코드를 실행할 때마다 같은 결과를 얻는다). head나 sample 호출에 T를 체이닝해 전치할 수 있다. 열의 수가 많아서 한 줄에 모두 나타낼 수 없을 때 행과 열을 전치하면 모든 열을 볼 수 있다.

nls97 데이터프레임의 shape 어트리뷰트는 8,984 행과 88개의 인덱스가 아닌 열(non-index column)이 있음을 알려준다. personid는 인덱스이므로 컬럼 수에 포함되지 않았다. info 메서드로 많은 컬럼이 객체 자료형이며 누락값이 많은 열도 있음을 볼 수 있다. satverbal과 satmath에는 유효한 값이 약 1,400건밖에 없다.

covidtotals 데이터프레임의 shape 어트리뷰트를 보면 210행, 11열이 있음을 알 수 있는데, 인덱스에 사용된 iso_code 열은 열 개수에 포함되지 않는다(iso_code는 국가별로 부여하는 고유한 세 자리 식별자다). 분석에 주로 사용하는 변수는 total_cases, total_deaths, total_cases_pm, total_deaths_pm다. total_cases과 total_deaths는 모든 국가에 있지만, total_cases_pm과 total_deaths_pm은 한 국가에서 누락됐다.

추가 정보

필자는 데이터 파일을 가지고 작업할 때 인덱스를 기준으로 생각함으로써 분석 단위를 염두에 둘 수 있었다. NLS 데이터는 개인수준(person-level) 데이터처럼 보이지만 실제로는 패널(panel) 데이터이므로 분석 단위가 명확하지 않다. 패널 혹은 종단(longitudinal) 데이터셋은 동일한 개체[3]에 대해 일정 기간의 데이터를 수집한 것이다. NLS 데이터셋의 경우 각 개인에 대해 1997년부터 2017년까지 21년간 수집한 데이터가 있다. 이 조사의 담당자는 분석 목적을 위해 특정 응답에 대해 연도별로 열을 생성하는 방법으로 데이터를 평탄화했다(예: 2015~2017년 대학교 등록을 나타내는 colenroct15~colenroct17 열). 이 방법이 표준적이기는 하지만, 다른 분석을 위해 데이터를 리셰이핑해야 할 수도 있다.

패널 데이터를 받을 때에는 주요 변수에 대한 응답이 시간에 따라 감소하는지 주의깊게 살펴야 한다. 예에서는 colenroct15~colenroct17에 유효한 값이 줄어든 것을 볼 수 있다. 2017년 10월까지 응답자의 75%만이 유효한 응답을 했다(6,734/8,984). 6,734명의 응답자는 전체 샘플 8,984명과 중요한 면에서 다를 수 있으므로 후속 분석에 참고한다.

---

3 (옮긴이) 개인, 가구, 기업, 국가 등

참고

1장 '표 데이터를 판다스로 가져올 때의 데이터 정제'에서 판다스 데이터프레임을 페더 또는 피클 파일로 영속화하는 방법을 보였다. 이후 레시피에서 이 두 데이터프레임에 대한 기술(descriptive)과 빈도를 볼 것이다.

9장 '데이터 타이딩과 리셰이핑'에서 NLS 데이터를 리셰이핑해 패널 데이터의 구조를 일부 복원한다. 이는 생존분석(survival analysis) 같은 통계 방법에 필요하며, 이상적으로 타이디(tidy)한 데이터에 더 가깝다.

3.2 열을 선택하고 정돈하기

이 레시피에서는 데이터프레임에서 복수의 열을 선택하는 여러 방법을 알아본다. 대괄호([ ]) 연산자를 써서 컬럼명을 리스트로 전달해 열을 선택하는 방법도 있고, 판다스만의 데이터 접근자(accessor)인 loc와 iloc도 있다.

데이터를 정제하거나 탐색적 혹은 통계적 분석을 할 때는 당면한 이슈나 분석에 관련된 변수에 집중하는 것이 좋다. 따라서 열을 실체적 혹은 통계적 관계에 따라 그룹화거나 한 번에 한 열씩 선택해 조사하는 것이 중요해진다. '왜 A 변수에는 x 값이 있는데 B 변수에는 y 값이 있을까?' 같은 궁금증이 종종 들곤 하는데, 이러한 직관을 얻으려면 한 번에 다루는 데이터의 양이 우리가 인식할 수 있는 범위를 넘지 않아야 한다.

준비

이 레시피에서는 **NLS** 데이터를 계속 사용한다.

작업 방법

열을 선택하는 여러 방법을 탐구한다.

① pandas 라이브러리를 임포트하고 NLS 데이터를 판다스에 로드한다.

데이터에서 객체 자료형을 갖는 열을 모두 범주 자료형으로 변환한다. select_dtypes로 객체 자료형을 선택한 뒤 apply와 lambda 함수를 사용해 자료형을 category로 바꾸면 된다.

```
>>> import pandas as pd
>>> import numpy as np
>>> nls97 = pd.read_csv("data/nls97.csv")
>>> nls97.set_index("personid", inplace=True)
>>> nls97.loc[:, nls97.dtypes == 'object'] = \
...    nls97.select_dtypes(['object']). \
...    apply(lambda x: x.astype('category'))
```

② 판다스의 대괄호([ ]) 연산자와 loc, iloc 접근자를 각각 사용해 열을 선택한다.

열 이름과 일치하는 문자열을 대괄호 연산자에 전달하면 판다스 시리즈가 반환된다. 한편, 컬럼명 한 개만을 원소로 갖는 리스트를 전달하면(nls97[['gender']]) 데이터프레임이 반환된다. loc와 iloc 접근자를 사용해 컬럼을 선택할 수도 있다.

```
>>> analysisdemo = nls97['gender']
>>> type(analysisdemo)
<class 'pandas.core.series.Series'>

>>> analysisdemo = nls97[['gender']]
>>> type(analysisdemo)
<class 'pandas.core.frame.DataFrame'>

>>> analysisdemo = nls97.loc[:,['gender']]
>>> type(analysisdemo)
<class 'pandas.core.frame.DataFrame'>

>>> analysisdemo = nls97.iloc[:,[0]]
>>> type(analysisdemo)
<class 'pandas.core.frame.DataFrame'>
```

③ 판다스 데이터프레임에서 복수의 열을 선택한다.

대괄호 연산자와 loc를 사용해 몇 개의 열을 선택한다.

```
>>> analysisdemo = nls97[['gender','maritalstatus',
...    'highestgradecompleted']]
>>> analysisdemo.shape
(8984, 3)
>>> analysisdemo.head()
        gender  maritalstatus  highestgradecompleted
```

```
personid
100061    Female         Married                  13
100139      Male         Married                  12
100284      Male   Never-married                   7
100292      Male             NaN                 NaN
100583      Male         Married                  13
>>> analysisdemo = nls97.loc[:,['gender','maritalstatus',
...   'highestgradecompleted']]
>>> analysisdemo.shape
(8984, 3)
>>> analysisdemo.head()
          gender   maritalstatus  highestgradecompleted
personid
100061    Female         Married                  13
100139      Male         Married                  12
100284      Male   Never-married                   7
100292      Male             NaN                 NaN
100583      Male         Married                  13
```

④ 열 이름의 리스트를 이용해 복수의 열을 선택한다.

선택하려는 열의 개수가 많다면 열 이름 리스트를 별도로 생성하는 게 좋다. 다음 코드는 분석하려는 주요 변수의 리스트인 keyvars를 정의한다.

```
>>> keyvars = ['gender','maritalstatus',
...   'highestgradecompleted','wageincome',
...   'gpaoverall','weeksworked17','colenroct17']
>>> analysiskeys = nls97[keyvars]
>>> analysiskeys.info()
<class 'pandas.core.frame.DataFrame'>
Int64Index: 8984 entries, 100061 to 999963
Data columns (total 7 columns):
 #   Column                 Non-Null Count   Dtype
---  ------                 --------------   -----
 0   gender                 8984 non-null    category
 1   maritalstatus          6672 non-null    category
 2   highestgradecompleted  6663 non-null    float64
 3   wageincome             5091 non-null    float64
 4   gpaoverall             6004 non-null    float64
```

```
  5   weeksworked17          6670 non-null   float64
  6   colenroct17            6734 non-null   category
dtypes: category(3), float64(4)
memory usage: 377.8 KB
```

⑤ 컬럼명에 대해 필터링을 함으로써 복수의 열을 선택할 수 있다.

다음 코드는 filter 연산자를 이용해 이름에 weeksworked가 포함된 열을 모두 선택한다.

```
>>> analysiswork = nls97.filter(like="weeksworked")
>>> analysiswork.info()
<class 'pandas.core.frame.DataFrame'>
Int64Index: 8984 entries, 100061 to 999963
Data columns (total 18 columns):
 #   Column         Non-Null Count  Dtype
---  ------         --------------  -----
 0   weeksworked00  8603 non-null   float64
 1   weeksworked01  8564 non-null   float64
 2   weeksworked02  8556 non-null   float64
 3   weeksworked03  8490 non-null   float64
 4   weeksworked04  8458 non-null   float64
 5   weeksworked05  8403 non-null   float64
 6   weeksworked06  8340 non-null   float64
 7   weeksworked07  8272 non-null   float64
 8   weeksworked08  8186 non-null   float64
 9   weeksworked09  8146 non-null   float64
 10  weeksworked10  8054 non-null   float64
 11  weeksworked11  7968 non-null   float64
 12  weeksworked12  7747 non-null   float64
 13  weeksworked13  7680 non-null   float64
 14  weeksworked14  7612 non-null   float64
 15  weeksworked15  7389 non-null   float64
 16  weeksworked16  7068 non-null   float64
 17  weeksworked17  6670 non-null   float64
dtypes: float64(18)
memory usage: 1.3 MB
```

⑥ 범주 자료형인 열을 모두 선택한다.

자료형에 따라 열을 선택하려면 select_dtypes 메서드를 사용한다.

```
>>> analysiscats = nls97.select_dtypes(include=["category"])
>>> analysiscats.info()
<class 'pandas.core.frame.DataFrame'>
Int64Index: 8984 entries, 100061 to 999963
Data columns (total 57 columns):
 #   Column            Non-Null Count  Dtype
---  ------            --------------  -----
 0   gender            8984 non-null   category
 1   maritalstatus     6672 non-null   category
 2   weeklyhrscomputer 6710 non-null   category
 3   weeklyhrstv       6711 non-null   category
 4   highestdegree     8953 non-null   category
...
 49  colenrfeb14       7624 non-null   category
 50  colenroct14       7469 non-null   category
 51  colenrfeb15       7469 non-null   category
 52  colenroct15       7469 non-null   category
 53  colenrfeb16       7036 non-null   category
 54  colenroct16       6733 non-null   category
 55  colenrfeb17       6733 non-null   category
 56  colenroct17       6734 non-null   category
dtypes: category(57)
memory usage: 580.8 KB
```

⑦ 숫자 자료형인 열을 모두 선택한다.

```
>>> analysisnums = nls97.select_dtypes(include=["number"])
>>> analysisnums.info()
<class 'pandas.core.frame.DataFrame'>
Int64Index: 8984 entries, 100061 to 999963
Data columns (total 31 columns):
 #   Column               Non-Null Count  Dtype
---  ------               --------------  -----
 0   birthmonth           8984 non-null   int64
 1   birthyear            8984 non-null   int64
 2   highestgradecompleted 6663 non-null  float64
...
 23  weeksworked10        8054 non-null   float64
 24  weeksworked11        7968 non-null   float64
```

```
 25   weeksworked12           7747 non-null    float64
 26   weeksworked13           7680 non-null    float64
 27   weeksworked14           7612 non-null    float64
 28   weeksworked15           7389 non-null    float64
 29   weeksworked16           7068 non-null    float64
 30   weeksworked17           6670 non-null    float64
dtypes: float64(29), int64(2)
memory usage: 2.2 MB
```

⑧ 열 이름의 리스트를 사용해 열들을 정돈한다.

데이터프레임에서 열들을 정돈하는 데 리스트를 활용한다. 열의 순서를 바꾸거나 일부 열을 제외(exclude)하는 등의 작업을 쉽게 할 수 있다. 다음은 demoadult 리스트의 열들을 앞쪽으로 이동한다.

```
>>> demo = ['gender','birthmonth','birthyear']
>>> highschoolrecord = ['satverbal','satmath','gpaoverall',
...    'gpaenglish','gpamath','gpascience']
>>> govresp = ['govprovidejobs','govpricecontrols',
...    'govhealthcare','govelderliving','govindhelp',
...    'govunemp','govincomediff','govcollegefinance',
...    'govdecenthousing','govprotectenvironment']
>>> demoadult = ['highestgradecompleted','maritalstatus',
...    'childathome','childnotathome','wageincome',
...    'weeklyhrscomputer','weeklyhrstv','nightlyhrssleep',
...    'highestdegree']
>>> weeksworked = ['weeksworked00','weeksworked01',
...    'weeksworked02','weeksworked03','weeksworked04',
...    'weeksworked05','weeksworked06',  'weeksworked07',
...    'weeksworked08','weeksworked09','weeksworked10',
...    'weeksworked11','weeksworked12','weeksworked13',
...    'weeksworked14','weeksworked15','weeksworked16',
...    'weeksworked17']
>>> colenr = ['colenrfeb97','colenroct97','colenrfeb98',
...    'colenroct98','colenrfeb99',  'colenroct99',
...    'colenrfeb00','colenroct00','colenrfeb01',
...    'colenroct01','colenrfeb02','colenroct02',
...    'colenrfeb03','colenroct03','colenrfeb04',
...    'colenroct04','colenrfeb05','colenroct05',
...    'colenrfeb06','colenroct06','colenrfeb07',
```

```
...    'colenroct07','colenrfeb08','colenroct08',
...    'colenrfeb09','colenroct09','colenrfeb10',
...    'colenroct10','colenrfeb11','colenroct11',
...    'colenrfeb12','colenroct12','colenrfeb13',
...    'colenroct13',  'colenrfeb14','colenroct14',
...    'colenrfeb15','colenroct15','colenrfeb16',
...    'colenroct16','colenrfeb17','colenroct17']
```

⑨ 열의 순서를 재구성한 새로운 데이터프레임을 생성한다.

```
>>> nls97 = nls97[demoadult + demo + highschoolrecord + \
...    govresp + weeksworked + colenr]
>>> nls97.dtypes
highestgradecompleted       float64
maritalstatus               category
childathome                 float64
childnotathome              float64
wageincome                  float64
                               ...
colenroct15                 category
colenrfeb16                 category
colenroct16                 category
colenrfeb17                 category
colenroct17                 category
Length: 88, dtype: object
```

판다스 데이터프레임에서 열들을 선택하고 열의 순서를 바꾸는 방법을 알아봤다.

원리

대괄호 연산자와 loc 데이터 접근자는 열을 선택하고 정돈하는 데 매우 편리하며, 열 이름의 리스트를 전달하면 데이터프레임을 반환한다. 이때 반환되는 데이터프레임의 컬럼 순서는 전달한 리스트의 열 이름 순서에 따라 정해진다.

①에서는 객체 자료형을 갖는 열들을 선택한 뒤(nls97.select_dtypes(['object'])), apply 및 lambda 함수와 체이닝해 열들을 category로 바꿨다(apply(lambda x: x.astype('category'))). loc 접근자를 이용

해 객체 자료형인 열만 갱신했다(nls97.loc[:, nls97.dtypes == 'object']). apply와 lambda 함수에 관해서는 6장에서 자세히 알아본다.

⑥~⑦에서는 자료형에 따라 열을 선택했다. select_dtypes는 열을 describe나 value_counts 같은 메서드에 전달해 연속변수나 범주형변수로 분석을 제한하고자 할 때 유용하다.

⑨에서는 여섯 개의 리스트를 합쳐서 대괄호 연산자에 전달했다. demoadult 리스트에 속한 열들을 맨 앞으로 이동하고 전체 열을 여섯 개의 리스트로 묶었다. 이제 데이터프레임의 열들 중 고등학교 성적과 근무 주 수 섹션이 명확히 구분된다.

추가 정보

select_dtypes로 특정 자료형의 열을 제외할 수도 있다. 또한 info 결과에만 관심이 있다면 select_dtypes 호출을 info 메서드와 체이닝할 수 있다.

```
>>> nls97.select_dtypes(exclude=["category"]).info()
<class 'pandas.core.frame.DataFrame'>
Int64Index: 8984 entries, 100061 to 999963
Data columns (total 31 columns):
 #   Column                Non-Null Count  Dtype
---  ------                --------------  -----
 0   highestgradecompleted  6663 non-null   float64
 1   childathome            4791 non-null   float64
 2   childnotathome         4791 non-null   float64
 3   wageincome             5091 non-null   float64
 4   nightlyhrssleep        6706 non-null   float64
 5   birthmonth             8984 non-null   int64
 6   birthyear              8984 non-null   int64
 ...
 25  weeksworked12          7747 non-null   float64
 26  weeksworked13          7680 non-null   float64
 27  weeksworked14          7612 non-null   float64
 28  weeksworked15          7389 non-null   float64
 29  weeksworked16          7068 non-null   float64
 30  weeksworked17          6670 non-null   float64
dtypes: float64(29), int64(2)
memory usage: 2.2 MB
```

filter 연산자는 정규식을 취할 수도 있다. 예를 들어, 다음은 이름에 income이 포함된 열을 반환한다.

```
>>> nls97.filter(regex='income')
         wageincome govincomediff
personid
100061       12,500           NaN
100139      120,000           NaN
100284       58,000           NaN
100292          NaN           NaN
100583       30,000           NaN
...             ...           ...
999291       35,000           NaN
999406      116,000           NaN
999543          NaN           NaN
999698          NaN           NaN
999963       50,000           NaN

[8984 rows x 2 columns]
```

참고

이 레시피에서 소개한 여러 기법은 데이터프레임뿐 아니라 시리즈를 생성하는 데에도 쓰인다. 6장에서 살펴본다.

3.3 행을 선택하기

데이터를 측정하고 '어때 보여요?'라는 질문에 답할 때, 우리는 숲을 보기도 하고 나무를 보기도 한다. 즉, 집계한(aggregated) 숫자도 살펴보고, 특정 행도 살펴본다. 하지만 그 둘의 중간쯤에서만 명확히 드러나는 중요한 데이터 이슈도 있는데, 이러한 이슈는 행들의 부분집합을 살펴볼 때만 알아챌 수 있다. 이 레시피는 판다스를 활용해 데이터의 부분집합에 나타나는 데이터 이슈를 감지하는 법을 시연한다.

준비

이 레시피는 계속 NLS 데이터를 가지고 작업한다.

작업 방법

판다스 데이터프레임에서 여러 행을 선택한다.

① pandas와 numpy를 임포트하고, nls97 데이터를 로드한다.

```
>>> import pandas as pd
>>> import numpy as np
>>> nls97 = pd.read_csv("data/nls97.csv")
>>> nls97.set_index("personid", inplace=True)
```

② 1001번째 행부터 1004번째 행까지 슬라이싱한다.

nls97[1000:1004]는 콜론 왼쪽의 숫자(1000)부터 콜론 오른쪽 숫자(1004)까지의 인덱스 값을 갖는 행들을 선택한다(오른쪽 숫자는 포함하지 않음). 인덱스가 0부터 시작하므로, 인덱스가 1000인 행은 실제로는 1001번째 행이다. 결과 데이터프레임을 전치했으므로 각 행이 출력의 열에 나타난다.

```
>>> nls97[1000:1004].T
personid                195884          195891          195970  195996
gender                    Male            Male          Female  Female
birthmonth                  12               9               3       9
birthyear                 1981            1980            1982    1980
highestgradecompleted      NaN            12.0            17.0     NaN
maritalstatus              NaN   Never-married   Never-married     NaN
...                        ...             ...             ...     ...
colenroct15                NaN  1. Not enrolled  1. Not enrolled    NaN
colenrfeb16                NaN  1. Not enrolled  1. Not enrolled    NaN
colenroct16                NaN  1. Not enrolled  1. Not enrolled    NaN
colenrfeb17                NaN  1. Not enrolled  1. Not enrolled    NaN
colenroct17                NaN  1. Not enrolled  1. Not enrolled    NaN

[88 rows x 4 columns]
```

③ 1001번째 행부터 1004번째 행까지 슬라이싱하되, 한 행씩 건너뛴다.

두 번째 콜론 뒤의 숫자(2)는 스텝 크기를 나타낸다. 스텝을 생략할 경우 1로 간주한다. 여기서는 스텝을 2로 설정했으므로, 한 행씩 건너뛴다.

```
>>> nls97[1000:1004:2].T
personid              195884            195970
gender                  Male            Female
birthmonth                12                 3
birthyear               1981              1982
highestgradecompleted    NaN              17.0
maritalstatus            NaN     Never-married
...                      ...               ...
colenroct15              NaN    1. Not enrolled
colenrfeb16              NaN    1. Not enrolled
colenroct16              NaN    1. Not enrolled
colenrfeb17              NaN    1. Not enrolled
colenroct17              NaN    1. Not enrolled

[88 rows x 2 columns]
```

④ head와 [ ] 연산자 슬라이싱으로 처음 세 행을 선택한다.

nls97[:3]의 결과 데이터셋은 nls97.head(3)의 결과와 동일하다. 콜론 왼쪽에 숫자를 생략해 [:3]으로 지정하면, 데이터프레임의 첫 행부터 얻어오게 된다.

```
>>> nls97.head(3).T
personid                   100061           100139           100284
gender                     Female             Male             Male
birthmonth                      5                9               11
birthyear                    1980             1983             1984
highestgradecompleted        13.0             12.0              7.0
maritalstatus             Married          Married    Never-married
...                           ...              ...              ...
colenroct15       1. Not enrolled  1. Not enrolled  1. Not enrolled
colenrfeb16       1. Not enrolled  1. Not enrolled  1. Not enrolled
colenroct16       1. Not enrolled  1. Not enrolled  1. Not enrolled
colenrfeb17       1. Not enrolled  1. Not enrolled  1. Not enrolled
colenroct17       1. Not enrolled  1. Not enrolled  1. Not enrolled
```

```
[88 rows x 3 columns]
>>> nls97[:3].T
personid                          100061          100139           100284
gender                            Female            Male             Male
birthmonth                             5               9               11
birthyear                           1980            1983             1984
highestgradecompleted               13.0            12.0              7.0
maritalstatus                    Married         Married    Never-married
...                                  ...             ...              ...
colenroct15              1. Not enrolled 1. Not enrolled  1. Not enrolled
colenrfeb16              1. Not enrolled 1. Not enrolled  1. Not enrolled
colenroct16              1. Not enrolled 1. Not enrolled  1. Not enrolled
colenrfeb17              1. Not enrolled 1. Not enrolled  1. Not enrolled
colenroct17              1. Not enrolled 1. Not enrolled  1. Not enrolled

[88 rows x 3 columns]
```

⑤ tail과 [ ] 연산자 슬라이싱으로 마지막 세 행을 선택한다.

nls97.tail(3)은 nls97[-3:]과 같은 데이터셋을 반환한다.

```
>>> nls97.tail(3).T
personid                          999543          999698           999963
gender                            Female          Female           Female
birthmonth                             8               5                9
birthyear                           1984            1983             1982
highestgradecompleted               12.0            12.0             17.0
maritalstatus                    Divorced   Never-married          Married
...                                  ...             ...              ...
colenroct15              1. Not enrolled 1. Not enrolled  1. Not enrolled
colenrfeb16              1. Not enrolled 1. Not enrolled  1. Not enrolled
colenroct16              1. Not enrolled 1. Not enrolled  1. Not enrolled
colenrfeb17              1. Not enrolled 1. Not enrolled  1. Not enrolled
colenroct17              1. Not enrolled 1. Not enrolled  1. Not enrolled

[88 rows x 3 columns]
>>> nls97[-3:].T
personid                          999543          999698           999963
gender                            Female          Female           Female
```

```
birthmonth                       8              5              9
birthyear                     1984           1983           1982
highestgradecompleted         12.0           12.0           17.0
maritalstatus              Divorced   Never-married        Married
...                             ...            ...            ...
colenroct15          1. Not enrolled 1. Not enrolled 1. Not enrolled
colenrfeb16          1. Not enrolled 1. Not enrolled 1. Not enrolled
colenroct16          1. Not enrolled 1. Not enrolled 1. Not enrolled
colenrfeb17          1. Not enrolled 1. Not enrolled 1. Not enrolled
colenroct17          1. Not enrolled 1. Not enrolled 1. Not enrolled

[88 rows x 3 columns]
```

⑥ loc 데이터 접근자(accessor)를 사용해 몇 행을 선택한다.

loc 접근자를 사용해 index 레이블에 의해 선택한다. 인덱스 레이블의 리스트를 전달하거나 레이블의 범위를 지정할 수 있다. (personid를 인덱스로 지정했음을 상기하자.) nls97.loc[[195884,195891,195970]]과 nls97.loc[195884:195970]은 같은 데이터셋을 반환한다.

```
>>> nls97.loc[[195884,195891,195970]].T
personid                195884         195891          195970
gender                    Male           Male          Female
birthmonth                  12              9               3
birthyear                 1981           1980            1982
highestgradecompleted      NaN           12.0            17.0
maritalstatus              NaN  Never-married   Never-married
...                        ...            ...             ...
colenroct15                NaN 1. Not enrolled 1. Not enrolled
colenrfeb16                NaN 1. Not enrolled 1. Not enrolled
colenroct16                NaN 1. Not enrolled 1. Not enrolled
colenrfeb17                NaN 1. Not enrolled 1. Not enrolled
colenroct17                NaN 1. Not enrolled 1. Not enrolled

[88 rows x 3 columns]
>>> nls97.loc[195884:195970].T
personid                195884         195891          195970
gender                    Male           Male          Female
birthmonth                  12              9               3
birthyear                 1981           1980            1982
```

```
highestgradecompleted    NaN              12.0              17.0
maritalstatus            NaN    Never-married     Never-married
...                      ...               ...               ...
colenroct15              NaN    1. Not enrolled   1. Not enrolled
colenrfeb16              NaN    1. Not enrolled   1. Not enrolled
colenroct16              NaN    1. Not enrolled   1. Not enrolled
colenrfeb17              NaN    1. Not enrolled   1. Not enrolled
colenroct17              NaN    1. Not enrolled   1. Not enrolled

[88 rows x 3 columns]
```

⑦ iloc 데이터 접근자로 데이터프레임의 첫 행을 선택한다.

loc가 인덱스의 레이블 리스트를 취하는 것과 달리, iloc는 행의 위치를 나타내는 정수의 리스트를 취한다. 따라서 대괄호 연산자 슬라이싱과 유사하게 작동한다. 먼저 원소가 0 한 개인 리스트를 전달해보면, 첫 행이 데이터프레임으로 반환된다.

```
>>> nls97.iloc[[0]].T
personid                          100061
gender                            Female
birthmonth                             5
birthyear                           1980
highestgradecompleted               13.0
maritalstatus                    Married
...                                  ...
colenroct15              1. Not enrolled
colenrfeb16              1. Not enrolled
colenroct16              1. Not enrolled
colenrfeb17              1. Not enrolled
colenroct17              1. Not enrolled

[88 rows x 1 columns]
```

⑧ 이번에는 iloc 데이터 접근자로 첫 행부터 세 번째 행까지를 선택한다.

세 개의 원소가 있는 리스트 [0,1,2]를 전달해 nls97의 세 행을 데이터프레임으로 얻는다. 접근자에 [0:3]을 전달해도 같은 결과를 얻는다.

```
>>> nls97.iloc[[0,1,2]].T
personid                    100061        100139        100284
```

```
gender                         Female            Male            Male
birthmonth                          5               9              11
birthyear                        1980            1983            1984
highestgradecompleted            13.0            12.0             7.0
maritalstatus                 Married         Married   Never-married
...                               ...             ...             ...
colenroct15           1. Not enrolled 1. Not enrolled 1. Not enrolled
colenrfeb16           1. Not enrolled 1. Not enrolled 1. Not enrolled
colenroct16           1. Not enrolled 1. Not enrolled 1. Not enrolled
colenrfeb17           1. Not enrolled 1. Not enrolled 1. Not enrolled
colenroct17           1. Not enrolled 1. Not enrolled 1. Not enrolled

[88 rows x 3 columns]
>>> nls97.iloc[0:3].T
personid                       100061          100139          100284
gender                         Female            Male            Male
birthmonth                          5               9              11
birthyear                        1980            1983            1984
highestgradecompleted            13.0            12.0             7.0
maritalstatus                 Married         Married   Never-married
...                               ...             ...             ...
colenroct15           1. Not enrolled 1. Not enrolled 1. Not enrolled
colenrfeb16           1. Not enrolled 1. Not enrolled 1. Not enrolled
colenroct16           1. Not enrolled 1. Not enrolled 1. Not enrolled
colenrfeb17           1. Not enrolled 1. Not enrolled 1. Not enrolled
colenroct17           1. Not enrolled 1. Not enrolled 1. Not enrolled

[88 rows x 3 columns]
```

⑨ iloc 데이터 접근자로 맨 뒤의 몇 열을 선택한다.

nls97.iloc[[-3,-2,-1]]과 nls97.iloc[-3:]은 데이터프레임의 마지막 3열을 조회한다. 콜론 오른쪽의 값을 생략해 [-3:]으로 표기함으로써, 데이터프레임의 끝에서 세 번째 열부터 마지막 열까지 얻어오도록 접근자에 지시했다.

```
>>> nls97.iloc[[-3,-2,-1]].T
personid                       999543          999698          999963
gender                         Female          Female          Female
birthmonth                          8               5               9
```

```
birthyear                     1984             1983             1982
highestgradecompleted         12.0             12.0             17.0
maritalstatus              Divorced    Never-married          Married
...                             ...              ...              ...
colenroct15        1. Not enrolled  1. Not enrolled  1. Not enrolled
colenrfeb16        1. Not enrolled  1. Not enrolled  1. Not enrolled
colenroct16        1. Not enrolled  1. Not enrolled  1. Not enrolled
colenrfeb17        1. Not enrolled  1. Not enrolled  1. Not enrolled
colenroct17        1. Not enrolled  1. Not enrolled  1. Not enrolled

[88 rows x 3 columns]
>>> nls97.iloc[-3:].T
personid                      999543           999698           999963
gender                        Female           Female           Female
birthmonth                         8                5                9
birthyear                     1984             1983             1982
highestgradecompleted         12.0             12.0             17.0
maritalstatus              Divorced    Never-married          Married
...                             ...              ...              ...
colenroct15        1. Not enrolled  1. Not enrolled  1. Not enrolled
colenrfeb16        1. Not enrolled  1. Not enrolled  1. Not enrolled
colenroct16        1. Not enrolled  1. Not enrolled  1. Not enrolled
colenrfeb17        1. Not enrolled  1. Not enrolled  1. Not enrolled
colenroct17        1. Not enrolled  1. Not enrolled  1. Not enrolled

[88 rows x 3 columns]
```

⑩ 불 인덱싱(boolean indexing)으로 조건에 의해 여러 행을 선택한다.

매우 적은 수면을 취하는 개인의 데이터프레임을 생성한다. 해당 질문에 답한 6,706명 가운데 5% 가량이 야간에 4시간 이하로 잠을 잔다고 답했다. nls97.nightlyhrssleep<=4로 수면 시간이 4시간 이하인지를 검사하고 True와 False 값의 판다스 시리즈를 생성해 sleepcheckbool에 할당한다. 그 시리즈를 loc 접근자에 전달해 lowsleep 데이터프레임을 생성한다. lowsleep의 행 수는 우리가 예상한 것과 비슷하다. 변수에 불 시리즈를 할당하는 추가 단계는 필요치 않다. 여기서는 설명을 목적으로 한 것일 뿐이다.

```
>>> nls97.nightlyhrssleep.quantile(0.05)
4.0
>>> nls97.nightlyhrssleep.count()
6706
```

```
>>> sleepcheckbool = nls97.nightlyhrssleep<=4
>>> sleepcheckbool
personid
100061    False
100139    False
100284    False
100292    False
100583    False
          ...
999291    False
999406    False
999543    False
999698    False
999963    False
Name: nightlyhrssleep, Length: 8984, dtype: bool
>>> lowsleep = nls97.loc[sleepcheckbool]
>>> lowsleep.shape
(364, 88)
```

⑪ 여러 조건에 의해 행을 선택한다.

어린 자녀를 많이 둔 사람 중에 잠이 부족한 사람들이 있을지 모른다. lowsleep에 해당하는 사람들의 자녀 수 (childathome) 분포를 describe로 살펴보면 1/4 정도가 세 명 이상의 자녀를 갖고 있다. nightlyhrssleep이 4 이하이면서 자녀 수가 3 이상인 개인을 나타내는 데이터프레임을 생성한다. 판다스에서 &는 논리곱(and) 연산자로, 두 조건이 모두 참이어야만 행을 선택함을 나타낸다. (lowsleep 데이터프레임을 이용해 lowsleep3pluschildren = lowsleep.loc[lowsleep.childathome>=3]로도 같은 결과를 얻을 수 있지만, 그렇게 하면 다중 조건 검사를 시연할 수 없다.)

```
>>> lowsleep.childathome.describe()
count    293.00
mean       1.79
std        1.40
min        0.00
25%        1.00
50%        2.00
75%        3.00
max        9.00
Name: childathome, dtype: float64
>>> lowsleep3pluschildren = nls97.loc[(nls97.nightlyhrssleep<=4) & (nls97.childathome>=3)]
```

```
>>> lowsleep3pluschildren.shape
(82, 88)
```

⑫ 다중 조건을 바탕으로 행과 열을 선택한다.

loc 접근자에 조건을 전달해 행을 선택한다. 또한, 선택할 열 이름의 리스트를 전달한다.

```
>>> lowsleep3pluschildren = nls97.loc[(nls97.nightlyhrssleep<=4) & (nls97.childathome>=3),
['nightlyhrssleep','childathome']]
>>> lowsleep3pluschildren
          nightlyhrssleep  childathome
personid
119754               4.00         4.00
141531               4.00         5.00
152706               4.00         4.00
156823               1.00         3.00
158355               4.00         4.00
...                   ...          ...
905774               4.00         3.00
907315               4.00         3.00
955166               3.00         3.00
956100               4.00         6.00
991756               4.00         3.00

[82 rows x 2 columns]
```

판다스에서 행들을 선택하는 주요 기법을 시연했다.

원리

②~⑤에서 대괄호([ ]) 연산자를 사용해 파이썬의 표준적인 슬라이싱과 유사한 방법으로 행을 선택했다. 슬라이스 표기법을 통해 리스트 또는 값의 범위를 바탕으로 행들을 쉽게 선택할 수 있다. 그 형식은 [시작:끝:스텝]이며, 스텝 값을 생략할 경우 1로 간주한다. 시작에 음숫값을 사용하면 데이터프레임 끝에서부터 행 수를 센다.

⑥에서 사용한 loc 접근자는 행 인덱스 레이블을 바탕으로 행을 선택한다. 데이터의 인덱스는 personid이므로 한 개 이상의 personid 값을 loc 접근자에 전달함으로써 해당 인덱스 레이블에 대한 데이터프레

임을 얻을 수 있다. 인덱스 레이블의 범위를 접근자에 전달할 수도 있는데, 그렇게 하면 콜론 왼쪽의 레이블부터 콜론 오른쪽 레이블까지의 인덱스 레이블을 갖는 모든 데이터프레임을 반환한다. 즉, nls97.loc[195884:195970]는 personid 195884부터 195970까지를 반환한다(처음과 끝 값도 포함).

iloc 접근자는 대괄호 연산자와 거의 비슷하게 작동하며, 이는 ⑦~⑨에 나타나 있다. 슬라이싱 표기법을 사용해 정수의 리스트 또는 범위를 전달할 수 있다.

판다스의 기능 중 가장 가치 있는 불 인덱싱은 조건에 따라 행을 선택하는 것이다(⑩). 테스트는 불 시리즈를 반환한다. loc 접근자는 테스트가 True인 전체 행을 선택한다. 불 데이터 시리즈를 변수에 할당한 뒤에 loc 연산자에 전달할 필요 없이, nls97.loc[nls97.nightlyhrssleep<=4]와 같이 loc 접근자에 테스트를 바로 전달할 수 있다.

⑪에서 loc 접근자를 어떻게 활용해 행을 선택하는지 자세히 살펴볼 필요가 있다. nls97.loc[(nls97.nightlyhrssleep<=4) & (nls97.childathome>=3)]의 각 조건은 소괄호 안에 있다. 괄호가 실행되면 오류가 발생한다. & 연산자는 표준 파이썬의 and와 같은 것으로, 두 조건을 모두 만족해야 선택할 열에 대해 True이다. 두 조건 중 *어느 것이라도* 만족하면 True가 되게 하고 싶다면 |를 사용해 or 조건을 검사한다.

끝으로, ⑫는 loc 접근자를 한 번 호출해 두 행과 열을 선택하는 법을 보여준다. 다음 문장에서 콤마 이전은 행에 대한 조건이고, 콤마 이후 부분은 선택할 열이다.

```
nls97.loc[(nls97.nightlyhrssleep<=4) & (nls97.childathome>=3), ['nightlyhrssleep','childatho
me']]
```

이는 nightlyhrssleep이 4 이하이고 childathome이 3 이상인 모든 행의 nightlyhrssleep과 childathome 열을 반환한다 .

추가 정보

판다스 데이터프레임에서 행을 선택하는 세 가지 방법인 대괄호 연산자([ ]), loc 접근자, iloc 접근자를 살펴봤다. 판다스가 처음이라면 어떤 상황에 어느 도구를 사용할지 헷갈리겠지만 몇 달 지나지 않아 명확해질 것이다. 파이썬과 넘파이 경험이 있다면 판다스의 대괄호 연산자가 친숙할 것이다. 하지만 판다스 문서에서는 프로덕션 코드에 대괄호 연산자를 사용하는 것을 권하지 않으므로, 필자는 데이터프레임에서 열을 선택할 때만 대괄호 연산자를 사용하게 됐다. 필자는 불 인덱싱이나 인덱스 레이블을 통해 선택할 때는 loc 접근자를 사용하고, 행 번호로 행을 선택할 때는 iloc 접근자를 사용한다. 필자의 작업 흐름에는 불 인덱싱이 많이 쓰이므로, 다른 방법보다 loc를 더 많이 쓴다.

참고

바로 앞의 레시피에 열을 선택하는 방법에 관한 자세한 설명이 있다.

3.4 범주형변수의 빈도를 생성하기

수년 전에, 아주 노련한 연구자에게 이런 말을 들었다. "우리가 찾으려는 것의 90%는 빈도분포에서 찾을 수 있다." 필자는 그 말을 새기고 있다. 데이터프레임에 단방향과 양방향 빈도분포(크로스탭)을 더 많이 수행할수록 더 잘 이해할 수 있다. 이 레시피에서는 단방향 분포를 수행하고, 다음 레시피에서 크로스탭을 한다.

준비

이번에도 NLS 데이터를 가지고 작업한다. 또한 filter 메서드를 활용해 열을 선택한다. 3장에 열 선택에 대한 레시피가 필요한 것은 아니지만 알아두면 도움이 될 것이다.

작업 방법

판다스의 매우 편리한 value_counts를 사용한다.

① pandas 라이브러리를 임포트하고 nls97 파일을 로드한다.
   또한, 객체 자료형인 열들을 범주 자료형으로 변환한다.

```
>>> import pandas as pd
>>> nls97 = pd.read_csv("data/nls97.csv")
>>> nls97.set_index("personid", inplace=True)
>>> nls97.loc[:, nls97.dtypes == 'object'] = \
...    nls97.select_dtypes(['object']). \
...    apply(lambda x: x.astype('category'))
```

② 범주 자료형인 열을 출력하고 누락값이 있는지 확인한다.

gender에는 누락값이 없고 highestdegree에도 그리 많지 않지만, maritalstatus 열을 포함해 누락값이 많은 열들이 있다.

```
>>> catcols = nls97.select_dtypes(include=["category"]).columns
>>> nls97[catcols].isnull().sum()
gender                 0
maritalstatus       2312
weeklyhrscomputer   2274
weeklyhrstv         2273
highestdegree         31
                    ...
colenroct15         1515
colenrfeb16         1948
colenroct16         2251
colenrfeb17         2251
colenroct17         2250
Length: 57, dtype: int64
```

③ 결혼 상태(marital status)의 빈도를 출력한다.

```
>>> nls97.maritalstatus.value_counts()
Married        3066
Never-married  2766
Divorced        663
Separated       154
Widowed          23
Name: maritalstatus, dtype: int64
```

④ 빈도순 정렬을 해제한다.

```
>>> nls97.maritalstatus.value_counts(sort=False)
Divorced        663
Married        3066
Never-married  2766
Separated       154
Widowed          23
Name: maritalstatus, dtype: int64
```

⑤ 빈도를 비율로 표시한다.

```
>>> nls97.maritalstatus.value_counts(sort=False, normalize=True)
Divorced        0.10
Married         0.46
Never-married   0.41
Separated       0.02
Widowed         0.00
Name: maritalstatus, dtype: float64
```

⑥ 정부의 책임과 관련된 열 전체를 비율로 표시한다.

데이터프레임의 전체 열 가운데 'gov'를 포함하는 열에 value_counts를 적용해 표시한다.

```
>>> nls97.filter(like="gov").apply(pd.value_counts, normalize=True)
                 govprovidejobs  govpricecontrols  ...  \
1. Definitely             0.25              0.54  ...
2. Probably               0.34              0.33  ...
3. Probably not           0.25              0.09  ...
4. Definitely not         0.16              0.04  ...


                 govdecenthousing  govprotectenvironment
1. Definitely              0.44                   0.67
2. Probably                0.43                   0.29
3. Probably not            0.10                   0.03
4. Definitely not          0.02                   0.02

[4 rows x 10 columns]
```

⑦ 정부 책임과 관련된 전체 열에서 기혼자를 찾는다.

⑥과 마찬가지로 하되, 결혼 상태가 Married인 행만 선택한다.

```
>>> nls97[nls97.maritalstatus=="Married"].\
...    filter(like="gov").\
...    apply(pd.value_counts, normalize=True)
                 govprovidejobs  govpricecontrols  ...  \
1. Definitely             0.17              0.46  ...
2. Probably               0.33              0.38  ...
3. Probably not           0.31              0.11  ...
4. Definitely not         0.18              0.05  ...
```

```
              govdecenthousing  govprotectenvironment
1. Definitely             0.36                    0.64
2. Probably               0.49                    0.31
3. Probably not           0.12                    0.03
4. Definitely not         0.03                    0.01


[4 rows x 10 columns]
```

⑧ 범주형인 열 전체에 대해 빈도와 비율을 찾는다.

먼저, 빈도를 기록할 파일을 연다.

```
>>> freqout = open('views/frequencies.txt', 'w')
>>>
>>> for col in nls97.select_dtypes(include=["category"]):
...     print(col, "----------------------", "frequencies",
...       nls97[col].value_counts(sort=False),"percentages",
...       nls97[col].value_counts(normalize=True, sort=False),
...       sep="\n\n", end="\n\n\n", file=freqout)
...
>>> freqout.close()
```

이렇게 하면 다음과 같이 시작하는 파일이 생성된다.

```
gender

----------------------

frequencies

Female    4385
Male      4599
Name: gender, dtype: int64

percentages

Female    0.49
Male      0.51
Name: gender, dtype: float64
```

이와 같이, value_counts는 데이터프레임의 열에 대해 빈도를 생성할 때 꽤 유용하다.

원리

nls97 데이터프레임에서 많은 열(88개 가운데 57개)이 객체 자료형이다. 논리적으로는 범주형이지만 범주 자료형으로 되어 있지 않은 데이터를 다룰 때에는 범주형으로 변환하는 것이 타당하다. 이는 메모리를 절약해줄 뿐 아니라, 이 레시피에서 본 것처럼 데이터 정제도 더 쉬워진다.

이 레시피의 백미인 value_counts 메서드는 nls97.maritalstatus.value_counts와 같이 시리즈에 대해 빈도를 생성할 수 있다. 또한 nls97.filter(like="gov").apply(pd.value_counts, normalize=True)와 같이 전체 데이터프레임에 대해 수행할 수도 있다. 먼저 정부 책임 열로 된 데이터프레임을 생성한 다음 apply로 결과 데이터프레임을 value_counts에 전달했다.

⑦에서 연속된 메서드들을 가독성을 위해 여러 줄로 나눴는데, 줄을 어떻게 나눌지 정해진 규칙은 없다. 필자는 보통 서너 개 이상의 연산을 체이닝할 때 행을 나누려고 한다.

⑧에서 범주자료형인 열 전체에 대해 반복문을 수행했다(for col in nls97.select_dtypes(include="category"])). 각 열에 대해 value_counts를 수행해 빈도를 구하고 value_counts를 한 번 더 수행해 비율을 구했다. print 함수로 캐리지 리턴을 생성해 출력의 가독성을 확보했다. 결과는 views 폴더의 frequencies.txt 파일에 저장했다. 범주형변수를 가지고 작업을 하기 전에 이렇게 단방향 빈도를 확인해두면 편리하다.

추가 정보

빈도분포는 범주형자료에 잠재된 데이터 이슈를 발견하는 가장 중요한 통계적 도구일 것이다. 이 레시피의 단방향 빈도는 통찰을 얻어가는 데 좋은 기초가 된다.

하지만 범주형변수와 그 외의 변수(범주형 혹은 연속변수) 사이의 관계를 검사해야만 문제를 감지할 수 있을 때도 있다. 이 레시피는 양방향 빈도를 수행하기에는 부족하지만, ⑦에서 조사를 위해 데이터를 분할했다. 기혼자의 정부 책임 응답을 살펴보았으며 그러한 응답이 샘플 전반의 응답과 다름을 확인했다.

이는 우리가 탐구할 데이터에 관해 몇 가지 질문을 제기한다. 결혼 상태에 따라 응답률에 중요한 차이가 있는가, 또한 그것이 정부 책임 변수의 분포에 중요한가? 우리는 또한 잠재적인 중첩변수

(confounding variable)를 고려하지 않은 채 결론을 도출하지 않게 조심해야 한다. 결혼한 응답자는 나이가 많거나 자녀 수가 많은 경향이 있는가, 그리고 그러한 점이 정부 책임 응답에 중요한 요인인가?

이 레시피에서는 결혼 상태 변수를 예로 들어서 단방향 빈도를 생성하는 유형의 질의를 다뤘다. 이러한 질문에 대비해 상관행렬(correlation matrix), 크로스탭, 산점도(scatter plot) 등 이변량 분석을 준비하는 것이 좋다. 4장과 5장에서 그 주제를 다룬다.

3.5 연속변수의 요약통계 생성하기

판다스에는 연속변수의 분포를 파악하는 데 유용한 도구가 많다. 이 레시피에서는 describe의 훌륭한 기능을 위주로 살펴보고 히스토그램으로 변수의 분포를 시각화하는 방법을 시연한다.

연속변수를 분석하려면 그 분포, 즉 중심경향(central tendency), 퍼진 정도(spread), 왜도(skewness)를 이해하는 것이 중요하다. 분포는 이상값과 예상치 못한 값(unexpected value)을 식별하는 데 큰 도움이 될 뿐 아니라 그 자체로도 중요한 정보다. 특정 변수가 어떻게 분포하는지 이해하면 그 변수를 잘 이해할 수 있으며, 분포를 이해하지 못한 채로 이뤄진 해석은 어떤 식으로든 불완전하거나 결함이 있다고 해도 과언이 아니다.

준비

이 레시피에서는 코로나19 데이터를 가지고 작업한다. 맷플롯립(**Matplotlib**)이 필요하며, 아직 설치하지 않았다면 터미널에서 `pip install matplotlib` 명령으로 설치할 수 있다.

작업 방법

중요한 연속변수들의 분포를 살펴본다.

① pandas, numpy, matplotlib을 임포트하고 COVID 사례 데이터를 로드한다.

```
>>> import pandas as pd
>>> import numpy as np
>>> import matplotlib.pyplot as plt
>>> covidtotals = pd.read_csv("data/covidtotals.csv", parse_dates=['lastdate'])
>>> covidtotals.set_index("iso_code", inplace=True)
```

② 데이터의 구조를 확인한다.

```
>>> covidtotals.sample(2, random_state=1).T
iso_code                         COG                   THA
lastdate          2020-06-01 00:00:00   2020-06-01 00:00:00
location                       Congo              Thailand
total_cases                      611                  3081
total_deaths                      20                    57
total_cases_pm                110.73                 44.14
total_deaths_pm                 3.62                  0.82
population               5,518,092.00         69,799,978.00
pop_density                    15.40                135.13
median_age                     19.00                 40.10
gdp_per_capita              4,881.41             16,277.67
hosp_beds                        NaN                  2.10
>>> covidtotals.dtypes
lastdate          datetime64[ns]
location                  object
total_cases                int64
total_deaths               int64
total_cases_pm           float64
total_deaths_pm          float64
population               float64
pop_density              float64
median_age               float64
gdp_per_capita           float64
hosp_beds                float64
dtype: object
```

③ COVID 총계와 인구통계학적 열들에 대한 기술통계(descriptive statistics)를 얻는다.

```
>>> covidtotals.describe()
       total_cases   total_deaths   total_cases_pm   ...   median_age  \
count       210.00         210.00           209.00   ...       186.00
mean     29,216.14       1,770.71         1,361.84   ...        30.63
std     136,397.80       8,705.57         2,629.89   ...         9.13
min           0.00           0.00             0.89   ...        15.10
25%         175.75           4.00            96.78   ...        22.25
50%       1,242.50          25.50           282.00   ...        30.25
```

75%	10,117.00	241.25	1,803.32	...	39.00
max	1,790,191.00	104,383.00	19,771.35	...	48.20

	gdp_per_capita	hosp_beds
count	182.00	164.00
mean	19,539.15	3.01
std	19,862.35	2.46
min	661.24	0.10
25%	4,485.33	1.30
50%	13,183.08	2.36
75%	28,556.53	3.90
max	116,935.60	13.80

④ 확진자 수와 사망자 수 관련 열들의 값의 분포를 좀 더 자세히 살펴본다.

넘파이의 arange 메서드로 0부터 1.0까지의 수의 리스트를 만들어 데이터프레임의 quantile 메서드에 전달한다.

```
>>> totvars = ['location','total_cases','total_deaths',
...    'total_cases_pm','total_deaths_pm']
>>> covidtotals[totvars].quantile(np.arange(0.0, 1.1, 0.1))
```

	total_cases	total_deaths	total_cases_pm	total_deaths_pm
0.00	0.00	0.00	0.89	0.00
0.10	22.90	0.00	18.49	0.00
0.20	105.20	2.00	56.74	0.40
0.30	302.00	6.70	118.23	1.73
0.40	762.00	12.00	214.92	3.97
0.50	1,242.50	25.50	282.00	6.21
0.60	2,514.60	54.60	546.05	12.56
0.70	6,959.80	137.20	1,074.03	26.06
0.80	16,847.20	323.20	2,208.74	50.29
0.90	46,513.10	1,616.90	3,772.00	139.53
1.00	1,790,191.00	104,383.00	19,771.35	1,237.55

⑤ 총확진자 수의 분포를 시각화한다.

```
>>> plt.hist(covidtotals['total_cases']/1000, bins=12)
>>> plt.title("Total Covid Cases")
>>> plt.xlabel('Cases')
>>> plt.ylabel("Number of Countries")
>>> plt.show()
```

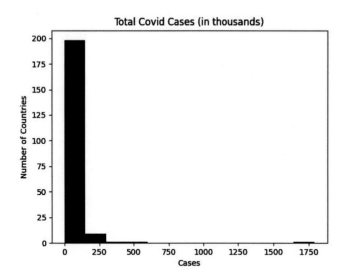

그림 3.1 COVID 총확진자 수

연속변수를 다루는 중요한 도구인 describe와 맷플롯립의 hist 메서드의 사용법을 시연했다.

원리

③에서 describe 메서드로 요약통계와 주요 변수의 분포를 조사했다. 평균(mean)과 중앙값(50%)의 차이가 매우 크다면 위험 신호로 볼 수 있다. 확진자 수와 사망자 수가 오른쪽으로 심하게 치우쳐 있다(평균이 중앙값보나 훨씬 높게 나타난나). 이는 상난에 이상값이 있음을 성고한나. 모집난 크기를 소성할 내도 마찬가지로, total_cases_pm과 total_deaths_pm이 동일한 치우침을 나타낸다. 4장에서 이상값을 좀 더 분석한다.

④의 좀 더 자세한 백분위수도 분포가 치우쳐 있음을 뒷받침한다. 예를 들어, 확진자 수 및 사망자 수의 90번째 백분위수와 100번째 백분위수는 차이가 상당히 크다. 이러한 점들은 이 데이터가 정규분포를 따르지 않음을 나타내는 좋은 지표다. 오류 때문이 아니라 하더라도, 우리가 진행할 통계적 검정에 중요하다. '데이터가 어때 보여요?'라는 질문을 받았을 때 어떤 대답을 할 것인지 메모한다면 이러한 점을 가장 먼저 써두어야 할 것이다.

또한 총사망자 수 가운데 10%가 넘는 값이 0이라는 점도 통계적 검정에 중요하므로 메모해야 한다.

총확진자 수의 히스토그램을 통해 분포가 0~150,000이고 이상값이 몇 개 있으며 1S의 극단적 이상값이 있음을 확인할 수 있다. 시각적으로 분포는 정규(normal)보다는 로그 정규(log-normal)에 가까워 보인다. 로그 정규분포는 꼬리가 두껍고 음숫값이 없다.

참고

4장에서 이상값과 예상치 못한 값을 자세히 살펴본다. 5장 '시각화를 통해 예상치 못한 값을 식별하기'에서 시각화를 더 다룬다.

04

데이터의 부분집합에서
누락값과 이상값 식별

이상값과 예상치 못한 값들이 모두 오류인 것은 아니다. 개인과 사건은 복잡하며 분석가를 놀래킨다. 신장이 2미터가 넘는 사람도 존재하며 수백억 원에 달하는 연봉을 받는 사람도 있다. 데이터가 지저분한 것은 정말로 사람과 상황이 그렇기 때문일 수도 있다. 그렇지만 극단적인 값은 분석에 영향을 끼칠 수 있으며, 특히 정규분포를 가정한 모수적 방법을 사용하려 할 때 문제가 된다.

이러한 이슈는 데이터의 부분집합을 다룰 때 더욱 분명해지기도 한다. 이는 극단적인 값이나 예상치 못한 값이 작은 크기의 샘플에 영향을 많이 끼친다는 점 때문만은 아니다. 이변량과 다변량 관계를 고려할 때 의미가 크지 않을 수 있기 때문이기도 하다. 신장이 2미터이거나 연봉이 수백만 달러인 사람의 나이가 10살이라면 위험 신호가 더 강해진다. 이 장에서는 이상값, 예상치 못한 값, 누락값을 감지하는 전략을 세울 때 이러한 복잡성을 고려한다.

이 장의 레시피는 다음 주제를 다룬다.

- 누락값 찾기

- 변수가 1개인 이상값 식별하기

- 이변량 관계의 이상값과 예상치 못한 값 식별하기

- 부분집합을 이용해 변수 간의 논리적 불일치를 찾기

- 선형 회귀를 활용해 유의한 영향을 끼치는 데이터 포인트를 식별하기

- k-최근접 이웃을 활용해 이상값을 찾기

- 아이솔레이션 포레스트를 활용한 이상 탐지

4.1 누락값 찾기

분석을 시작하기 전에는 변수별로 누락값이 얼마나 있고 누락된 이유가 무엇인지 잘 알아둬야 한다. 주요한 변수 여러 개가 누락된 행이 어느 것인지도 확인한다. 판다스를 이용하면 두 문장만으로 이러한 정보를 얻을 수 있다.

통계 모델에서는 누락값을 유연하게 다루지 못하므로 통계 모델링을 시작하기 전에 누락값을 다루는 전략을 세워둬야 한다. 이 레시피에서는 누락값 대치(imputation) 전략을 소개하고 자세한 내용은 이후의 레피시에서 다룬다.

준비

국가별 코로나바이러스 확진자 수 및 사망자 수 누적 데이터로 실습한다. 데이터프레임에는 인구밀도, 연령, GDP 등의 관련 정보도 있다.

> 참고
> 아워월드인데이터는 코로나19 공공 데이터[1]를 제공한다. 이 레시피에 사용한 데이터는 2020년 6월 1일에 다운로드했다. 당시는 홍콩의 확진자 수 및 사망자 수 데이터가 누락되었지만, 이 문제는 그후 수정됐다.

이 레시피에서는 맷플롯립으로 코로나19 확진자 수 및 사망자 수에 대한 기본적인 시각화를 수행한다. pip install matplotlib 명령으로 맷플롯립을 설치할 수 있다.

작업 방법

isnull과 sum 함수를 활용해 선택한 열의 누락값과 주요 변수가 누락된 열의 개수를 확인한다. 그리고 나서 데이터프레임의 fillna 메서드를 활용해 누락값을 대치한다.

---

1 https://ourworldindata.org/coronavirus-source-data

① pandas, numpy, matplotlib 라이브러리를 임포트하고 코로나19 사례 데이터 파일을 로드한다.
또한 사례 열들의 리스트(totvars)와 인구통계 열들의 리스트(demovars)를 만든다.

```
>>> import pandas as pd
>>> import numpy as np
>>> import matplotlib.pyplot as plt
>>> covidtotals = pd.read_csv("data/covidtotalswithmissings.csv")
>>> totvars = ['location','total_cases','total_deaths','total_cases_pm',
...    'total_deaths_pm']
>>>
>>> demovars = ['population','pop_density','median_age','gdp_per_capita',
...    'hosp_beds']
```

② 인구통계 열에서 누락 데이터를 확인한다.

axis를 0(기본값)으로 설정해 각각의 인구통계 변수에서 누락값의 개수를 확인한다(열 방향으로 누락). 210개국 중 46개(20 퍼센트 이상)의 국가에서 hosp_beds가 누락됐다. 그 다음에 axis를 1로 설정해 국가별로 누락된 인구통계 변수의 개수를 합산한다(행 방향으로 누락). 그 결과로 얻은 demovarsmisscnt 시리즈의 value_counts를 통해 인구통계 데이터가 많이 누락된 국가를 확인한다. 5가지 인구통계 변수 중 3개가 누락된 곳이 10개국이고, 4개가 누락된 곳은 8개국이다.

```
>>> covidtotals[demovars].isnull().sum(axis=0)
population        0
pop_density      12
median_age       24
gdp_per_capita   28
hosp_beds        46
dtype: int64

>>> demovarsmisscnt = covidtotals[demovars].isnull().sum(axis=1)

>>> demovarsmisscnt.value_counts()
0    156
1     24
2     12
3     10
4      8
dtype: int64
```

③ 인구통계 데이터가 세 가지 이상 누락된 국가를 나열한다.

인덱스 얼라인먼트[2]와 불 인덱싱을 활용하면 누락값의 수(demovarsmisscnt)를 기준으로 행을 선택할 수 있다. 국가명을 표시하기 위해 demovars 리스트에 'location'을 추가한다. (처음 다섯 개 국가만 출력했다.)

```
>>> covidtotals.loc[demovarsmisscnt>=3, ['location'] + demovars].head(5).T
iso_code            AND         AIA                                  BES  \
location        Andorra    Anguilla  Bonaire Sint Eustatius and Saba
population       77,265      15,002                           26,221
pop_density         164         NaN                              NaN
median_age          NaN         NaN                              NaN
gdp_per_capita      NaN         NaN                              NaN
hosp_beds           NaN         NaN                              NaN


iso_code                          VGB            FRO
location        British Virgin Islands  Faeroe Islands
population                      30,237          48,865
pop_density                        208              35
median_age                         NaN             NaN
gdp_per_capita                     NaN             NaN
hosp_beds                          NaN             NaN


>>> type(demovarsmisscnt)
<class 'pandas.core.series.Series'>
```

④ 코로나19 사례 데이터에서 누락값을 확인한다.

이 데이터에 대한 누락값이 있는 국가는 단 한 곳뿐이다.

```
>>> covidtotals[totvars].isnull().sum(axis=0)
location            0
total_cases         0
total_deaths        0
total_cases_pm      1
total_deaths_pm     1
```

---

2 (옮긴이) 판다스에서 아래 코드처럼 같은 인덱스의 값끼리 연산이 이뤄지는 것을 'index alignment'라 한다. '정렬(sort)'과 혼동되지 않게 '인덱스 얼라인먼트'로 옮겼다.

```
>>> import pandas as pd
>>> s1 = pd.Series([1, 2, 3, 4], index=['a', 'b', 'c', 'd'])
>>> s2 = pd.Series([4, 3, 2, 1], index=['d', 'c', 'b', 'a'])
>>> s1 + s2
a    2
b    4
c    6
d    8
dtype: int64
```

```
dtype: int64
>>> totvarsmisscnt = covidtotals[totvars].isnull().sum(axis=1)
>>> totvarsmisscnt.value_counts()
0    209
2      1
dtype: int64
>>> covidtotals.loc[totvarsmisscnt>0].T
iso_code                   HKG
lastdate            2020-05-26
location             Hong Kong
total_cases                  0
total_deaths                 0
total_cases_pm             NaN
total_deaths_pm            NaN
population            7,496,988
pop_density              7,040
median_age                  45
gdp_per_capita          56,055
hosp_beds                  NaN
```

⑤ fillna 메서드로 해당 국가(홍콩)의 누락된 사례 데이터를 채운다.

두 경우 모두 분자가 0이므로 값을 0으로 채울 수도 있겠지만 올바른 논리를 작성하는 것이 코드 재사용 측면에서 낫다.

```
>>> covidtotals.total_cases_pm.fillna(covidtotals.total_cases/
...     (covidtotals.population/1000000), inplace=True)

>>> covidtotals.total_deaths_pm.fillna(covidtotals.total_deaths/
...     (covidtotals.population/1000000), inplace=True)

>>> covidtotals[totvars].isnull().sum(axis=0)
location           0
total_cases        0
total_deaths       0
total_cases_pm     0
total_deaths_pm    0
dtype: int64
```

이러한 단계를 통해 각 열의 누락값 개수를 확인하고, 어느 국가에서 누락값이 많은지 확인할 수 있었다.

원리

②에서 인구통계 변수 가운데 누락값이 많이 있었고, 그중에서도 병상 수의 누락 데이터가 많았다. 18 개국에서 5가지 인구통계 변수 중 3가지 이상이 누락됐다. 앞으로 수행할 다변량 분석에서는 이러한 변수를 제외하거나 값을 대치해야 한다. 이 레시피에서는 인구통계 변수의 누락값을 수정하지 않았다. 대치법을 포함해 누락값을 수정하는 방법을 이후 장들에서 더 살펴본다.

주요 코로나19 사례 데이터는 누락값이 적은 편이다. 사례와 사망 데이터가 누락된 국가가 한 곳 있었고 ⑤에서 fillna로 누락값을 수정했다. fillna로 누락값을 0으로 설정할 수도 있다.

②와 ③에서 판다스로 마법을 부렸다. demovarsmisscnt로 국가별로 인구통계 열의 누락값 개수를 나타내는 시리즈를 생성했다. 판다스의 인덱스 얼라인먼트와 불 인덱싱 덕분에 그 시리즈를 이용해 누락값이 3개 이상인 국가를 선택할 수 있었다(demovarsmisscnt>=3). 이것이 바로 마법이다!

참고

판다스에서 누락값을 수정하는 또 다른 기법을 6장에서 알아본다.

4.2 변수가 1개인 이상값 식별하기

이상값(outlier)의 개념은 다소 주관적이지만 특정 분포의 중심경향성, 퍼진 정도와 형태 등과 밀접한 관련이 있다. 우리는 값이 예상대로인지 아닌지에 대한 가정을 할 때 변수의 분포를 근거로 삼는다. 어떤 값이 평균에서 표준편차의 몇 배나 떨어져 있으면서 속한 분포가 정규(normal)에 가깝다면—대칭적(적게 찌그러짐)이면서 꼬리가 짧다면, 즉 첨도(kurtosis)가 낮다면— 그 값을 이상값으로 간주한다.

균등분포(uniform distribution)에서 이상값을 식별하는 것을 상상해본다면 명확해진다. 중심경향성도 꼬리도 없다. 값이 발생할 확률은 모두 같다. 예를 들어, 국가별 코로나19 확진자 수가 최소 1부터 최대 10,000,000까지 균등하게 분포한다면, 1도 10,000,000도 이상값으로 간주하지 않을 것이다.

이와 같이, 이상값을 식별하려면 변수의 분포를 먼저 이해해야 한다. 변수의 분포를 파악하는 데 도움이 되는 파이썬 라이브러리가 몇 가지 있다. 이 레시피에서 두 가지 라이브러리를 사용해 변수가 문제가 될 정도로 범위를 벗어났는지 식별한다.

준비

이 레시피를 실행하려면 pandas와 numpy 외에 matplotlib, statsmodels, scipy도 필요하다. 터미널(윈도우에서는 파워셸)에서 pip install matplotlib, pip install statsmodels, pip install scipy 명령을 각각 실행해 matplotlib, statsmodels, scipy를 설치한다.

이 레시피도 코로나19 사례 데이터를 계속 사용한다.

작업 방법

코로나19 데이터에서 주요 연속변수의 분포를 잘 살펴본다. 중심경향성과 분포의 형태를 조사해 측도(measure)를 생성하고 정규성(normality)을 시각화한다.

① pandas, numpy, matplotlib, statsmodels, scipy 라이브러리를 임포트하고, 코로나19 사례 데이터 파일을 로드한다.

또한 사례 열들의 리스트(totvars)와 인구통계 열들의 리스트(demovars)를 만든다.

```
>>> import pandas as pd
>>> import numpy as np
>>> import matplotlib.pyplot as plt
>>> import statsmodels.api as sm
>>> import scipy.stats as scistat

>>> covidtotals = pd.read_csv("data/covidtotals.csv")
>>> covidtotals.set_index("iso_code", inplace=True)
>>> totvars = ['location','total_cases','total_deaths','total_cases_pm',
...     'total_deaths_pm']
>>> demovars = ['population','pop_density','median_age','gdp_per_capita',
...     'hosp_beds']
```

② 코로나19 사례 데이터에 대한 기술통계를 구한다.

주요 사례 데이터만으로 데이터프레임을 생성한다.

```
>>> covidtotalsonly = covidtotals.loc[:, totvars]
>>> covidtotalsonly.describe()
```

	total_cases	total_deaths	total_cases_pm	total_deaths_pm
count	210	210	210	210
mean	29,216	1,771	1,355	56

std	136,398	8,706	2,625	145
min	0	0	0	0
25%	176	4	93	1
50%	1,242	26	281	6
75%	10,117	241	1,801	32
max	1,790,191	104,383	19,771	1,238

③ 좀 더 자세한 백분위수 데이터를 표시한다.

왜도와 첨도도 표시한다. 왜도는 분포가 얼마나 대칭적인지를 나타내고, 첨도는 분포의 꼬리가 얼마나 굵은지를 나타낸다. 정규분포에 비해 왜도와 첨도가 훨씬 높게 나왔다.

```
>>> covidtotalsonly.quantile(np.arange(0.0, 1.1, 0.1))
         total_cases  total_deaths  total_cases_pm  total_deaths_pm
0.00         0.00         0.00            0.00            0.00
0.10        22.90         0.00           18.00            0.00
0.20       105.20         2.00           56.29            0.38
0.30       302.00         6.70          115.43            1.72
0.40       762.00        12.00          213.97            3.96
0.50      1,242.50       25.50          280.93            6.15
0.60      2,514.60       54.60          543.96           12.25
0.70      6,959.80      137.20        1,071.24           25.95
0.80     16,847.20      323.20        2,206.30           49.97
0.90     46,513.10    1,616.90        3,765.14          138.90
1.00  1,790,191.00  104,383.00       19,771.35        1,237.55

>>> covidtotalsonly.skew()
total_cases        10.80
total_deaths        8.93
total_cases_pm      4.40
total_deaths_pm     4.67
dtype: float64
>>> covidtotalsonly.kurtosis()
total_cases       134.98
total_deaths       95.74
total_cases_pm     25.24
total_deaths_pm    27.24
dtype: float64
```

④ 코로나19 데이터의 정규성을 검정(test)한다.

scipy 라이브러리의 샤피로 윌크 검정(Shapiro-Wilk test)을 사용한다. 검정에서 p 값(p-value)을 출력한다. (p 값 0.05 미만에서 95% 수준에서 정규분포의 귀무가설을 기각할 수 있다.)

```
>>> def testnorm(var, df):
...     stat, p = scistat.shapiro(df[var])
...     return p
...
>>> testnorm("total_cases", covidtotalsonly)
3.753789128593843e-29
>>> testnorm("total_deaths", covidtotalsonly)
4.3427896631016077e-29
>>> testnorm("total_cases_pm", covidtotalsonly)
1.3972683006509067e-23
>>> testnorm("total_deaths_pm", covidtotalsonly)
1.361060423265974e-25
```

⑤ 총확진자 수와 백만 명당 확진자 수의 정규 분위수-분위수 그림(qqplot)을 그린다.

직선은 분포가 정규일 경우의 모습을 나타낸다.

```
>>> sm.qqplot(covidtotalsonly[['total_cases']]. \
...     sort_values(['total_cases']), line='s')
>>> plt.title("QQ Plot of Total Cases")
>>> sm.qqplot(covidtotals[['total_cases_pm']]. \
...     sort_values(['total_cases_pm']), line='s')
>>> plt.title("QQ Plot of Total Cases Per Million")
>>> plt.show()
```

그 결과 다음과 같이 산점도 두 개가 만들어진다.

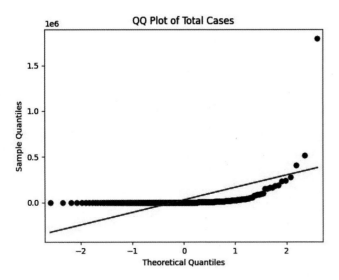

그림 4.1 총확진자 수 분포를 정규분포와 비교

백만 명당 확진자 수(total_cases_pm) 열을 통해 조정을 해도 정규분포와 크게 다르게 나타난다.

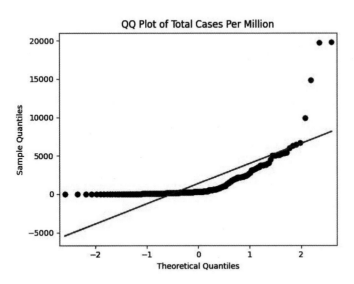

그림 4.2 백만 명당 확진자 수를 정규분포와 비교

⑥ 총확진자 수의 이상값 범위를 나타낸다.

연속변수에 대한 이상값을 정의하는 한 가지 방법은 제3 사분위수 혹은 제1 사분위수와의 거리를 재는 것이다. 그 거리가 사분위범위(interquartile range: 제1 사분위수와 제3 사분위수 사이의 거리)의 1.5배를 넘으면 그 값을 이상값으로 간주한다. 여기서는 양숫값만 가능하므로, total_cases 값이 25,028을 넘으면 이상값으로 간주한다.

```
>>> thirdq, firstq = covidtotalsonly.total_cases.quantile(0.75), covidtotalsonly.total_cas
es.quantile(0.25)
>>> interquartilerange = 1.5*(thirdq-firstq)
>>> outlierhigh, outlierlow = interquartilerange+thirdq, firstq-interquartilerange
>>> print(outlierlow, outlierhigh, sep=" <--> ")
-14736.125 <--> 25028.875
```

⑦ 이상값의 데이터프레임을 생성해 엑셀에 기록한다.

4개의 코로나19 사례 열에 대해 반복문을 수행한다. 각 열에 대해 앞에서와 같은 이상값 임계치(outlier threshold) 계산을 수행한다. 데이터프레임에서 높은 임계치보다 위에 있거나 낮은 임계치보다 아래인 열을 선택한다. 이상값과 임계치 수준에 대해 검사한 변수를 가리키는 열(varname)을 추가한다.

```
>>> def getoutliers():
...     dfout = pd.DataFrame(columns=covidtotals.columns, data=None)
...     for col in covidtotalsonly.columns[1:]:
...         thirdq, firstq = covidtotalsonly[col].quantile(0.75),\
...             covidtotalsonly[col].quantile(0.25)
...         interquartilerange = 1.5*(thirdq-firstq)
...         outlierhigh, outlierlow = interquartilerange+thirdq,\
...             firstq-interquartilerange
...         df = covidtotals.loc[(covidtotals[col]>outlierhigh) | \
...             (covidtotals[col]<outlierlow)]
...         df = df.assign(varname = col, threshlow = outlierlow,\
...             threshhigh = outlierhigh)
...         dfout = pd.concat([dfout, df])
...     return dfout
...
>>> outliers = getoutliers()
>>> outliers.varname.value_counts()
total_deaths       36
total_cases        33
total_deaths_pm    28
total_cases_pm     17
```

```
Name: varname, dtype: int64
>>> outliers.to_excel("views/outlierscases.xlsx")
```

⑧ 백만 명당 확진자 수의 이상값을 좀 더 자세히 살펴본다.

앞 단계에서 생성한 varname 열을 사용해 total_cases_pm의 이상값을 선택한다. 극단값을 설명하는 데 도움이
되는 열(pop_density와 gdp_per_capita)과 사분위범위도 표시한다.

```
>>> outliers.loc[outliers.varname=="total_cases_pm",\
...     ['location','total_cases_pm','pop_density','gdp_per_capita']].\
...     sort_values(['total_cases_pm'], ascending=False)
         location  total_cases_pm  pop_density  gdp_per_capita
SMR     San Marino       19,771.35       556.67       56,861.47
QAT          Qatar       19,753.15       227.32      116,935.60
VAT        Vatican       14,833.13          NaN             NaN
AND        Andorra        9,888.05       163.75             NaN
BHR        Bahrain        6,698.47     1,935.91       43,290.71
LUX     Luxembourg        6,418.78       231.45       94,277.96
KWT         Kuwait        6,332.42       232.13       65,530.54
SGP      Singapore        5,962.73     7,915.73       85,535.38
USA  United States        5,408.39        35.61       54,225.45
ISL        Iceland        5,292.31         3.40       46,482.96
CHL          Chile        5,214.84        24.28       22,767.04
ESP          Spain        5,120.95        93.11       34,272.36
IRL        Ireland        5,060.96        69.87       67,335.29
BEL        Belgium        5,037.35       375.56       42,658.58
GIB      Gibraltar        5,016.18     3,457.10             NaN
PER           Peru        4,988.38        25.13       12,236.71
BLR        Belarus        4,503.60        46.86       17,167.97
>>>
>>> covidtotals[['pop_density','gdp_per_capita']].quantile([0.25,0.5,0.75])
      pop_density  gdp_per_capita
0.25        37.42        4,485.33
0.50        87.25       13,183.08
0.75       214.12       28,556.53
```

⑨ 총확진자 수의 히스토그램을 표시한다.

```
>>> plt.hist(covidtotalsonly['total_cases']/1000, bins=7)
>>> plt.title("Total Covid Cases (thousands)")
```

```
>>> plt.xlabel('Cases')
>>> plt.ylabel("Number of Countries")
>>> plt.show()
```

코드를 실행하면 다음 그래프가 생성된다.

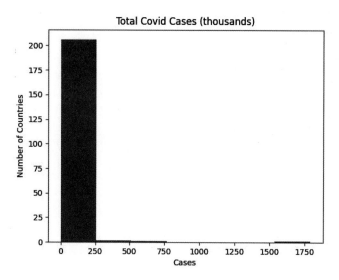

그림 4.3 총확진자 수에 따른 국가 수의 히스토그램

⑩ 코로나19 데이터에 로그 변환을 수행한다. 총사례의 로그 변환 히스토그램을 표시한다.

```
>>> covidlogs = covidtotalsonly.copy()
>>> for col in covidtotalsonly.columns[1:]:
...    covidlogs[col] = np.log1p(covidlogs[col])
>>> plt.hist(covidlogs['total_cases'], bins=7)
>>> plt.title("Total Covid Cases (log)")
>>> plt.xlabel('Cases')
>>> plt.ylabel("Number of Countries")
>>> plt.show()
```

위 코드의 결과는 다음과 같다.

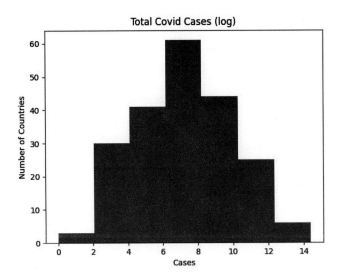

그림 4.4 총확진자 수에 로그 변환을 적용한 히스토그램

이 레시피에서 사용한 도구들은 코로나19 확진자 수와 사망자 수의 분포가 어떠하며 이상값이 어디 있는지를 많이 알려준다.

원리

③의 백분위수 데이터는 사례와 사망자 데이터의 치우침을 반영한다. 예를 들어, 각 변수에 대해 20번째와 30번째 백분위수 사이의 차이를 70번째와 80번째 백분위수 사이의 차이와 비교해보면, 높은 백분위수에서 범위가 훨씬 큰 것을 볼 수 있다. 정규분포 값 0과 3에 비해 왜도와 첨도의 값이 매우 높은 것도 이를 뒷받침한다. ④에서 정규성에 대한 검정을 수행한 결과는 코로나19 변수들의 분포가 높은 유의 수준에서 정규적이지 않음을 나타낸다.

이는 ⑤에서 실행하는 qqplots과 일치한다. 총사례와 백만 명당 총사례는 직선으로 나타낸 정규분포와 상당한 차이가 있다. 많은 사례가 0에 근접하며 오른쪽 끝에서 경사가 급격하게 증가한다.

⑥~⑦에서 이상값을 식별했다. 사분위범위의 1.5배를 사용해 이상값을 결정하는 것은 합리적인 규칙이다. 이상값을 관련 데이터와 함께 엑셀로 출력해 데이터에 어떤 패턴이 있는지 찾아보면 좋다. 당연히 이 과정에서 의문점이 더 생기기도 한다. 그중 몇 가지를 다음 레시피에서 답하려고 시도하겠지만, 지금 우리가 생각해볼 것은 ⑧에서 백만 명당 확진자 수가 높게 나온 국가에 대해 어떻게 설명할 것인가이다. 극단값을 갖는 국가 중 몇 곳은 국토가 매우 좁으므로 아마도 인구밀도가 높을 것이다. 하지만

리스트의 절반에 해당하는 국가는 인구밀도가 75번째 백분위수에 근접하거나 더 낮다. 한편, 리스트에 오른 국가 대부분은 1인당 국민소득이 75번째 백분위보다 높았다. 이러한 이변량 관계를 탐구할 가치가 있으며, 이후 레시피들에서 다룬다.

⑦에서는 정규분포라는 불확실한 가정을 바탕으로 이상값을 식별했다. ⑨의 분포를 다시 보면 로그 정규분포에 더 가까워보인다, 값들이 0 근처에 몰려 있으며 왼쪽으로 치우쳤다(right skew). ⑩에서 데이터를 변환하고 결과를 히스토그램으로 나타냈다.

추가 정보

⑥~⑦에서 사분위범위 대신 표준편차를 사용해 이상값을 식별할 수도 있었다.

이상값이 반드시 데이터 수집 또는 측정 오류는 아니며, 데이터를 조정해야 할 수도 있고 그렇지 않을 수도 있다. 그렇지만 극단값은 의미가 있을 수 있고 특히 이번과 같이 작은 데이터셋을 분석하는 데 지속적인 영향을 끼칠 수 있다.

코로나19 사례 데이터는 대체로 깨끗하다. 즉, 좁게 정의된 유효하지 않은 값이 많지 않다. 다른 변수들과 어떻게 움직이는지와 관계없이 각 변수를 살펴보면 명확한 데이터 오류가 많지 않다. 하지만 변수의 분포는 통계적으로 상당히 문제가 있다. 이 변수들에 의존해 통계 모델을 구축하는 것은 모수적 검정(parametric test)을 배제해야 할 수 있어 복잡할 것이다.

무엇이 이상값을 구성하는가에 대한 감각은 정규분포를 가정으로 빚어진다는 점도 기억해둘 만하다. 그 대신에 실제 데이터를 기반으로 예상을 함으로써 극단값에 대해 다른 시각을 가질 수 있다. 본질적으로 정규분포를 따르지 않는(균등, 로그, 지수, 와이블, 포아송 등) 사회적, 생물학적, 물리학적 과정을 반영한 데이터를 다룰 때는 이상값에 대한 우리의 감각을 조정해야 한다.

참고

이 데이터는 박스플롯을 이용해 시각화하면 좋다. 5장 '시각화를 활용해 예상치 못한 값을 식별하기'에서 다룬다.

다음 레시피에서는 이상값과 예상치 못한 값에 관한 통찰을 얻기 위해 같은 데이터셋에서 이변량 관계를 탐구한다. 5장에서는 누락 데이터를 대치하고 극단값을 조정하는 전략을 고려한다.

4.3 이변량 관계의 이상값과 예상치 못한 값 식별하기

분포의 평균에서 크게 벗어나지 않아 극단값이 아니라 하더라도, 예상치 못한 값이 있을 수 있다. 한 변수의 어떤 값은 다른 변수가 특정한 값일 경우에만 예상치 못한 값이 되는 경우도 있다. 한 변수는 범주형이고 다른 한 변수는 연속형인 경우를 생각해보면 이해하기 쉽다.

그림 4.5는 여러 해에 걸친 일일 조류 관찰 횟수를 나타낸 그래프로, 관찰 지점(site) 두 곳의 분포가 다르게 나타난다. 한 곳에서는 새를 하루 평균 33회, 다른 곳에서는 52회 목격했다. (이 데이터는 실제가 아니라 지어낸 것이다.) 전체 평균은 (그래프에 나타나 있지 않지만) 42다. 하루에 58회 목격했다는 값이 있다고 할 때, 이 값은 이상값일까? 두 곳의 관찰 지점 중 어느 곳의 값인가에 따라 달라진다. 관찰 지점 A에서 58회는 평상시에 비해 너무 높은 값이다. 하지만 B 지점에서 58회는 평균값과 그리 차이 나지 않는다.

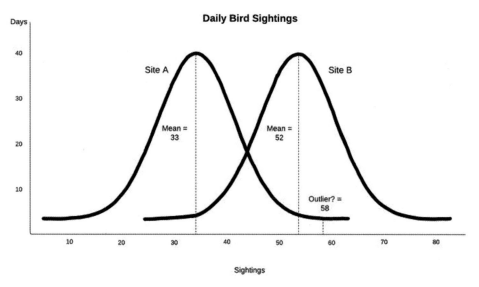

그림 4.5 관찰 지점별 일일 조류 관찰 횟수 그래프

이 예를 통해 알 수 있는 유용한 법칙은, 관심 있는 변수가 다른 변수와 유의한 상관관계가 있을 때에는 그 관계를 고려해 이상값을 식별하거나 통계 분석을 수행해야 한다는 것이다. 두 변수가 연속적인 경우로 확장해 좀 더 정확히 설명해보겠다. 변수 x와 변수 y 사이에 선형 관계가 있다고 가정할 때 그 관계를 $y = mx + b$라는 방정식으로 나타낼 수 있다(m은 기울기, b는 y절편). 그러면 x가 1 단위 증가할 때마다 y가 m만큼 증가할 것으로 예상할 수 있다. 이 관계를 바탕으로, x 값이 주어졌을 때 예

측한 y 값보다 현저히 높거나 낮아 크게 벗어난다면 그 값은 예상치 못한 값이다. x와 같은 예측 변수(predictor)가 여러 개 있을 수도 있다.

이 레시피에서는 변수들 간의 관계를 조사함으로써 이상값과 예상치 못한 값을 식별하는 방법을 시연하고, 이 다음 레시피에서 다변량 기법을 통해 이상값 탐지를 더 발전시킨다.

준비

이 레시피에서는 맷플롯립(matplotlib)과 시본(seaborn) 라이브러리를 사용한다. 터미널(윈도우에서는 파워셸)에서 `pip install matplotlib`과 `pip install seaborn`을 입력해 설치할 수 있다.

작업 방법

확진자 수와 총사망자 수의 관계를 조사한다. 확진자 수를 고려할 때 사망자 수가 너무 많거나 너무 적은 국가를 살펴본다.

① pandas, numpy, matplotlib, seaborn을 임포트하고 코로나19 누적 데이터를 로드한다.

```
>>> import pandas as pd
>>> import numpy as np
>>> import matplotlib.pyplot as plt
>>> import seaborn as sns
>>> covidtotals = pd.read_csv("data/covidtotals.csv")
>>> covidtotals.set_index("iso_code", inplace=True)
>>> totvars = ['location','total_cases','total_deaths','total_cases_pm',
...    'total_deaths_pm']
>>> demovars = ['population','pop_density','median_age','gdp_per_capita',
...    'hosp_beds']
```

② 누적 및 인구통계 열에 대한 상관행렬을 생성한다.

총확진자 수와 총사망자 수 사이에는 매우 높은(0.93) 상관관계가 있으며, 백만 명당 총확진자 수와 백만 명당 총사망자 수 사이도 상당한(0.59) 상관관계가 있다. 1인당 국민소득과 백만 명당 확진자 수 사이에 강한(0.65) 상관관계가 있다.

```
>>> covidtotals.corr(method="pearson")
                total_cases  total_deaths  total_cases_pm  ...  \
total_cases            1.00          0.93            0.18  ...
```

	total_cases	total_deaths	total_cases_pm	
total_deaths	0.93	1.00	0.18	...
total_cases_pm	0.18	0.18	1.00	...
total_deaths_pm	0.25	0.39	0.59	...
population	0.27	0.21	-0.06	...
pop_density	-0.03	-0.03	0.11	...
median_age	0.16	0.21	0.31	...
gdp_per_capita	0.19	0.20	0.65	...
hosp_beds	0.03	0.02	0.08	...

	median_age	gdp_per_capita	hosp_beds
total_cases	0.16	0.19	0.03
total_deaths	0.21	0.20	0.02
total_cases_pm	0.31	0.65	0.08
total_deaths_pm	0.39	0.38	0.12
population	0.02	-0.06	-0.04
pop_density	0.18	0.32	0.31
median_age	1.00	0.65	0.66
gdp_per_capita	0.65	1.00	0.30
hosp_beds	0.66	0.30	1.00

```
[9 rows x 9 columns]
```

③ 총확진자 수에 비해 총사망자 수가 예상을 벗어나는 국가가 있는지 확인한다.

먼저 확진자 수와 사망자 수 열만 가지고 데이터프레임을 생성한다. qcut을 사용해 데이터를 분위수로 나눈 열을 생성한다. 총사망자 분위수별 총확진자 분위수의 크로스탭을 표시한다.

```
>>> covidtotalsonly = covidtotals.loc[:, totvars]
>>> covidtotalsonly['total_cases_q'] = pd.\
...     qcut(covidtotalsonly['total_cases'],
...     labels=['very low','low','medium',
...     'high','very high'], q=5, precision=0)
>>> covidtotalsonly['total_deaths_q'] = pd.\
...     qcut(covidtotalsonly['total_deaths'],
...     labels=['very low','low','medium',
...     'high','very high'], q=5, precision=0)
>>>
>>> pd.crosstab(covidtotalsonly.total_cases_q,
...     covidtotalsonly.total_deaths_q)
total_deaths_q  very low  low  medium  high  very high
```

```
total_cases_q
very low          34     7      1      0      0
low               12    19     10      1      0
medium             1    13     15     13      0
high               0     0     12     24      6
very high          0     0      2      4     36
```

④ 대각선에 맞지 않는 국가들을 살펴본다. 이 국가들은 총확진자 수가 매우 높지만 총사망자 수는 중간이다. (총확진
자 수가 높으면서 총사망자 수가 낮거나 매우 낮은 국가는 없다.) 이번에는 확진자 수가 낮으면서 사망자 수가 높은
국가를 본다. (covidtotals와 covidtotalsonly 데이터프레임은 같은 인덱스를 가지므로, covidtotalsonly에
서 생성한 불 시리즈를 이용해 covidtotals로부터 행을 선택해 반환했다.)

```
>>> covidtotals.loc[(covidtotalsonly.total_cases_q=="very high") & (covidtotalsonly.total_
deaths_q=="medium")].T
iso_code             QAT          SGP
lastdate      2020-06-01   2020-06-01
location           Qatar    Singapore
total_cases        56910        34884
total_deaths          38           23
total_cases_pm  19,753.15     5,962.73
total_deaths_pm    13.19         3.93
population   2,881,060.00 5,850,343.00
pop_density       227.32     7,915.73
median_age         31.90        42.40
gdp_per_capita 116,935.60    85,535.38
hosp_beds           1.20         2.40
>>> covidtotals.loc[(covidtotalsonly.total_cases_q=="low") & (covidtotalsonly.total_deaths
_q=="high")].T
iso_code             YEM
lastdate      2020-06-01
location           Yemen
total_cases          323
total_deaths          80
total_cases_pm     10.83
total_deaths_pm     2.68
population   29,825,968.00
pop_density        53.51
median_age         20.30
```

```
gdp_per_capita          1,479.15
hosp_beds                   0.70
>>> covidtotals.hosp_beds.mean()
3.012670731707317
```

⑤ 총확진자 수와 총사망자 수의 산점도를 그린다.

시본의 regplot 메서드로 산점도에 회귀직선을 추가한다.

```
>>> ax = sns.regplot(x="total_cases", y="total_deaths", data=covidtotals)
>>> ax.set(xlabel="Cases", ylabel="Deaths", title="Total Covid Cases and Deaths by
Country")
>>> plt.show()
```

위 코드를 실행하면 다음과 같은 산점도가 만들어진다.

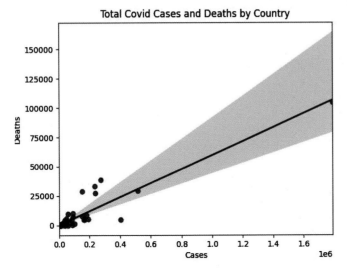

그림 4.6 총확진자 수와 총사망자 수의 산점도와 회귀직선

⑥ 회귀직선 위쪽의 예상치 못한 값을 조사한다.

확진자 수와 사망자 수 좌표가 회귀직선보다 눈에 띄게 위쪽에 있거나 아래쪽에 있는 국가의 데이터를 확인해보면 좋을 것이다. 확진자 수가 300,000명 미만이면서 사망자 수가 20,000명을 넘는 나라가 네 곳 있다.

```
>>> covidtotals.loc[(covidtotals.total_cases<300000) & (covidtotals.total_deaths>20000)].T
iso_code                 FRA           ITA           ESP           GBR
lastdate          2020-06-01    2020-06-01    2020-05-31    2020-06-01
```

location	France	Italy	Spain	United Kingdom
total_cases	151753	233019	239429	274762
total_deaths	28802	33415	27127	38489
total_cases_pm	2,324.88	3,853.99	5,120.95	4,047.40
total_deaths_pm	441.25	552.66	580.20	566.97
population	65,273,512.00	60,461,828.00	46,754,783.00	67,886,004.00
pop_density	122.58	205.86	93.11	272.90
median_age	42.00	47.90	45.50	40.80
gdp_per_capita	38,605.67	35,220.08	34,272.36	39,753.24
hosp_beds	5.98	3.18	2.97	2.54

⑦ 회귀직선 아래쪽의 예상치 못한 값을 조사한다.

확진자가 300,000명이 넘는데도 사망자 수는 10,000명이 되지 않는 나라가 한 곳 있다.

```
>>> covidtotals.loc[(covidtotals.total_cases>300000) & (covidtotals.total_deaths<10000)].T
iso_code            RUS
lastdate            2020-06-01
location            Russia
total_cases         405843
total_deaths        4693
total_cases_pm      2,780.99
total_deaths_pm     32.16
population          145,934,460.00
pop_density         8.82
median_age          39.60
gdp_per_capita      24,765.95
hosp_beds           8.05
```

⑧ 백만 명당 확진자 수와 사망자 수를 나타내는 산점도를 그린다.

```
>>> ax = sns.regplot(x="total_cases_pm", y="total_deaths_pm", data=covidtotals)
>>> ax.set(xlabel="Cases Per Million", ylabel="Deaths Per Million", title="Total Covid
Cases per Million and Deaths per Million by Country")
>>> plt.show()
```

위 코드를 실행하면 다음과 같은 산점도가 만들어진다.

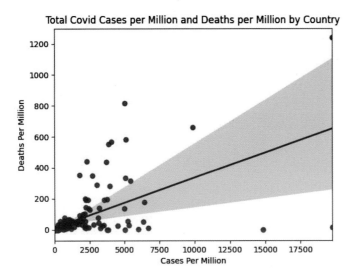

그림 4.7 백만 명당 확진자 수와 사망자 수를 회귀직선과 함께 나타낸 산점도

⑨ 회귀직선 위쪽에 있는 백만 명당 사망자 수를 조사한다.

```
>>> covidtotals.loc[(covidtotals.total_cases_pm<7500) \
...   & (covidtotals.total_deaths_pm>250),\
...   ['location','total_cases_pm','total_deaths_pm']]
                      location  total_cases_pm  total_deaths_pm
iso_code
BEL                    Belgium        5,037.35           816.85
FRA                     France        2,324.88           441.25
IRL                    Ireland        5,060.96           334.56
IMN                 Isle of Man       3,951.45           282.25
ITA                      Italy        3,853.99           552.66
JEY                     Jersey        3,047.30           286.92
NLD                Netherlands        2,710.38           347.60
SXM      Sint Maarten (Dutch part)    1,795.62           349.80
ESP                      Spain        5,120.95           580.20
SWE                     Sweden        3,717.30           435.18
GBR             United Kingdom        4,047.40           566.97
USA              United States        5,408.39           315.35
>>> covidtotals.loc[(covidtotals.total_cases_pm>5000) \
...   & (covidtotals.total_deaths_pm<=50), \
...   ['location','total_cases_pm','total_deaths_pm']]
```

```
         location   total_cases_pm  total_deaths_pm
iso_code
BHR        Bahrain       6,698.47            11.17
GIB      Gibraltar       5,016.18             0.00
ISL        Iceland       5,292.31            29.30
KWT         Kuwait       6,332.42            49.64
QAT          Qatar      19,753.15            13.19
SGP      Singapore       5,962.73             3.93
VAT        Vatican      14,833.13             0.00
```

이상값을 식별하기 위해 변수들 간의 관계를 조사하는 방법을 알아봤다.

원리

이변량 관계를 살펴보면, 이전 레시피의 일변량 탐색에서 드러나지 않았던 여러 가지 의문점이 생긴다. 총확진자 수와 총사망자 수의 관계가 예상과 어느 정도 일치하기는 하지만, 편차가 발생한 이유에 대한 궁금증은 더욱 커진다. 특정 사례 수를 감안하면 비정상적으로 높은 사망률에 대한 실질적인 설명이 가능하지만, 측정오차나 부실한 보고도 배제할 수 없다.

②에서 총확진자 수와 총사망자 수의 높은 상관성(0.93)을 보이지만, 거기에도 차이가 있다. ③에서 확진자 수와 사망자 수를 분위수로 나눈 뒤 분위수 값의 크로스탭을 한다. 대부분의 국가에서 대각선을 따르거나 그에 근접하다 하지만 카타르와 싱가포르는 확진자 수가 매우 높되 사망자 수는 중간이다. 또한 이 두 나라의 백만 명당 확진자 수가 제90 백분위수에 달할 만큼 매우 높다는 것을 떠올리게 한다. 보고가 정확한지에 대한 의구심이 생길 만하다.

한편, 예멘에서는 확진자 수가 적지만 사망자 수는 많은데, 이는 예멘의 100,000명당 병상 수가 매우 적다는 점과 일관성이 있는 것으로 볼 수 있다. 그러나 코로나바이러스 사례가 과소 보고되었음을 의미할 수도 있다.

⑤에서 총확진자 수와 총사망자 수의 산점도를 그린다. 둘 사이에 강한 양의 상관관계가 있음이 확인되었지만, 사망자 수가 회귀직선의 아래쪽에 있는 국가들도 있다. 프랑스, 이탈리아, 스페인, 영국에서는 확진자 수로 예측한 것보다 사망자 수가 더 많고, 러시아에서는 사망자 수가 훨씬 적다. 이러한 현상이 보고의 문제인지, 아니면 국가마다 코로나19 사망자를 정의하는 방식이 달라서인지 생각해볼 가치가 있다.

백만 명당 확진자 수와 백만 명당 사망자 수를 나타낸 산점도의 회귀직선 주위에 더 많은 점이 있음은 당연하다. 벨기에, 프랑스, 아일랜드, 이탈리아, 네덜란드와 같은 국가에서는 백만 명당 확진자 수에서 예상할 수 있는 것보다 훨씬 높은 백만 명당 사망자 수가 나왔다. 바레인, 아이슬란드, 쿠웨이트, 싱가포르에서는 이 비율이 상당히 낮다.

추가 정보

우리는 데이터가 어떻게 보이는지에 대해 감을 잡기 시작했지만, 이러한 형태의 데이터로는 일변량 분포와 이변량 관계가 시간에 따라 어떻게 변하는지를 조사하지 못한다. 예를 들어, 백만 명당 확진자 수보다 백만 명당 사망자 수가 높게 나오는 국가가 있는 이유는 첫 확진자가 나온 지 시간이 더 많이 흘러서일 수도 있다. 누적 데이터에서는 그러한 점을 탐색할 수 없다. 시간에 따른 변화를 살펴보려면 일일 데이터가 필요하며, 이후 장에서 살펴본다.

이 레시피와 직전 레시피에서는, 데이터에 대한 감을 이제 막 잡기 시작했을 때조차 탐색적 데이터 분석에서 데이터 정제를 많이 할 수 있음을 보였다. 필자는 여기서 한 일과 데이터 탐색의 차이를 명확히 구분하고자 한다. 함께 어우러진 데이터에 대해, 왜 특정 변수가 특정 상황에서 특정 값을 갖고 다른 상황에서는 그렇지 않은지에 대한 감을 잡고자 한다. 분석을 시작할 때 너무 많이 놀라지 않는 지점에 도달하고자 한다.

필자는 이 과정을 공식화하는 데 소소한 것들이 도움이 된다는 점을 알게 됐다. 필자는 분석을 할 준비가 되지 않은 파일들에 대해 명명 규칙을 다르게 적용한다. 그렇게 해두면, 현 시점에서 생성된 수치는 아직 배포할 채비가 덜 되었음을 기억할 수 있다.

참고

데이터의 부분집합을 조사할 때 비로소 분명하게 드러나는 데이터의 이슈에 대한 조사를 아직 완료하지 못했다. 일례로, 일을 하고 있지 않은 사람들의 임금소득이 양의 값으로 나타나기도 한다(두 변수는 NLS 데이터에 있다). 다음 레시피에서 이러한 이슈를 알아본다.

5장 '시각화를 활용해 예상치 못한 값을 식별하기'에서 맷플롯립과 시본을 더 다룬다.

4.4 부분집합을 이용해 변수 간의 논리적 불일치를 찾기

특정 지점에서 데이터 이슈는 연역 논리 문제로 귀결된다. (예: x 변수가 a라는 수량보다 크다면 y 변수는 b라는 수량보다 작다.) 데이터 정제 초기에는 논리적 불일치를 확인하는 것이 중요하다. pandas의 loc와 불 인덱싱 같은 부분집합 도구를 활용하면 이러한 오류 확인을 직관적으로 처리할 수 있다. 시리즈 및 데이터프레임에 대한 요약 메서드를 함께 활용하면 특정 행의 값을 전체 데이터셋 또는 특정 행들로 이뤄진 부분집합과 쉽게 비교할 수 있다. 또한 열에 대한 집계도 쉽게 할 수 있다. 이 도구들을 이용하면 변수 간의 논리적 관계와 관련한 어떤 궁금증이든 쉽게 풀 수 있다. 이 레시피에서 몇 가지 예를 살펴본다.

준비

미국 종단 조사(NLS) 데이터셋에서 취업과 교육 관련 데이터를 주로 다룬다. 이 레시피에서 여러 번 사용하는 apply 함수는 7장 '집계 시 지저분한 데이터 고치기'에서 자세히 다룬다. 하지만 7장을 미리 보지 않아도 이번 레시피를 이해하는 데 큰 어려움은 없을 것이다.

> **데이터에 관해**
> 미국 종단 조사(NLS)는 미국 노동통계국이 주관해 고등학생을 대상으로 벌인 종단 조사로 1997년에 시작됐다. 참가자를 대상으로 2017년까지 매년 설문조사가 이뤄졌다.

작업 방법

NLS 데이터에서 대학원에 등록했지만 학부 등록이 없다든지, 임금소득이 있지만 근무 주 수가 없는 경우 등에 대해 논리 검사를 수행한다. 특정 기간과 그다음 기간 사이에 주요 값의 변동이 큰 경우도 확인한다.

① pandas와 numpy를 임포트하고, NLS 데이터를 로드한다.

```
>>> import pandas as pd
>>> import numpy as np
>>> nls97 = pd.read_csv("data/nls97.csv")
>>> nls97.set_index("personid", inplace=True)
```

② 취업과 교육 데이터를 살펴본다.

NLS 데이터셋에는 2000년부터 2017년까지 연도별로 근무 주 수를 나타낸 열들이 있으며, 1997년부터 2월부터 2017년 10월까지 대학 등록 여부를 월별로 기록한 열들이 있다. loc 접근자를 사용해 열 이름의 범위로 열들을 선택한다. (콜론 왼쪽에 지정한 열부터 콜론 오른쪽에 지정한 열까지. 예: nls97.loc[:, "colenroct09":"colenrfeb14"])

```
>>> nls97[['wageincome','highestgradecompleted','highestdegree']].head(3).T
personid                        100061        100139     100284
wageincome                      12,500       120,000     58,000
highestgradecompleted               13            12          7
highestdegree          2. High School  2. High School   0. None

>>> nls97.loc[:, "weeksworked12":"weeksworked17"].head(3).T
personid       100061  100139  100284
weeksworked12      40      52       0
weeksworked13      52      52     NaN
weeksworked14      52      52      11
weeksworked15      52      52      52
weeksworked16      48      53      47
weeksworked17      48      52       0

>>> nls97.loc[:, "colenroct09":"colenrfeb14"].head(3).T
personid                100061          100139          100284
colenroct09    1. Not enrolled  1. Not enrolled  1. Not enrolled
colenrfeb10    1. Not enrolled  1. Not enrolled  1. Not enrolled
colenroct10    1. Not enrolled  1. Not enrolled  1. Not enrolled
colenrfeb11    1. Not enrolled  1. Not enrolled  1. Not enrolled
colenroct11  3. 4-year college  1. Not enrolled  1. Not enrolled
colenrfeb12  3. 4-year college  1. Not enrolled  1. Not enrolled
colenroct12  3. 4-year college  1. Not enrolled  1. Not enrolled
colenrfeb13    1. Not enrolled  1. Not enrolled  1. Not enrolled
colenroct13    1. Not enrolled  1. Not enrolled  1. Not enrolled
colenrfeb14    1. Not enrolled  1. Not enrolled  1. Not enrolled
```

③ 임금소득이 있지만 근무 주 수가 없는 사람을 표시한다.

wageincome 변수는 2016년 임금 소득을 반영한다.

```
>>> nls97.loc[(nls97.weeksworked16==0) & nls97.wageincome>0,
['weeksworked16','wageincome']]
         weeksworked16  wageincome
personid
102625               0       1,200
109403               0       5,000
118704               0      25,000
130701               0      12,000
131151               0      65,000
...                ...         ...
957344               0      90,000
966697               0      65,000
969334               0       5,000
991756               0       9,000
992369               0      35,000

[145 rows x 2 columns]
```

④ 4년제 대학에 등록한 적이 있는 사람을 확인한다.

여러 메서드를 엮는다. 먼저, colenr로 시작하는 열로 이뤄진 데이터프레임을 생성한다(nls97.filter(like="colenr")). 매년 10월과 2월의 대학 등록 열이 있다. 그다음으로, 각 colenr 열에 대해 첫 글자를 검사하는 lambda 함수를 적용해(apply) 수행한다(apply(lambda x: x.str[0:1]=='3')). 그 결과로 대학 등록 여부에 따라 True 또는 False가 반환된다. 첫 글자가 3인 경우 4년제 대학에 등록한 것을 의미하며 True를 반환한다. 끝으로 이전 단계에서 반환된 값에 True가 있었는지를 any 함수로 검사한다(any(axis=1)). 이렇게 해서 1997년 2월부터 2017년 10월 사이에 4년제 대학에 등록한 개인을 식별한다. 첫 번째 문장에서 처음 두 단계의 결과를 보여주는 것은 단지 설명을 위해서다. 원하는 결과(특정 기간에 4년제 대학에 등록한 적이 있는 사람)를 얻는 데에는 두 번째 문장만 있으면 된다.

```
>>> nls97.filter(like="colenr").apply(lambda x:x.str[0:1]=='3').head(2).T
personid 100061 100139
...
colenroct09   False    False
colenrfeb10   False    False
colenroct10   False    False
colenrfeb11   False    False
```

```
colenroct11    True    False
colenrfeb12    True    False
colenroct12    True    False
colenrfeb13    False   False
colenroct13    False   False
colenrfeb14    False   False
colenroct14    False   False
...
>>> nls97.filter(like="colenr").apply(lambda x: x.str[0:1]=='3').\
...    any(axis=1).head(2)
personid
100061    True
100139    False
dtype: bool
```

⑤ 대학원에 등록했지만 학사 과정 등록 데이터는 없는 사람을 찾는다.

④에서 테스트한 것을 가지고 검사를 할 수 있다. colenr의 첫 글자에 4(대학원 등록)는 있되 3(학사 등록)이 없는 개인을 찾고자 한다. 참고로 중간의 '~' 기호는 부정(negation)을 뜻한다. 이 범주에 속하는 사람은 22명이다.

```
>>> nobach = nls97.loc[nls97.filter(like="colenr").\
...    apply(lambda x: x.str[0:1]=='4').\
...    any(axis=1) & ~nls97.filter(like="colenr").\
...    apply(lambda x: x.str[0:1]=='3').\
...    any(axis=1), "colenrfeb97":"colenroct17"]

>>> len(nobach)
22
>>> nobach.head(3).T
personid              153051            154535            184721
...
colenroct08    1. Not enrolled    1. Not enrolled    1. Not enrolled
colenrfeb09    1. Not enrolled    1. Not enrolled    1. Not enrolled
colenroct09    1. Not enrolled    1. Not enrolled    1. Not enrolled
colenrfeb10    1. Not enrolled    1. Not enrolled    1. Not enrolled
colenroct10    1. Not enrolled    4. Graduate program  4. Graduate program
colenrfeb11    1. Not enrolled    4. Graduate program             NaN
colenroct11    1. Not enrolled    4. Graduate program             NaN
colenrfeb12    1. Not enrolled    4. Graduate program             NaN
```

colenroct12	1. Not enrolled	4. Graduate program	NaN
colenrfeb13	4. Graduate program	4. Graduate program	NaN
colenroct13	1. Not enrolled	4. Graduate program	NaN
colenrfeb14	4. Graduate program	4. Graduate program	NaN

⑥ 학사 학위 이상을 가졌지만 4년제 대학에 등록한 기록이 없는 사람을 찾는다.

isin으로 highestdegree의 첫 글자를 리스트의 모든 값과 비교한다(nls97.highestdegree.str[0:1].isin(['4','5','6','7'])).

```
>>> nls97.highestdegree.value_counts(sort=False)
1. GED            1146
0. None            953
3. Associates      737
5. Masters         603
6. PhD              54
4. Bachelors      1673
7. Professional    120
2. High School    3667
Name: highestdegree, dtype: int64
>>> no4yearenrollment = nls97.loc[nls97.highestdegree.str[0:1].\
...    isin(['4','5','6','7']) & ~nls97.filter(like="colenr").\
...    apply(lambda x: x.str[0:1]=='3').\
...    any(axis=1), "colenrfeb97":"colenroct17"]
>>> len(no4yearenrollment)
39
>>> no4yearenrollment.head(3).T
personid               113486          118749           124616
...
colenroct01  2. 2-year college    1. Not enrolled   1. Not enrolled
colenrfeb02  2. 2-year college    1. Not enrolled   2. 2-year college
colenroct02  2. 2-year college    1. Not enrolled   2. 2-year college
colenrfeb03  2. 2-year college    1. Not enrolled   2. 2-year college
colenroct03  2. 2-year college    1. Not enrolled   2. 2-year college
colenrfeb04  2. 2-year college    1. Not enrolled   2. 2-year college
colenroct04  1. Not enrolled      1. Not enrolled   2. 2-year college
colenrfeb05  1. Not enrolled      1. Not enrolled   2. 2-year college
colenroct05  1. Not enrolled      1. Not enrolled   1. Not enrolled
colenrfeb06  1. Not enrolled      1. Not enrolled   1. Not enrolled
```

```
colenroct06    1. Not enrolled    1. Not enrolled    1. Not enrolled
colenrfeb07    1. Not enrolled    2. 2-year college  1. Not enrolled
colenroct07    1. Not enrolled    2. 2-year college  1. Not enrolled
colenrfeb08    1. Not enrolled    1. Not enrolled    1. Not enrolled
...
```

⑦ 임금소득이 높은 사람을 출력한다.

평균 임금보다 3표준편차 높은 것을 고임금(high wages)으로 정의한다. 임금소득 235,884달러에서 잘린 것으로 보인다.

```
>>> highwages = nls97.loc[nls97.wageincome > nls97.wageincome.mean()+(nls97.wageincome.std
()*3),['wageincome']]
>>> highwages
          wageincome
personid
131858       235,884
133619       235,884
151863       235,884
164058       235,884
164897       235,884
...              ...
964406       235,884
966024       235,884
976141       235,884
983819       235,884
989896       235,884

[121 rows x 1 columns]
```

⑧ 최근 연도에 근무 주 수의 변동이 큰 개인을 표시한다.

개인별로 2012년에서 2016까지 근무 주 수의 평균값을 계산한다(nls97.loc[:, "weeksworked12":"weekswork
ed16"].mean(axis=1)). 여러 사람에 대해 평균을 구하는 것이 아니라, 각 개인마다 열들의 평균을 계산하기 위해
axis=1로 설정한다. 그런 다음, 평균이 2017년의 근무 주 수의 50% 미만이거나 두 배를 초과하는지 확인한다. 또한
2017년 근무 주 수가 null인 행에는 관심이 없다고 표시한다. 2017년에 근무 주 수가 급격히 변화한 사람은 1,160명
이다.

```
>>> workchanges = nls97.loc[~nls97.loc[:,
...    "weeksworked12":"weeksworked16"].mean(axis=1).\
```

```
...     between(nls97.weeksworked17*0.5,nls97.weeksworked17*2) \
...     & ~nls97.weeksworked17.isnull(),
...     "weeksworked12":"weeksworked17"]
>>> len(workchanges)
1160
>>> workchanges.head(7).T
personid       100284   101526   101718   101724   102228   102454   102625
weeksworked12       0        0       52       52       52       52       14
weeksworked13     NaN        0        9       52       52       52        3
weeksworked14      11        0        0       52       17        7       52
weeksworked15      52        0       32       17        0        0       44
weeksworked16      47        0        0        0        0        0        0
weeksworked17       0       45        0       17        0        0        0
```

⑨ 이수 학년과 최종 학력 간의 불일치를 보인다.

highestgradecompleted(이수한 마지막 학년)가 12 미만인 사람에 대해 crosstab 함수를 사용해 highestdegree 별로 highestgradecompleted(최종 학력)를 보인다. 이러한 개인 중 상당수가 고등학교를 마친 것으로 나타나는데, 미국에서 12학년을 이수하지 못한 학생이 고등학교를 졸업하는 것은 흔치 않은 일이다.

```
>>> ltgrade12 = nls97.loc[nls97.highestgradecompleted<12, ['highestgradecompleted','highes
tdegree']]
>>> pd.crosstab(ltgrade12.highestgradecompleted, ltgrade12.highestdegree)
highestdegree          0. None   1. GED   2. High School
highestgradecompleted
5                            0        0                 1
6                           11        5                 0
7                           24        6                 1
8                          113       78                 7
9                          112      169                 8
10                         111      204                13
11                         120      200                41
```

NLS 데이터에 여러 가지 논리적 비일관성이 있음을 밝혔다.

원리

이 레시피에서 부분집합을 구하는 데 사용한 구문을 처음 접했다면 다소 복잡해 보이겠지만, 일단 익숙해지고 나면 원하는 질의를 빠르게 작성해 실행할 수 있다.

비일관적인 값 또는 예상치 못한 값의 일부는 응답이나 입력 과정의 오류로 인한 것일 수도 있어 추가 조사가 필요하다. 근무 주 수가 0이면서 임금소득이 양숫값인 것은 설명하기 힘들다. 그 외의 예상치 못한 값은 데이터 문제가 아닐 수도 있지만, 데이터를 사용할 때 주의해야 한다. 예를 들어, 분석을 할 때 2017년의 근무 주 수를 바로 사용하는 것보다는 3년간의 평균을 내어 사용하는 것을 고려하자.

참고

이 레시피에서 부분집합을 얻는 데 활용한 기법 일부는 3장 '데이터 측정'의 '열을 선택하고 정리하기'와 '행을 선택하기'에서 다뤘다. apply 함수에 대해서는 7장 '집계 시 지저분한 데이터 고치기'에서 자세히 다룬다.

4.5 선형 회귀를 활용해 유의한 영향을 끼치는 데이터 포인트를 식별하기

이 장의 나머지 레시피에서는 통계 모델링을 활용해 이상값을 식별한다. 이러한 기법은 관심 변수의 분포에 덜 의존적이며 일변량/이변량 분석에서 밝힐 수 있는 것보다 더 많은 점을 고려한다는 장점이 있다. 다른 방법에서는 분명하게 드러나지 않고 통계 모델링을 통해 식별할 수 있는 이상값이 있다. 한편으로, 다변량 기법에서는 더 많은 요인을 고려함으로써 이전에는 의심스러웠던 값이 사실은 예상 범위에 속한다는 증거를 제시하기도 하고, 의미 있는 정보를 제공한다.

이 레시피에서는 선형 회귀를 활용해 목표변수 또는 종속변수의 모델에 아주 큰 영향을 미치는 관측(행)을 식별한다. 이는 소수의 관측에서 한두 개의 변수가 너무나 극단적일 경우 전체 관측에 대한 모델 적합을 저해할 수 있음을 시사한다.

준비

이 레시피의 코드에는 맷플롯립과 스태츠모델스 라이브러리가 필요하다. 터미널(윈도우에서는 파워셸)에서 pip install matplotlib 및 pip install statsmodels 명령으로 설치할 수 있다.

국가별 코로나19 확진자 및 사망자 수 데이터를 사용한다.

작업 방법

스태츠모델스의 OLS 메서드를 사용해 백만 명당 총확진자 수의 선형 회귀 모델을 피팅할 것이다. 그런 다음, 그 모델에 큰 영향을 끼치는 국가들을 식별한다.

① pandas, matplotlib, statsmodels를 임포트하고 COVID 사례 데이터를 로드한다.

```
>>> import pandas as pd
>>> import matplotlib.pyplot as plt
>>> import statsmodels.api as sm
>>> covidtotals = pd.read_csv("data/covidtotals.csv")
>>> covidtotals.set_index("iso_code", inplace=True)
```

② 분석 파일을 생성하고 기술통계를 생성한다.

분석에 필요한 열을 선택한다. 해당 열에 누락 데이터가 있는 행은 드롭한다.

```
>>> xvars = ['pop_density','median_age','gdp_per_capita']
>>> covidanalysis = covidtotals.loc[:,['total_cases_pm'] + xvars].dropna()
>>> covidanalysis.describe()
```

	total_cases_pm	pop_density	median_age	gdp_per_capita
count	175	175	175	175
mean	1,134	247	31	19,008
std	2,101	822	9	19,673
min	0	2	15	661
25%	67	36	22	4,458
50%	263	82	30	12,952
75%	1,358	208	39	27,467
max	19,753	7,916	48	116,936

③ 선형 회귀 모델을 피팅한다.

백만 명당 총확진자 수의 예측변수일 것으로 믿을 만한 개념적 근거가 있는 인구밀도, 중위연령, 1인당 GDP를 모델에 활용한다.

```
>>> def getlm(df):
...     Y = df.total_cases_pm
...     X = df[['pop_density','median_age','gdp_per_capita']]
...     X = sm.add_constant(X)
...     return sm.OLS(Y, X).fit()
...
```

```
>>> lm = getlm(covidanalysis)
>>> lm.summary()
<class 'statsmodels.iolib.summary.Summary'>
"""
                          OLS Regression Results
==============================================================================
Dep. Variable:          total_cases_pm   R-squared:                   0.520
Model:                             OLS   Adj. R-squared:              0.512
Method:                  Least Squares   F-statistic:                 61.81
Date:                 Fri, 27 Aug 2021   Prob (F-statistic):       4.06e-27
Time:                        01:01:44   Log-Likelihood:             -1522.4
No. Observations:                 175   AIC:                          3053.
Df Residuals:                     171   BIC:                          3065.
Df Model:                           3
Covariance Type:            nonrobust
==============================================================================
                 coef    std err          t      P>|t|      [0.025      0.975]
------------------------------------------------------------------------------
const          944.4731    426.712      2.213      0.028     102.172    1786.774
pop_density     -0.2057      0.142     -1.447      0.150      -0.486       0.075
median_age     -49.4398     16.013     -3.088      0.002     -81.048     -17.832
gdp_per_capita   0.0921      0.008     12.015      0.000       0.077       0.107
==============================================================================
Omnibus:                      105.361   Durbin-Watson:                 2.194
Prob(Omnibus):                  0.000   Jarque-Bera (JB):           1182.641
Skew:                           1.967   Prob(JB):                   1.56e-257
Kurtosis:                      15.113   Cond. No.                    1.05e+05
==============================================================================

Notes:
[1] Standard Errors assume that the covariance matrix of the errors is correctly specified.
[2] The condition number is large, 1.05e+05. This might indicate that there are
strong multicollinearity or other numerical problems.
"""
```

④ 모델에 큰 영향을 미치는 국가를 식별한다.

쿡의 거리(Cook's distance) 값이 0.5보다 큰 것은 면밀히 조사해야 한다.

```
>>> influence = lm.get_influence().summary_frame()
>>> influence.loc[influence.cooks_d>0.5, ['cooks_d']]
          cooks_d
iso_code
HKG             1
QAT             5
>>> covidanalysis.loc[influence.cooks_d>0.5]
          total_cases_pm   pop_density   median_age   gdp_per_capita
iso_code
HKG                    0         7,040           45           56,055
QAT               19,753           227           32          116,936
```

⑤ 영향 플롯(influence plot)을 그린다.

쿡의 거리 값이 높은 국가를 큰 원으로 그린다.

```
>>> fig, ax = plt.subplots(figsize=(10,6))
>>> sm.graphics.influence_plot(lm, ax = ax, criterion="cooks")
>>> plt.show()
```

그 결과로 다음과 같은 그림이 그려진다.

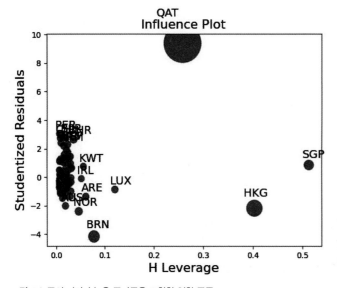

그림 4.8 쿡의 거리가 높은 국가들을 포함한 영향 플롯

⑥ 이상값 두 개를 빼고 모델을 실행한다.

이상값, 특히 카타르를 제외하고 수행하면 모델에 극적인 효과가 있다. median_age와 상수에 대한 추정값은 더 이상 유의하지 않다.

```
>>> covidanalysisminusoutliers = covidanalysis.loc[influence.cooks_d<0.5]
>>>
>>> lm = getlm(covidanalysisminusoutliers)
>>> lm.summary()
<class 'statsmodels.iolib.summary.Summary'>
"""
                            OLS Regression Results
==============================================================================
Dep. Variable:         total_cases_pm   R-squared:                       0.453
Model:                            OLS   Adj. R-squared:                  0.443
Method:                 Least Squares   F-statistic:                     46.56
Date:                Fri, 27 Aug 2021   Prob (F-statistic):           5.52e-22
Time:                        01:02:10   Log-Likelihood:                -1464.8
No. Observations:                 173   AIC:                             2938.
Df Residuals:                     169   BIC:                             2950.
Df Model:                           3
Covariance Type:            nonrobust
==============================================================================
                   coef    std err          t      P>|t|      [0.025      0.975]
------------------------------------------------------------------------------
const           44.0854    349.924      0.126      0.900    -646.700     734.870
pop_density      0.2423      0.145      1.666      0.098      -0.045       0.529
median_age      -2.5165     13.526     -0.186      0.853     -29.217      24.184
gdp_per_capita   0.0557      0.007      7.875      0.000       0.042       0.070
==============================================================================
Omnibus:                       53.262   Durbin-Watson:                   2.166
Prob(Omnibus):                  0.000   Jarque-Bera (JB):              123.935
Skew:                           1.347   Prob(JB):                     1.22e-27
Kurtosis:                       6.152   Cond. No.                     1.01e+05
==============================================================================

Notes:
[1] Standard Errors assume that the covariance matrix of the errors is correctly specified.
[2] The condition number is large, 1.01e+05. This might indicate that there are
```

```
strong multicollinearity or other numerical problems.
"""
```

이로써 인구통계 변수와 백만 명당 확진자 수의 관계 측면에서 가장 특이한 국가들을 확인했다.

원리

쿡의 거리는 관측개체가 모델에 얼마나 영향을 끼치는지를 나타낸다. ⑥에서 두 개의 이상값을 제거하고 모델을 재실행해봄으로써 그것들이 큰 영향을 끼친다는 것을 확인했다. 분석가는 이와 같은 이상값들이 중요한 정보인지, 아니면 모델을 왜곡하고 적용 가능성을 제한하는지 의문을 품는다. 첫 번째 회귀 결과에서 중위연령에 대한 계수가 −49인 것은 중위연령이 한 살 높아질 때마다 백만 명당 확진자 수가 49 포인트 감소함을 나타낸다. 하지만 이는 모델이 극단값(카타르의 백만 명당 확진자 수)을 반영한 결과로 보인다. 카타르를 제외하면 연령에 대한 계수가 유의하지 않은 것으로 나타난다.

회귀 출력의 P>|t| 값은 계수가 0과 유의하게 다른지 알려준다. 첫 번째 회귀에서, median_age와 gdp_per_capita의 계수는 99% 수준에서 유의하다. 즉, P>|t| 값은 0.01보다 작다. 두 이상값을 빼고 모델을 실행했을 때는 gdp_per_capita만 유의한 것으로 나타났다.

추가 정보

이 레시피에서 선형 회귀 모델을 실행한 것은 모델의 모수 추정치(parameter estimates)에 관심이 있어서라기보다는 다변량 분서에 과도한 영향을 끼칠 수 있는 이상값이 존재하는지 확인하는 것이 목적이었고, 실제로 그런 값을 찾아냈다.

이번처럼 이상값을 삭제하는 것이 합당할 때가 많지만, 항상 그렇지는 않다. 이상값을 도드라지게 하는 요소를 잘 포착하는 독립변수가 있으면, 다른 독립변수의 모수 추정치가 왜곡에 덜 취약하다. 이전 레시피에서 했던 로그 변환과 다음 두 레시피에서 살펴볼 스케일링 같은 변환을 고려할 수 있다. 데이터가 주어지면 적절한 변환을 통해 극단값에서 잔차(residual) 크기를 제한함으로써 이상값의 영향을 줄일 수 있다.

4.6 k-최근접 이웃을 활용해 이상값을 찾기

비지도 머신러닝 도구는 라벨링되지 않은 데이터, 즉 목표변수 또는 종속변수가 없는 데이터에서 다른 관측값과 차이가 있는 것을 식별하는 데 도움이 된다(앞의 레시피에서는 백만 명당 확진자 수를 종속 변수로 사용했다). 목표와 요인을 선택하는 것이 비교적 간단하더라도 변수 간의 관계에 대한 어떠한 가정도 없이 이상값을 식별하는 것이 도움이 될 수 있다. 다른 관측값과 가장 동떨어진 값을 찾는 데 k-최근접 이웃을 활용할 수 있다.

준비

이 레시피의 실습에는 PyOD(Python outlier detection, 파이썬 이상값 탐지)와 사이킷런이 필요하다. 터미널(윈도우에서는 파워셸)에서 `pip install pyod`와 `pip install scikit-learn`을 각각 실행해 설치할 수 있다.

작업 방법

k-최근접 이웃을 사용해 속성이 가장 비정상적인 것으로 나타나는 국가를 식별한다.

① pandas, pyod, sklearn을 임포트하고, 코로나19 사례 데이터를 로드한다.

```
>>> import pandas as pd
>>> from pyod.models.knn import KNN
>>> from sklearn.preprocessing import StandardScaler
>>> covidtotals = pd.read_csv("data/covidtotals.csv")
>>> covidtotals.set_index("iso_code", inplace=True)
```

② 분석 열의 표준화된 데이터프레임을 만든다.

```
>>> standardizer = StandardScaler()
>>> analysisvars = ['location','total_cases_pm','total_deaths_pm',\
...     'pop_density','median_age','gdp_per_capita']
>>> covidanalysis = covidtotals.loc[:, analysisvars].dropna()
>>> covidanalysisstand = standardizer.fit_transform(covidanalysis.iloc[:, 1:])
```

③ KNN 모델을 실행하고 이상 점수(anomaly score)를 생성한다.

contamination 매개변수를 0.1로 설정함으로써 임의의 개수의 이상값을 생성한다.

```
>>> clf_name = 'KNN'
>>> clf = KNN(contamination=0.1)
>>> clf.fit(covidanalysisstand)
KNN(algorithm='auto', contamination=0.1, leaf_size=30, method='largest',
  metric='minkowski', metric_params=None, n_jobs=1, n_neighbors=5, p=2,
  radius=1.0)
>>> y_pred = clf.labels_
>>> y_scores = clf.decision_scores_
```

④ 모델의 예측을 보인다.

y_pred와 y_scores 넘파이 배열로부터 데이터프레임을 생성한다. 인덱스를 covidanalysis 데이터프레임 인덱스로 설정해 나중에 데이터프레임과 쉽게 결합할 수 있게 한다. 정상값(outlier = 0)에 비해 이상값(outlier = 1)의 점수가 높게 나온 것을 볼 수 있다.

```
>>> pred = pd.DataFrame(zip(y_pred, y_scores),
...   columns=['outlier','scores'],
...   index=covidanalysis.index)
>>> pred.sample(10, random_state=1)
        outlier  scores
iso_code
LBY           0    0.37
NLD           1    1.56
BTN           0    0.19
HTI           0    0.43
EST           0    0.46
LCA           0    0.43
PER           0    1.41
BRB           0    0.77
MDA           0    0.91
NAM           0    0.31
>>> pred.outlier.value_counts()
0    157
1     18
Name: outlier, dtype: int64
>>> pred.groupby(['outlier'])[['scores']].agg(['min','median','max'])
```

```
        scores
          min median  max
outlier
0        0.08   0.36 1.52
1        1.55   2.10 9.48
```

⑤ 이상값에 대한 COVID 데이터를 표시한다.

먼저, covidanalysis와 pred 데이터프레임을 병합한다.

```
>>> covidanalysis.join(pred).loc[pred.outlier==1,\
...    ['location','total_cases_pm','total_deaths_pm','scores']].\
...    sort_values(['scores'], ascending=False)
                     location  total_cases_pm  total_deaths_pm  scores
iso_code
SGP                 Singapore        5,962.73             3.93    9.48
QAT                     Qatar       19,753.15            13.19    8.00
HKG                 Hong Kong            0.00             0.00    7.77
BEL                   Belgium        5,037.35           816.85    3.54
BHR                   Bahrain        6,698.47            11.17    2.84
LUX                Luxembourg        6,418.78           175.73    2.44
ESP                     Spain        5,120.95           580.20    2.18
KWT                    Kuwait        6,332.42            49.64    2.13
GBR            United Kingdom        4,047.40           566.97    2.10
ITA                     Italy        3,853.99           552.66    2.09
IRL                   Ireland        5,060.96           334.56    2.07
BRN                    Brunei          322.30             4.57    1.92
USA             United States        5,408.39           315.35    1.89
FRA                    France        2,324.88           441.25    1.86
MDV                  Maldives        3,280.04             9.25    1.82
ISL                   Iceland        5,292.31            29.30    1.58
NLD               Netherlands        2,710.38           347.60    1.56
ARE      United Arab Emirates        3,493.99            26.69    1.55
```

k-최근접 이웃을 활용해 다변량 관계에서 이상값을 식별하는 방법을 살펴봤다.

원리

PyOD는 이상값 탐지를 위한 파이썬 패키지다. 이 레시피에서는 사이킷런 KNN 패키지의 래퍼로 사용했다. 이는 일부 작업을 단순화한다.

이 레시피에서는 모델 구축보다는, 우리가 가진 모든 데이터를 고려해 어느 관측값(국가)이 중요한 이상값인지 빠르게 파악하는 데 중점을 뒀다. 이 분석은 싱가포르, 카타르, 홍콩이 데이터셋의 다른 관측값과 매우 다르다는 직감을 뒷받침한다. 이 세 나라는 결정 점수가 매우 높다. (⑥의 표는 점수의 내림차순으로 정렬했다.)

벨기에, 바레인, 룩셈부르크 같은 나라도 이상값으로 간주할 수 있지만 확실하지는 않다. 이전 레시피에서는 이 세 나라가 회귀 모델에 압도적인 영향을 끼친다고 나타나지 않았다. 그렇지만 그 모델은 백만 명당 확진자 수와 백만 명당 사망자 수를 동시에 고려하지 않았었다. 싱가포르의 이상값 결정 점수가 카타르보다 더 높은 이유도 설명이 된다. 백만 명당 확진자 수는 평균보다 높고 백만 명당 사망자 수는 평균에 못 미친다.

사이킷런은 척도화(scaling)를 매우 쉽게 해준다. ②에서 데이터프레임의 각 값에 대한 z-점수를 반환하는 표준 스케일러(standard scaler)를 사용했다. z-점수는 각 변수 값에서 변수 평균을 뺀 값을 표준 편차로 나눈 값이다. 머신러닝 도구 대부분은 제대로 실행되려면 표준화된 데이터가 필요하다.

추가 정보

k-최근접 이웃은 매우 유명한 머신러닝 알고리즘으로 실행과 해석이 쉽지만, 내규모 네이터셋에서 느리게 실행된다는 단점이 있다.

머신러닝 모델을 구축하는 단계 몇 가지를 건너뛰었다. 예를 들면 훈련과 테스트 데이터셋을 분할하지 않았다. PyOD를 이용하면 쉽게 할 수 있지만, 여기서는 이 작업이 필요하지 않다.

참고

PyOD는 데이터에서 이상값을 탐지하는 여러 가지 지도학습/비지도학습 기법을 모은 도구다. https://pyod.readthedocs.io/en/latest/에서 문서를 얻을 수 있다.

4.7 아이솔레이션 포레스트를 활용한 이상 탐지

아이솔레이션 포레스트(Isolation Forest)는 이상값을 식별하는 비교적 새로운 머신러닝 기법이다. 이 기법이 빠르게 인기를 얻은 데에는 정상값보다는 이상값을 찾는 데 최적화되었다는 점도 한몫 했다. 이 기법은 데이터 포인트가 격리될(isolated) 때까지 데이터를 연속적으로 파티셔닝해 이상값을 찾으며, 데이터 포인트를 격리하는 데 필요한 파티션의 수가 적을수록 높은 이상 점수를 얻는다. 이 과정은 시스템 자원을 많이 사용하지 않는다. 이 레시피에서는 아이솔레이션 포레스트를 활용해 코로나19 사례에서 이상값을 탐지한다.

준비

이 레시피의 코드를 실행하려면 사이킷런과 맷플롯립이 필요하다. 터미널(윈도우에서는 파워셸)에서 `pip install scikit-learn`과 `pip install matplotlib` 명령을 각각 실행해 설치할 수 있다.

작업 방법

아이솔레이션 포레스트를 활용해 속성이 가장 비정상적인 것으로 표시된 국가를 찾는다.

① pandas, matplotlib, 사이킷런의 StandardScaler와 IsolationForest 모듈을 임포트한다.

```
>>> import pandas as pd
>>> import matplotlib.pyplot as plt
>>> from sklearn.preprocessing import StandardScaler
>>> from sklearn.ensemble import IsolationForest
>>> from mpl_toolkits.mplot3d import Axes3D
>>> covidtotals = pd.read_csv("data/covidtotals.csv")
>>> covidtotals.set_index("iso_code", inplace=True)
```

② 표준화된 분석 데이터프레임을 생성한다.

먼저 누락 데이터가 있는 행을 모두 제거한다.

```
>>> analysisvars = ['location','total_cases_pm','total_deaths_pm',
...     'pop_density','median_age','gdp_per_capita']
>>> standardizer = StandardScaler()
>>> covidtotals.isnull().sum()
lastdate           0
```

```
location            0
total_cases         0
total_deaths        0
total_cases_pm      0
total_deaths_pm     0
population          0
pop_density         12
median_age          24
gdp_per_capita      28
hosp_beds           46
dtype: int64
>>> covidanalysis = covidtotals.loc[:, analysisvars].dropna()
>>> covidanalysisstand = standardizer.fit_transform(covidanalysis.iloc[:, 1:])
```

③ 아이솔레이션 포레스트 모델을 실행해 이상값을 감지한다.

표준화된 데이터를 fit 메서드에 전달한 결과, 18개국이 이상값으로 식별됐다. (이 국가들의 이상 점수는 −1이다.) 이상값 판별 기준(contamination)은 0.1이다.

```
>>> clf=IsolationForest(n_estimators=100, max_samples='auto',
...    contamination=.1, max_features=1.0)
>>> clf.fit(covidanalysisstand)
IsolationForest(contamination=0.1)
>>> covidanalysis['anomaly'] = clf.predict(covidanalysisstand)
>>> covidanalysis['scores'] = clf.decision_function(covidanalysisstand)
>>> covidanalysis.anomaly.value_counts()
 1    157
-1     18
Name: anomaly, dtype: int64
```

④ 정상값과 이상값 데이터프레임을 생성한다.

점수가 가장 높은 이상값 10개를 나열한다.

```
>>> inlier, outlier = covidanalysis.loc[covidanalysis.anomaly==1],\
...    covidanalysis.loc[covidanalysis.anomaly==-1]
>>> outlier[['location','total_cases_pm','total_deaths_pm',\
...    'median_age','gdp_per_capita','scores']].\
...    sort_values(['scores']).\
...    head(10)
              location  total_cases_pm  total_deaths_pm  median_age  \
```

```
iso_code
QAT            Qatar      19753.146        13.190      31.9
SGP        Singapore       5962.727         3.931      42.4
HKG        Hong Kong          0.000         0.000      44.8
BEL          Belgium       5037.354       816.852      41.8
LUX       Luxembourg        6418.776       175.726      39.7
ITA            Italy       3853.985       552.663      47.9
BHR          Bahrain        6698.468        11.166      32.4
ESP            Spain       5120.952       580.197      45.5
IRL          Ireland        5060.962       334.562      38.7
GBR   United Kingdom       4047.403       566.965      40.8


              gdp_per_capita     scores
iso_code
QAT             116935.600 -0.222310
SGP              85535.383 -0.218778
HKG              56054.920 -0.193462
BEL              42658.576 -0.137354
LUX              94277.965 -0.108627
ITA              35220.084 -0.097588
BHR              43290.705 -0.090331
ESP              34272.360 -0.085543
IRL              67335.293 -0.043871
GBR              39753.244 -0.037634
```

⑤ 정상값과 이상값을 도표로 나타낸다.

```
>>> ax = plt.axes(projection='3d')
>>> ax.set_title('Isolation Forest Anomaly Detection')
>>> ax.set_zlabel("Cases Per Million")
>>> ax.set_xlabel("GDP Per Capita")
>>> ax.set_ylabel("Median Age")
>>> ax.scatter3D(inlier.gdp_per_capita, inlier.median_age, inlier.total_cases_pm,
label="inliers", c="blue")
>>> ax.scatter3D(outlier.gdp_per_capita, outlier.median_age, outlier.total_cases_pm,
label="outliers", c="red")
>>> ax.legend()
>>> plt.tight_layout()
>>> plt.show()
```

그 결과로 다음과 같은 그림이 그려진다.

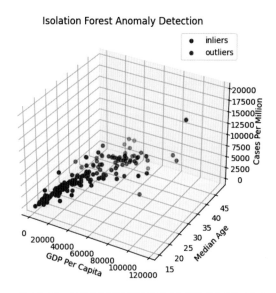

그림 4.9 GDP, 중위연령, 백만 명당 확진자에 의한 정상값과 이상값

이상 탐지를 위해 k-최근접 이웃 대신 아이솔레이션 포레스트를 활용하는 방법을 보였다.

원리

이 레시피에서 아이솔레이션 포레스트를 활용한 방식은 이전 레시피에서 k-최근접 이웃을 활용한 것
과 비슷하다. ③에서 표준화된 데이터셋을 아이솔레이션 포레스트의 fit 메서드에 전달한 다음, predict
와 decision_function 메서드를 활용해 이상 플래그와 점수를 구했다. ④에서 이상 플래그를 가지고 데
이터를 정상값(inlier)과 이상값(outlier)으로 나눴다.

⑤에서 정상값과 이상값 그래프를 그렸다. 그래프는 3차원까지 표현할 수 있어 아이솔레이션 포레스트
의 모든 특징을 담지 못하지만, 이상값(빨간 점)은 확실히 1인당 GDP와 중위연령이 높다. 정상값에서
는 이 값들이 오른쪽에 있는 것이 보통이다.

아이솔레이션 포레스트의 결과는 k-최근접 이웃의 결과와 비슷하다. 카타르, 싱가포르, 홍콩의 이상
점수가 가장 크다(음수). 벨기에는 kNN 모델에서와 마찬가지로 그리 멀지 않다. 이는 벨기에의 백만
명당 사망자가 데이터셋에서 가장 높은 것이 가장 주된 이유다. 다변량 분석을 수행할 때 이 4개의 관
측값을 제거하는 것을 고려할 필요가 있다.

추가 정보

아이솔레이션 포레스트는 특히 대규모 데이터셋을 다룰 때 k-최근접 이웃의 좋은 대안이 된다. 알고리즘의 효율성 덕분에 대규모 샘플과 많은 수의 특징(변수)을 처리할 수 있다.

앞의 세 레시피에서 사용한 이상 탐지 기법은 다변량 분석과 머신러닝 모델의 훈련을 향상하도록 설계됐다. 그렇지만 분석 과정의 초기에 이상값을 제외하는 데 도움이 되기도 한다. 예를 들어 모델링에서 카타르를 제외하는 것이 합당하다면 기술통계에서 카타르를 제외하는 것도 역시 합당할 것이다.

참고

아이솔레이션 포레스트는 이상 탐지에 유용할 뿐 아니라 꽤 직관적이다. (k-최근접 이웃도 마찬가지라고 할 수 있다.) 아이솔레이션 포레스트에 대한 자세한 내용은 다음 문서를 참조한다. https://cs.nju.edu.cn/zhouzh/zhouzh.files/publication/icdm08b.pdf

05

시각화를 활용해
예상치 못한 값을 식별하기

이전 장들의 몇몇 레시피에서 시각화를 사용해보았다. 히스토그램과 분위수-분위수 그림으로 단일 변수의 분포를 조사했고, 산점도를 이용해 두 변수의 관계를 시각화했다. 하지만 맷플롯립과 시본 라이브러리의 풍부한 시각화 도구 중 극히 일부만 이용했을 뿐이다. 시각화 도구의 다양한 기능에 익숙해지면 기술통계만으로는 알기 힘들었던 패턴과 이상한 점들을 찾아낼 수 있다.

예를 들어, 박스플롯은 특정 범위 바깥의 값들을 시각화하는 데 유용한 도구다. 박스플롯은 그룹별 박스플롯(grouped boxplot) 또는 바이올린 플롯(violin plot)으로 확장해 데이터의 부분집합 간의 분포를 비교할 수 있다. 또한 앞 장에서 다룬 산섬노를 가지고 다변량 관계에 대한 감을 잡을 수도 있다. 히스토그램도 마찬가지로 여러 개의 히스토그램을 하나의 그래프에 표시하거나 스택 히스토그램 (stacked histogram)을 작성해 또 다른 통찰을 얻을 수 있다. 이 장에서 이 모든 것을 탐구한다.

이 장에서 다루는 주제는 다음과 같다.

- 히스토그램을 활용해 연속변수의 분포를 조사하기

- 박스플롯을 활용해 연속변수의 이상값을 식별하기

- 그룹별 박스플롯으로 특정 그룹에서 예상치 못한 값을 드러내기

- 바이올린 플롯으로 분포 형태와 이상값을 조사하기

- 산점도를 활용해 이변량 관계를 보기

- 라인 플롯으로 연속변수의 추세를 조사하기

- 상관행렬을 기반으로 히트맵을 작성하기

5.1 히스토그램을 활용해 연속변수의 분포를 조사하기

단일 변수가 어떻게 분포하는지 이해하고자 하는 통계학자를 위한 시각화 도구는 히스토그램이다. 히스토그램은 연속변수를 x 축의 빈(bin)에, 출현빈도(frequency of occurrence)를 y축에 표시한다.

히스토그램은 중심경향, 왜도(대칭성), 과잉 첨도(상대적으로 두꺼운 꼬리), 확산(spread) 등 분포의 형태에 대한 명확하고 의미 있는 그림을 제공한다. 이것은 통계적 검정(statistical testing)에 있어 중요한데, 그 이유는 검정에서 변수의 분포에 대한 가정을 하는 경우가 많기 때문이다. 또한 어떤 데이터 값을 예상할지는 분포의 형태를 이해하는 것에 따라야 한다. 예를 들어, 90번째 백분위수 값은 균등분포가 아닌 정규분포에서 비롯된 경우 매우 다른 의미를 갖는다.

필자가 통계학 입문 수업에서 학생들에게 요구하는 첫 번째 과제는 작은 샘플을 가지고 손으로 히스토그램을 그리는 것이다. 그 다음 수업에서는 박스플롯을 그리게 한다. 히스토그램과 박스플롯은 이후의 분석에 군건한 기초가 된다. 데이터 과학 업무에서도 데이터를 처음 가져와서 정제한 뒤에는 관심 있는 연속변수의 히스토그램과 박스플롯을 작성하는 것을 빼놓지 않는다. 이 레시피에서는 히스토그램을, 다음 두 레시피에서는 박스플롯을 작성한다.

준비

맷플롯립 라이브러리를 사용해 히스토그램을 생성할 것이다. 맷플롯립을 이용해 빠르고 직관적으로 할 수 있는 작업이 몇 가지 있는데, 히스토그램도 그중 하나다. 이 장에서는 우리가 필요로 하는 그래픽을 쉽게 얻을 수 있는 도구인 맷플롯립과 (맷플롯립 기반의) 시본을 번갈아 사용한다.

스태츠모델스 라이브러리도 사용한다. `pip install matplotlib`과 `pip install statsmodels` 명령으로 맷플롯립과 스태츠모델스를 설치할 수 있다.

이 레시피는 지표온도 데이터와 코로나바이러스 사례 데이터를 사용한다. 지표 온도 데이터프레임에는 기상관측소(weather station)별로 한 행씩이 있다. 코로나바이러스 데이터프레임은 국가별로 한 행이 있으며 2020년 7월 18일의 확진자 수를 반영한다.

데이터에 관해

지표온도 데이터프레임에는 2019년의 전 세계 12,000여 곳의 평균 온도(℃)가 있는데, 미국의 관측소가 다수를 차지한다. 원시 데이터는 GHCN 통합 데이터베이스[1]에서 조회했다. 이 데이터베이스는 미국 해양대기청에서 제공한다.

아워월드인데이터는 코로나19 공개 데이터[2]를 제공한다. 이 레시피에서 사용한 데이터는 2020년 6월 1일에 다운로드한 것이다. 당시에는 홍콩의 데이터 일부가 빠져 있었지만 그후에 수정됐다.

작업 방법

2019년의 기상관측소별 지표온도 분포를 자세히 살펴보고, 국가별 백만 명당 코로나19 확진자 수를 살펴본다. 분위수-분위수 그림, 히스토그램, 스택 히스토그램 등을 사용하기에 앞서 몇 가지 기술통계로 시작한다.

① pandas, matplotlib, statsmodels 라이브러리를 임포트한다.

또한, 지표온도와 코로나19 사례 데이터를 로드한다.

```
>>> import pandas as pd
>>> import matplotlib.pyplot as plt
>>> import statsmodels.api as sm
>>> landtemps = pd.read_csv("data/landtemps2019avgs.csv")
>>> covidtotals = pd.read_csv("data/covidtotals.csv", parse_dates=["lastdate"])
>>> covidtotals.set_index("iso_code", inplace=True)
```

② 관측소 기온 행 일부를 표시한다

latabs 열은 남북 값이 없는 위도(latitude) 값이다. 북위 30도의 이집트 카이로와 남위 30도의 브라질 포르투알레그리가 같은 값을 갖는다.

```
>>> landtemps[['station','country','latabs','elevation','avgtemp']].\
...    sample(10, random_state=1)
```

	station	country	latabs	elevation	avgtemp
10526	NEW_FORK_LAKE	United States	43	2,542	2
1416	NEIR_AGDM	Canada	51	1,145	2
2230	CURICO	Chile	35	225	16
6002	LIFTON_PUMPING_STN	United States	42	1,809	4

---

1 https://www.ncdc.noaa.gov/data-access/land-based-station-data/land-based-datasets/global-historical-climatology-network-monthly-version-4

2 https://ourworldindata.org/coronavirus-source-data

2106	HUAILAI	China	40	538	11
2090	MUDANJIANG	China	45	242	6
7781	CHEYENNE_6SW_MESONET	United States	36	694	15
10502	SHARKSTOOTH	United States	38	3,268	4
11049	CHALLIS_AP	United States	45	1,534	7
2820	METHONI	Greece	37	52	18

③ 몇 가지 기술통계를 보인다.

또한, 왜도와 첨도를 살핀다.

```
>>> landtemps.describe()
       latabs  elevation  avgtemp
count  12,095     12,095   12,095
mean       40        589       11
std        13        762        9
min         0       -350      -61
25%        35         78        5
50%        41        271       10
75%        47        818       17
max        90      9,999       34
>>> landtemps.avgtemp.skew()
-0.2678382583481769
>>> landtemps.avgtemp.kurtosis()
2.1698313707061074
```

④ 평균 기온의 히스토그램을 작성한다.

또한, 전체 평균의 선을 그린다.

```
>>> plt.hist(landtemps.avgtemp)
>>> plt.axvline(landtemps.avgtemp.mean(), color='red', linestyle='dashed', linewidth=1)
>>> plt.title("Histogram of Average Temperatures (Celsius)")
>>> plt.xlabel("Average Temperature")
>>> plt.ylabel("Frequency")
>>> plt.show()
```

위 코드를 실행한 결과로 다음과 같은 히스토그램이 만들어진다.

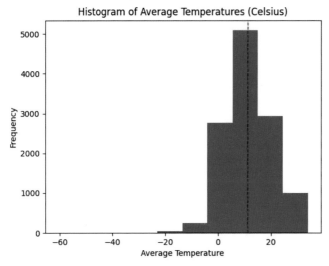

그림 5.1 관측소별 평균 기온의 히스토그램(2019년)

⑤ 분위수–분위수 그림으로 분포의 어디에서 정규분포를 벗어나는지 조사한다.

기온이 대체로 빨간 선을 따라 분포하는 것을 볼 수 있다(만약 분포가 완벽하게 정규분포를 따른다면 모든 점이 빨간 선에 가깝겠지만, 꼬리쪽으로 갈수록 멀어지는 것을 볼 수 있다).

```
>>> sm.qqplot(landtemps[['avgtemp']].sort_values(['avgtemp']), line='s')
>>> plt.title("QQ Plot of Average Temperatures")
>>> plt.show()
```

위 코드를 실행하면 다음과 같은 분위수–분위수 그림이 만들어진다.

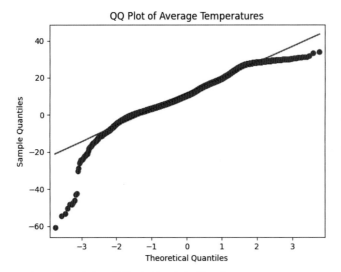

그림 5.2 관측소별 평균 기온을 정규분포와 비교한 그림

⑥ 백만 명당 코로나19 확진자 수의 왜도와 첨도를 보인다.

국가별로 한 행씩으로 이루어진 코로나19 데이터프레임에서 얻은 것이다.

```
>>> covidtotals.total_cases_pm.skew()
4.284484653881833
>>> covidtotals.total_cases_pm.kurtosis()
26.137524276840452
```

⑦ 코로나19 사례 데이터의 스택 히스토그램을 그린다.

4개 지역(오세아니아/호주, 동아시아, 아프리카 남부, 서유럽)의 데이터를 선택한다. (범주가 너무 많으면 스택 다이어그램이 지저분해진다.) 지역 내 국가들의 total_cases_pm의 시리즈를 반환하는 getcases 함수를 정의한다. 그 시리즈들을 hist 메서드에 전달해([getcases(k) for k in showregions]) 스택 히스토그램을 생성한다. 분포 대부분(이 지역들에서 65개국 가운데 40개국 가까이)에서 백만 명당 확진자 수가 2,000 미만임을 볼 수 있다.

```
>>> showregions = ['Oceania / Aus','East Asia','Southern Africa',
...    'Western Europe']
>>>
>>> def getcases(regiondesc):
...    return covidtotals.loc[covidtotals.region==regiondesc,
...     'total_cases_pm']
...
>>> plt.hist([getcases(k) for k in showregions],\
...    color=['blue','mediumslateblue','plum', 'mediumvioletred'],\
...    label=showregions,\
...    stacked=True)
>>>
>>> plt.title("Stacked Histogram of Cases Per Million for Selected Regions")
>>> plt.xlabel("Cases Per Million")
>>> plt.ylabel("Frequency")
>>> plt.xticks(np.arange(0, 22500, step=2500))
>>> plt.legend()
>>> plt.show()
```

그 결과 다음 스택 히스토그램이 만들어진다.

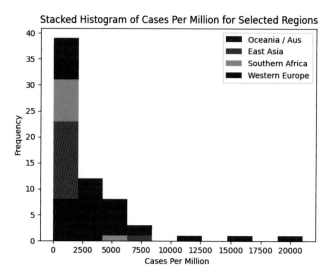

그림 5.3 지역별 국가의 백만 명당 확진자 수를 나타낸 스택 히스토그램

⑧ 여러 개의 히스토그램을 하나의 그림으로 나타낸다.

x축과 y축의 값을 히스토그램마다 다르게 할 수 있다. 각 서브플롯의 축에 대해 반복문을 수행해 showregions로 서로 다른 지역을 선택한다.

```
>>> fig, axes = plt.subplots(2, 2)
>>> fig.subtitle("Histograms of Covid Cases Per Million by Selected Regions")
>>> axes = axes.ravel()
>>> for j, ax in enumerate(axes):
...    ax.hist(covidtotals.loc[covidtotals.region==showregions[j]].\
...      total_cases_pm, bins=5)
...    ax.set_title(showregions[j], fontsize=10)
...    for tick in ax.get_xticklabels():
...      tick.set_rotation(45)
...
>>> plt.tight_layout()
>>> fig.subplots_adjust(top=0.88)
>>> plt.show()
```

코드를 실행한 결과로 다음 히스토그램이 만들어진다.

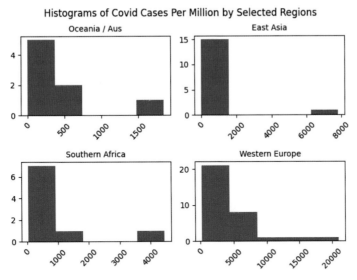

그림 5.4 지역별로 나타낸 백만 명당 확진자 수별 국가 수 히스토그램

히스토그램과 분위수–분위수 그림으로 연속변수의 분포를 시각화하는 법을 알아봤다.

원리

④에서 보듯이 히스토그램을 쉽게 그릴 수 있다. 맷플롯립(plt라는 별칭을 사용했다)의 pyplot 모듈에 있는 hist 메서드에 시리즈를 전달하면 된다. ndarray나 데이터 시리즈의 리스트를 전달해도 된다.

또한 그래프와 축을 자유자재로 다룰 수 있다. 축의 레이블뿐 아니라 눈금과 눈금 레이블도 설정할 수 있고, 범례의 내용과 모양도 지정할 수 있다. 이러한 기능들을 이번 장에서 자주 활용한다.

⑦에서 여러 개의 시리즈를 hist 메서드에 전달해 스택 히스토그램을 생성했다. 각 시리즈는 지역 내 국가들의 total_cases_pm(백만 명당 확진자 수) 값이다. 각 지역의 시리즈를 얻기 위해, showregions의 각 아이템에 대해 getcases 함수를 호출한다. 색상을 자동으로 두지 않고 시리즈별 색상을 지정한다. 또한 showregions 리스트를 사용해 범례에 사용할 레이블을 선택한다.

⑧에서는 네 개의 서브플롯이 필요하다고 지정했다. plt.subplots(2, 2)는 그림과 함께 네 개의 축을 반환한다. for j, ax in enumerate(axes)로 축들에 대해 반복문을 수행한다. 루프를 수행할 때마다 showregions에서 지역을 선택해 히스토그램을 작성하며, 각각의 축에 대해 눈금 레이블을 순회하며 눈금 레이블을 회전시킨다. 서브플롯의 시작점도 조정해 그림 제목을 넣을 공간을 확보한다. 여기서 subtitle을 사용해 제목을 추가한 것에 유의하자. title을 사용하면 서브플롯에 제목이 들어간다.

추가 정보

히스토그램과 왜도/첨도 값이 보여주듯이 지표온도 데이터는 정규분포를 따르지 않는다. 이 데이터는 왼쪽으로 치우쳐있고(왜도가 −0.26이다) 정규분포보다 꼬리가 가늘다(첨도가 2.17로 3보다 작다). 극단값이 존재하지만 데이터셋의 전체 크기에 비해 그리 많지는 않다. 완전한 종 모양(bell-shape)은 아니더라도 지표온도 데이터프레임이 코로나19 사례 데이터보다 다루기 쉽다.

total_cases_pm 변수의 왜도와 첨도는 분포가 정규분포와는 거리가 있음을 나타낸다. 왜도가 4로 높고, 첨도 26은 꼬리가 정규분포에 비해 많이 두꺼움을 나타낸다. 이는 히스토그램에도 반영되어, 지역별 숫자에서도 드러난다. 대부분 지역에서 백만 명당 확진자 수가 매우 낮은 수준의 국가들이 많이 있으며, 백만 명당 확진자 수 높은 국가는 그리 많지 않다. 이 장의 '그룹별 박스플롯으로 특정 그룹에서 예상치 못한 값을 드러내기' 레시피에서 거의 모든 지역에 이상값이 있음을 보게 될 것이다.

아직 맷플롯립이나 시본에 익숙하지 않은 독자가 이 장의 모든 레시피를 본다면 이 라이브러리들이 너무 유연하다 못해 헷갈릴 수도 있다. 원하는 시각화를 구현하려면 그림과 축을 설정해야 하므로 특정 전략을 선택해 고수하기는 힘들다. 이 장의 레시피들을 읽으면서 다음 두 가지를 염두에 두면 도움이 될 것이다. 첫째, 일반적으로 그림 하나와 서브플롯 한두개면 충분하다. 둘째, 주요 플로팅 함수는 비슷하게 작동하므로 plt.hist와 ax.hist가 둘 다 작동할 것이다.

5.2 박스플롯을 활용해 연속변수의 이상값을 식별하기

박스플롯(boxplot)은 4장 '데이터의 부분집합에서 누락값과 이상값 식별'의 '단일 변수의 이상값을 식별하기' 레시피에서 했던 작업을 시각화하는 것이라 할 수 있다. 그 레시피에서 이상값을 판별하기 위해 제1 사분위수와 제3 사분위수 사이의 거리인 **사분위범위(interquartile range, IQR)** 개념을 활용했다. (1.5 * IQR) + 제3 사분위수보다 크거나 제1 사분위수 − (1.5 * IQR)보다 작은 값을 이상값으로 간주했다. 이러한 개념이 박스플롯에 고스란히 표현된다.

준비

국가별 코로나바이러스 확진자 및 사망자 수 누적 데이터와 **미국 종단 조사(NLS)** 데이터를 사용하며 맷플롯립 라이브러리가 필요하다.

작업 방법

미국 수학능력시험(SAT) 점수와 근무 주 수, 코로나19 확진자와 사망자 수의 형태 및 분포를 박스플롯으로 나타낸다.

① 판다스와 맷플롯립 라이브러리를 임포트한다.
   또한 NLS와 코로나19 데이터를 로드한다.

```
>>> import pandas as pd
>>> import matplotlib.pyplot as plt
>>> nls97 = pd.read_csv("data/nls97.csv")
>>> nls97.set_index("personid", inplace=True)
>>> covidtotals = pd.read_csv("data/covidtotals.csv", parse_dates=["lastdate"])
>>> covidtotals.set_index("iso_code", inplace=True)
```

② SAT 언어능력(verbal) 점수의 박스플롯을 그린다.
   먼저 기술통계를 구한 다음, boxplot 메서드로 박스플롯을 그린다. 사각형은 제1 사분위수와 제3 사분위수의 사이(사분위범위)를 나타낸다. 사각형으로부터 사분위범위의 1.5배까지 수염을 그린다. 수염 끝(이상값 임계치)보다 크거나 작은 값을 이상값으로 간주한다(annotate로 제1 사분위수, 제3 사분위수, 중간값, 이상값 임계치를 표시한다).

```
>>> nls97.satverbal.describe()
count    1,406
mean       500
std        112
min         14
25%        430
50%        500
75%        570
max        800
Name: satverbal, dtype: float64
>>> plt.boxplot(nls97.satverbal.dropna(), labels=['SAT Verbal'])
>>> plt.annotate('outlier threshold', xy=(1.05,780), xytext=(1.15,780), size=7, arrowprops
=dict(facecolor='black', headwidth=2, width=0.5, shrink=0.02))
>>> plt.annotate('3rd quartile', xy=(1.08,570), xytext=(1.15,570), size=7, arrowprops=dict
(facecolor='black', headwidth=2, width=0.5, shrink=0.02))
>>> plt.annotate('median', xy=(1.08,500), xytext=(1.15,500), size=7, arrowprops=dict(facec
olor='black', headwidth=2, width=0.5, shrink=0.02))
>>> plt.annotate('1st quartile', xy=(1.08,430), xytext=(1.15,430), size=7, arrowprops=dict
```

```
(facecolor='black', headwidth=2, width=0.5, shrink=0.02))
>>> plt.annotate('outlier threshold', xy=(1.05,220), xytext=(1.15,220), size=7, arrowprops
=dict(facecolor='black', headwidth=2, width=0.5, shrink=0.02))
>>> plt.show()
```

그 결과 다음과 같은 박스플롯이 만들어진다.

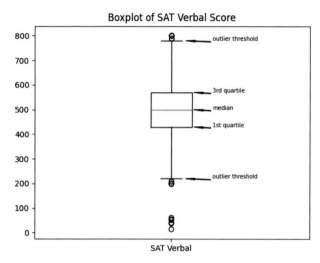

그림 5.5 SAT 언어능력 점수의 박스플롯

③ 근무 주 수에 대한 기술통계를 보인다.

```
>>> weeksworked - nls97.loc[:,['highestdegree','weeksworked16','weeksworked17']]
>>> weeksworked.describe()
       weeksworked16  weeksworked17
count         7,068          6,670
mean             39             39
std              21             19
min               0              0
25%              23             37
50%              53             49
75%              53             52
max              53             52
```

④ 근무 주 수의 박스플롯을 그린다.

```
>>> plt.boxplot([weeksworked.weeksworked16.dropna(),
...    weeksworked.weeksworked17.dropna()],
...    labels=['Weeks Worked 2016','Weeks Worked 2017'])
>>> plt.title("Boxplots of Weeks Worked")
>>> plt.tight_layout()
>>> plt.show()
```

그 결과 다음 박스플롯이 생성된다.

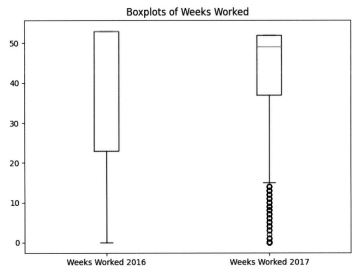

그림 5.6 두 변수를 나란히 나타낸 박스플롯

⑤ 코로나19 데이터에 대한 몇 가지 기술통계를 나타낸다.

다음 단계에 사용할 열의 레이블 리스트(totvarslabels)를 생성한다.

```
>>> totvars = ['total_cases','total_deaths','total_cases_pm', 'total_deaths_pm']
>>> totvarslabels = ['cases','deaths','cases per million','deaths per million']
>>> covidtotalsonly = covidtotals[totvars]
>>> covidtotalsonly.describe()
       total_cases  total_deaths  total_cases_pm  total_deaths_pm
count          209           209             209              209
mean        60,757         2,703           2,297               74
std        272,440        11,895           4,040              156
```

min	3	0	1	0
25%	342	9	203	3
50%	2,820	53	869	15
75%	25,611	386	2,785	58
max	3,247,684	134,814	35,795	1,238

⑥ 백만 명당 확진자 및 사망자 수의 박스플롯을 그린다.

```
>>> fig, ax = plt.subplots()
>>> plt.title("Boxplots of Covid Cases and Deaths Per Million")
>>> ax.boxplot([covidtotalsonly.total_cases_ pm,covidtotalsonly.total_deaths_pm],\
...    labels=['cases per million','deaths per million'])
>>> plt.tight_layout()
>>> plt.show()
```

그 결과 다음 박스플롯이 생성된다.

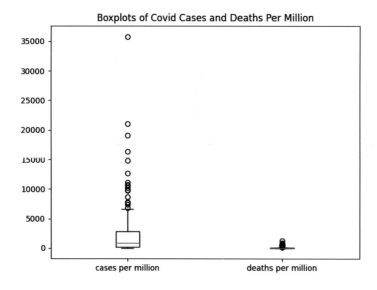

그림 5.7 두 변수를 나란히 나타낸 박스플롯

⑦ 박스플롯을 그림의 서브플롯으로 나타낸다.

변수가 매우 다를 때 여러 개의 박스플롯을 하나의 그림에 나타내기가 어려운데, 코로나19 확진자 수와 사망자 수가 그렇다. 다행히 맷플롯립에서는 하나의 그림에 여러 개의 서브플롯을 넣을 수 있다. x축과 y 축을 플롯마다 다르게 지정한다.

```
>>> fig, axes = plt.subplots(2, 2)
>>> fig.suptitle("Boxplots of Covid Cases and Deaths")
>>> axes = axes.ravel()
>>> for j, ax in enumerate(axes):
...    ax.boxplot(covidtotalsonly.iloc[:, j], labels=[totvarslabels[j]])
...
>>> plt.tight_layout()
>>> fig.subplots_adjust(top=0.94)
>>> plt.show()
```

그 결과 다음 박스플롯이 생성된다.

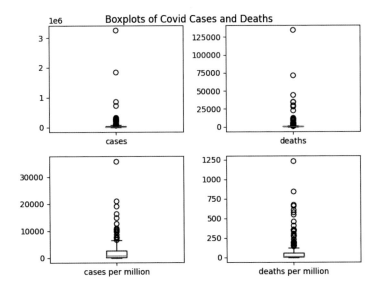

그림 5.8 박스플롯마다 y축을 다르게 지정

박스플롯은 이해하기 쉬우면서도 변수의 분포를 매우 잘 표현한다. 분포, 중심경향성, 이상값을 박스플롯으로 쉽게 시각화할 수 있다.

원리

②에서와 같이 맷플롯립으로 아주 쉽게 박스플롯을 만들 수 있다. pyplot(plt라는 별칭을 사용)에 시리즈를 전달하기만 하면 된다. pyplot의 show 메서드를 호출해 그림을 표출했으며, annotate로 그림에 텍

스트와 기호를 추가했다. ④에서는 pyplot에 여러 개의 시리즈를 전달함으로써 여러 개의 박스플롯을 생성했다.

척도가 매우 다른 변수의 박스플롯들을 하나의 그림에 나타내기는 어려울 수 있다. 코로나19 결과 데이터(확진자 수, 사망자 수, 백만 명당 확진자 수, 백만 명당 사망자 수)도 그런 경우인데, ⑦과 같은 방법으로 처리할 수 있다. 2열, 2행의 서브플롯이 필요하다는 것을 plt.subplots(2, 2)으로 지정했다. 그 결과로 그림과 함께 반환된 네 개의 축에 대해 반복문을 수행해, 각각의 축에 대해 boxplot을 호출했다. 훌륭하다!

그렇지만 아직 확진자 수와 사망자 수의 사분위범위는 보기가 힘든데, 이는 극단값이 존재하기 때문이다. 다음 레시피에서는 극단값을 제거함으로써 나머지 데이터에 대한 시각화를 개선한다.

추가 정보

②에서 SAT 언어능력 점수의 박스플롯은 정규분포에 가깝다. 중앙값은 사분위범위의 중간을 가로지른다. 기술통계에서 평균과 중앙값이 같게 나온 것을 감안하면 놀랍지 않다. 하지만 아래쪽의 이상값은 위쪽에 비해 많이 떨어져 있다. (사실, SAT 언어능력 점수가 매우 낮게 나온 것은 타당해 보이지 않으므로 확인이 필요하다.)

④에서 2016년과 2017년의 근무 주 수 박스플롯은 SAT 점수와는 사뭇 다른 분포를 나타낸다. 중앙값이 평균보다 훨씬 높아 사분위범위의 상단에 가깝다. 이는 음(negative)의 왜곡을 의미한다. 또한 분포의 상단에 수염이나 이상값이 없는데, 중앙값이 최댓값과 같거나 근접할 때 이런 모양이 나타난다.

참고

우리가 조사한 박스플롯 가운데 정규분포가 아닌 것이 있었다. 4장 '데이터의 부분집합에서 누락값과 이상값 식별'의 '단일 변수에서 이상값 식별하기' 레시피에서 정규분포 검정과 함께 다룬 이상값 임계치 바깥의 값이 박스플롯에서는 원으로 표시된다.

5.3 그룹별 박스플롯으로 특정 그룹에서 예상치 못한 값을 드러내기

이전 레시피에서 본 것처럼 박스플롯은 연속변수의 분포를 조사하는 데 아주 좋은 도구다. 또한 데이터 셋의 각 부분마다 변수 분포가 다른지 확인할 때도 유용하다(예: 연령대별 급여, 결혼 상태별 자녀 수, 포유동물의 종별 한배 새끼 수[3]). 그룹 박스플롯은 편리하면서도 데이터셋의 범주별 변수 분포를 직관 적으로 보여준다.

준비

NLS와 코로나19 사례 데이터를 사용한다. 이 레시피의 코드를 실행하려면 컴퓨터에 맷플롯립과 시본 이 설치돼 있어야 한다.

작업 방법

학력별 근무 주 수의 기술통계를 생성한다. 그런 다음 그룹별 박스플롯으로 학력별 근무 주 수의 퍼짐, 지역별 코로나19 확진자 수를 시각화한다.

① 판다스, 맷플롯립, 시본 라이브러리를 임포트한다.

```
>>> import pandas as pd
>>> import matplotlib.pyplot as plt
>>> import seaborn as sns
>>> nls97 = pd.read_csv("data/nls97.csv")
>>> nls97.set_index("personid", inplace=True)
>>> covidtotals = pd.read_csv("data/covidtotals.csv", parse_dates=["lastdate"])
>>> covidtotals.set_index("iso_code", inplace=True)
```

② 학력별 근무 주 수의 중앙값, 제1 사분위수, 제3 사분위수를 시각화한다.

먼저 시리즈를 반환하는 함수를 정의한 다음, apply로 각 그룹에 대해 함수를 호출한다.

```
>>> def gettots(x):
...     out = {}
...     out['min'] = x.min()
...     out['qr1'] = x.quantile(0.25)
```

3 (옮긴이) 개, 돼지, 고양이 따위와 같은 다태 동물이 1회 분만할 때 출산하는 새끼의 수.

```
...    out['med'] = x.median()
...    out['qr3'] = x.quantile(0.75)
...    out['max'] = x.max()
...    out['count'] = x.count()
...    return pd.Series(out)
...
>>> nls97.groupby(['highestdegree'])['weeksworked17'].\
...    apply(gettots).unstack()
                    min  qr1  med  qr3  max  count
highestdegree
0. None              0    0   40   52   52    510
1. GED               0    8   47   52   52    848
2. High School       0   31   49   52   52  2,665
3. Associates        0   42   49   52   52    593
4. Bachelors         0   45   50   52   52  1,342
5. Masters           0   46   50   52   52    538
6. PhD               0   46   50   52   52     51
7. Professional      0   47   50   52   52     97
```

③ 학력별 근무 주 수의 박스플롯을 그린다.

시본으로 박스플롯을 그린다. 먼저 myplt라는 이름으로 서브플롯을 생성한다. 이름을 붙여두면 나중에 서브플롯의 어트리뷰트에 쉽게 액세스할 수 있다. boxplot의 order 매개변수는 학력순으로 정렬하도록 지정한다. 학위가 없는 개인은 박스플롯 아래쪽에 해당하며 이상값이나 수염이 없다. 사분위범위가 전체 값을 포괄하기 때문이다. 즉, 25번 째 백분위수는 0이고, 75번째 백분위수는 52다.

```
>>> myplt = sns.boxplot('highestdegree','weeksworked17',data=nls97,
...    order=sorted(nls97.highestdegree.dropna().unique()))
>>> myplt.set_title("Boxplots of Weeks Worked by Highest Degree")
>>> myplt.set_xlabel('Highest Degree Attained')
>>> myplt.set_ylabel('Weeks Worked 2017')
>>> myplt.set_xticklabels(myplt.get_xticklabels(), rotation=60,
horizontalalignment='right')
>>> plt.tight_layout()
>>> plt.show()
```

그 결과 다음 박스플롯이 생성된다.

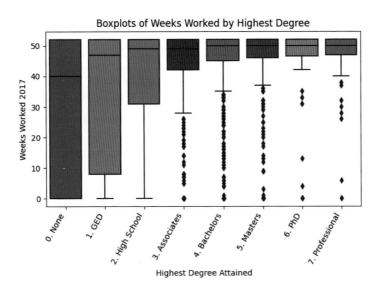

그림 5.9 학력별 근무 주 수의 사분위범위와 이상값을 나타낸 박스플롯

④ 지역별 백만 명당 확진자 수의 최솟값, 최댓값, 중앙값, 제1 사분위수, 제3 사분위수를 본다.

②에서 정의한 gettots 함수를 사용한다.

```
>>> covidtotals.groupby(['region'])['total_cases_pm'].apply(gettots).unstack()
                min    qr1    med    qr3     max  count
region
Caribbean        95    252    339  1,726   4,435     22
Central Africa   15     71    368  1,538   3,317     11
Central America  93    925  1,448  2,191  10,274      7
Central Asia    374    919  1,974  2,907  10,594      6
East Africa       9     65    190    269   5,015     13
East Asia         3     16     65    269   7,826     16
Eastern Europe  347    883  1,190  2,317   6,854     22
North Africa    105    202    421    427     793      5
North America 2,290  2,567  2,844  6,328   9,812      3
Oceania / Aus     1     61    234    424   1,849      8
South America   284    395  2,857  4,044  16,323     13
South Asia      106    574    885  1,127  19,082      9
Southern Africa  36     86    118    263   4,454      9
West Africa      26    114    203    780   2,862     17
```

| West Asia | 23 | 273 | 2,191 | 5,777 | 35,795 | 16 |
| Western Europe | 200 | 2,193 | 3,769 | 5,357 | 21,038 | 32 |

⑤ 지역별 백만 명당 확진자 수의 박스플롯을 그린다.

지역의 수가 많으므로 축을 뒤바꾼다. 또한 지역별 국가수에 대해 감을 잡기 위해 스웜 플롯(swarm plot)을 그린다. 스웜 플롯은 각 지역에 대해 한 국가마다 점으로 나타낸다. 극단값 때문에 사분위범위가 잘 보이지 않는 곳도 있다.

```
>>> sns.boxplot('total_cases_pm', 'region', data=covidtotals)
>>> sns.swarmplot(y="region", x="total_cases_pm", data=covidtotals, size=2, color=".3",
linewidth=0)
>>> plt.title("Boxplots of Total Cases Per Million by Region")
>>> plt.xlabel("Cases Per Million")
>>> plt.ylabel("Region")
>>> plt.tight_layout()
>>> plt.show()
```

그 결과 다음 박스플롯이 생성된다.

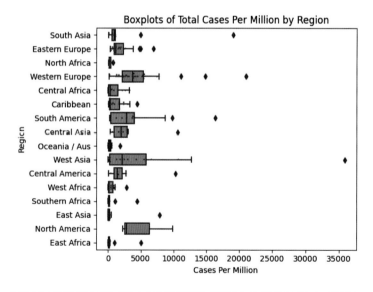

그림 5.10 지역별 백만 명당 확진자 수의 사분위범위, 이상값을 나타낸 박스플롯과 스웜 플롯

⑥ 백만 명당 확진자 수의 극단값을 보인다.

```
>>> covidtotals.loc[covidtotals.total_cases_pm>=14000, ['location','total_cases_pm']]
          location  total_cases_pm
iso_code
BHR        Bahrain          19,082
CHL          Chile          16,323
QAT          Qatar          35,795
SMR      San Marino         21,038
VAT        Vatican          14,833
```

⑦ 극단값을 제거한 박스플롯을 다시 그린다.

```
>>> sns.boxplot('total_cases_pm', 'region', data=covidtotals.loc[covidtotals.total_cases_
pm<14000])
>>> sns.swarmplot(y="region", x="total_cases_pm", data=covidtotals.loc[covidtotals.total_c
ases_pm<14000], size=3, color=".3", linewidth=0)
>>> plt.title("Total Cases Without Extreme Values")
>>> plt.xlabel("Cases Per Million")
>>> plt.ylabel("Region")
>>> plt.tight_layout()
>>> plt.show()
```

그 결과 다음 박스플롯이 생성된다.

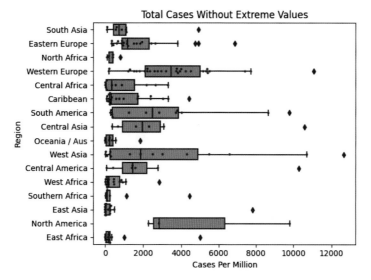

그림 5.11 백만 명당 확진자 수를 나타낸 박스플롯(극단값을 제거)

그룹별 박스플롯은 사례 분포를 인구에 따라 조정해 지역별로 보여준다.

원리

이 레시피에서는 시본으로 도표를 그렸지만 맷플롯립을 사용할 수도 있었다. 사실 시본은 맷플롯립을 바탕으로 기능을 확장하고 사용하기 쉽게 만든 것이다. 시본은 기본 설정만으로도 맷플롯립보다 심미적인 측면에서 더 나은 도표를 생성할 수 있다.

박스플롯 여러 개를 생성하기 전에 몇 가지 기술통계를 내어보면 좋다. ②에서는 학위 수준별로 제1 사분위수와 제3 사분위수 값, 중앙값의 시리즈를 반환하는 gettots 함수를 정의했다. 다음 문장에서 데이터프레임의 각 그룹에 gettots를 적용했다.

```
nls97.groupby(['highestdegree'])['weeksworked17'].apply(gettots).unstack()
```

groupby 메서드로 그룹화한 데이터프레임을 생성해 apply 함수를 실행하고 gettots로 각 그룹별 요약 값을 계산한다. unstack은 반환된 행들을 리셰이핑하는데, 그룹별로 여러 행으로 표현되던 요약통계를 그룹 당 한 행에 여러 개의 열이 있는 형태로 바꾼다.

③에서 학력별 박스플롯을 생성했다. 시본의 boxplot 메서드로 서브플롯을 만들 때 서브플롯 이름은 필요치 않은 것이 일반적이지만, 여기서는 나중에 눈금 레이블 같은 어트리뷰트를 쉽게 바꿀 수 있게 myplt라는 이름을 붙였다. 그리고 x축 레이블이 서로 겹치지 않게 set_xticklabels로 회전시켰다.

⑤에서 박스플롯의 축을 서로 바꿨는데, 그 이유는 연속변수인 백만 명당 확진자 수 눈금보다 그룹 수준(지역)이 더 많기 때문이다. 이를 위해 total_cases_pm을 두 번째 인자가 아니라 첫 번째 인자의 값으로 지정했다. 또한 지역별 관측 수(국가)에 대한 감을 잡을 수 있게 스웜 플롯도 그렸다.

박스플롯에 극단값이 있으면 보기 힘들 때가 있다. 박스플롯은 이상값과 사분위범위를 함께 표시하지만, 이상값이 제1 사분위수나 제3 사분위수보다 여러 배 바깥에 있게 되면 사분위범위가 너무 작아져서 보이지 않게 된다. ⑤에서는 total_cases_pm이 14,000 이상인 값을 모두 제거해 사분위범위가 잘 보이게 했다.

추가 정보

③에서 그린 박스플롯은 학력별로 근무 주 수가 넓게 분포함을 보여주는데, 일변량 분석으로는 분명하지 않은 점이 있다. 학력이 낮을수록 근무 주 수가 넓게 분포한다. 2017년에는 고등학교 졸업 미만의 학력을 가진 개인 간에는 근무 주 수에 상당한 차이가 있는 반면, 대학 졸업 이상인 개인 간에는 차이가 거의 없었다.

이는 근무 주 수에서 무엇이 이상값인가를 이해하는 것과 관련이 많다. 예를 들어, 20주 근무한 사람이 대학 졸업자라면 이상값이 되지만, 고등학교를 마치지 못했다면 이상값이 아닐 것이다.

백만 명당 확진자 수의 박스플롯도 이상값에 대해 유연하게 생각하는 계기가 된다. 예를 들어, 동아프리카에서 백만 명당 확진자 수의 이상값을 데이터셋 전체로 놓고 보면 이상값이 되지 않는다. 또한 그 값들 모두 북미에서는 제3 사분위수보다 낮다. 하지만 동아프리카만 놓고 보면 확실히 이상값이다.

필자는 박스플롯을 처음 볼 때 중앙값이 사분위범위의 어디에 있는지를 먼저 확인한다. 중앙값이 한가운데 있지 않다면 정규분포가 아니라는 것을 알 수 있고, 왜곡이 있다는 점도 알 수 있다. 중앙값이 사분위범위의 아래쪽에 있다면 중앙값이 제3 사분위수보다는 제1 사분위수와 더 가깝다는 것을 의미하므로 양(positive)의 왜곡이 있다. 카리브해(Caribbean)와 서유럽(Western Europe)의 박스플롯을 비교해보면, 카리브해에는 중앙값보다 낮은 값이 많고 높은 값이 적으므로 중앙값이 제1 사분위수에 가깝다.

참고

7장 '집계 시 지저분한 데이터 고치기'에서 groupby를 더 다룬다. 9장 '데이터 타이딩과 리셰이핑'에서 stack과 unstack을 더 다룬다.

5.4 바이올린 플롯으로 분포 형태와 이상값을 조사하기

바이올린 플롯은 히스토그램과 박스플롯을 하나의 플롯에 나타낸다. 바이올린 플롯에는 사분위범위, 중앙값, 수염과 함께 모든 값 범위의 관측 빈도가 표현된다. 바이올린 플롯을 직접 보기 전에는 어떻게 그러한 표현이 가능한지 상상하기 어렵다. 이전 레시피에서 박스플롯을 만들 때 사용한 데이터로 바이올린 플롯을 생성해 작동 방식을 더 쉽게 파악할 수 있다.

준비

NLS와 코로나19 사례 데이터를 사용한다. 이 레시피의 코드를 실행하려면 맷플롯립과 시본이 컴퓨터에 설치돼 있어야 한다.

작업 방법

먼저 분포의 퍼짐과 형태를 하나의 바이올린 플롯으로 시각화한다. 그런 다음 그룹별 바이올린 플롯을 그린다.

① 판다스, 맷플롯립, 시본 라이브러리를 임포트하고, 코로나19 사례 및 NLS 데이터를 읽어들인다.

```
>>> import pandas as pd
>>> import numpy as np
>>> import matplotlib.pyplot as plt
>>> import seaborn as sns
>>> nls97 = pd.read_csv("data/nls97.csv")
>>> nls97.set_index("personid", inplace=True)
>>> covidtotals = pd.read_csv("data/covidtotals.csv", parse_dates=["lastdate"])
>>> covidtotals.set_index("iso_code", inplace=True)
```

② SAT 언어능력 점수의 바이올린 플롯을 그린다.

```
>>> sns.violinplot(nls97.satverbal, color="wheat", orient="v")
>>> plt.title("Violin Plot of SAT Verbal Score")
>>> plt.ylabel("SAT Verbal")
>>> plt.text(0.08, 780, "outlier threshold", horizontalalignment='center', size='x-small')
>>> plt.text(0.065, nls97.satverbal.quantile(0.75), "3rd quartile",
horizontalalignment='center', size='x-small')
>>> plt.text(0.05, nls97.satverbal.median(), "Median", horizontalalignment='center',
size='x-small')
>>> plt.text(0.065, nls97.satverbal.quantile(0.25), "1st quartile",
horizontalalignment='center', size='x-small')
>>> plt.text(0.08, 210, "outlier threshold", horizontalalignment='center', size='x-small')
>>> plt.text(-0.4, 500, "frequency", horizontalalignment='center', size='x-small')
>>> plt.show()
```

그 결과 다음과 같은 바이올린 플롯이 만들어진다.

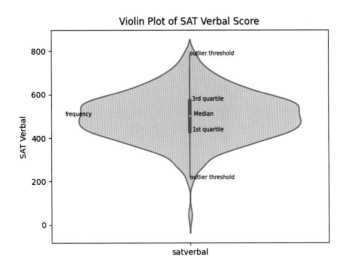

그림 5.12 SAT 언어능력 점수의 사분위범위와 이상값 임계치를 나타낸 바이올린 플롯

③ 근무 주 수에 대한 몇가지 기술통계를 구한다.

```
>>> nls97.loc[:, ['weeksworked16','weeksworked17']].describe()
       weeksworked16  weeksworked17
count          7,068          6,670
mean              39             39
std               21             19
min                0              0
25%               23             37
50%               53             49
75%               53             52
max               53             52
```

④ 2016년과 2017년의 근무 주 수를 보인다.

객체지향 접근 방식을 활용하면 축의 어트리뷰트를 쉽게 다룰 수 있다. weeksworked 분포는 이봉(bimodal)을 이루며 분포의 상단과 하단이 불룩하다. 그리고 2016년과 2017년의 사분위범위에 차이가 크다.

```
>>> myplt = sns.violinplot(data=nls97.loc[:, ['weeksworke d16','weeksworked17']])
>>> myplt.set_title("Violin Plots of Weeks Worked")
>>> myplt.set_xticklabels(["Weeks Worked 2016","Weeks Worked 2017"])
>>> plt.show()
```

코드를 실행하면 다음과 같은 바이올린 플롯이 만들어진다.

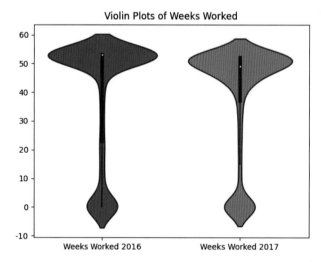

그림 5.13 두 변수에 대한 분포의 퍼짐과 형태를 나란히 나타낸 바이올린 플롯

⑤ 성별과 결혼 여부에 따른 임금소득의 바이올린 플롯을 그린다.

먼저, 결혼 상태를 'Married', 'Never Married', 'Not Married'의 세 가지로 간소하게 나타내는 maritalstatuscollapsed 열을 생성한다. 성별을 x축, 급여를 y축으로 하고, 새로 만든 maritalstatuscollapsed 열을 hue로 지정해 바이올린 플롯을 그린다. hue 매개변수는 그루핑에 사용했는데, x축에 이미 사용된 그루핑에 추가된다. 또한 scale="count"로 범주별 관측의 수에 따라 바이올린 플롯의 크기가 달라지게 했다.

```
>>> nls97["maritalstatuscollapsed"] = nls97.maritalstatus.\
...    replace(['Married','Never-married','Divorced','Separated','Widowed'],\
...    ['Married','Never Married','Not Married','Not Married','Not Married'])
>>> sns.violinplot(nls97.gender, nls97.wageincome, hue=nls97.maritalstatuscollapsed,
scale="count")
>>> plt.title("Violin Plots of Wage Income by Gender and Marital Status")
>>> plt.xlabel('Gender')
>>> plt.ylabel('Wage Income 2017')
>>> plt.legend(title="", loc="upper center", framealpha=0, fontsize=8)
>>> plt.tight_layout()
>>> plt.show()
```

코드를 실행하면 다음과 같은 바이올린 플롯이 만들어진다.

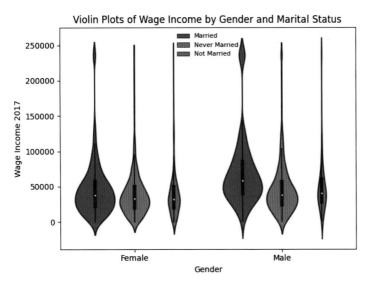

그림 5.14 두 그룹의 퍼짐과 형태를 보여주는 바이올린 플롯

⑥ 학력별 근무 주 수 바이올린 플롯을 그린다.

```
>>> myplt = sns. violinplot('highestdegree','weeksworked17', data=nls97, rotation=40)
>>> myplt.set_xticklabels(myplt.get_xticklabels(), rotation=60,
horizontalalignment='right')
>>> myplt.set_title("Violin Plots of Weeks Worked by Highest Degree")
>>> myplt.set_xlabel('Highest Degree Attained')
>>> myplt.set_ylabel('Weeks Worked 2017')
>>> plt.tight_layout()
>>> plt.show()
```

코드를 실행하면 다음과 같은 바이올린 플롯이 만들어진다.

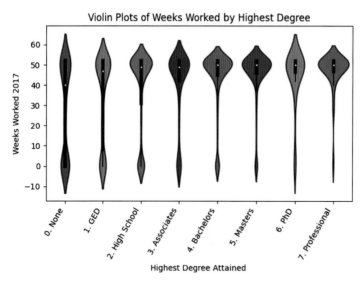

그림 5.15 그룹별 퍼짐과 형태를 나타내는 바이올린 플롯

이 스텝들은 바이올린 플롯이 데이터프레임에서 연속변수가 어떻게 분포하는지와 그룹에 따라 어떤 차이가 있는지에 대해 얼마나 많은 것을 알려줄 수 있는지 보여준다.

원리

바이올린 플롯은 박스플롯과 비슷하게 중앙값, 제1 사분위수와 제3 사분위수, 수염을 보여준다. 또한 변숫값의 상대빈도를 보여준다(상대빈도는 바이올린 플롯의 폭으로 표현된다). ②에서 만든 바이올린 플롯이 좋은 예로, SAT 언어 점수는 아래쪽 극단값을 제외하면 정규분포에서 크게 벗어나지 않는다. 가장 배가 부른 곳이 중앙값으로, 그곳에서부터 대칭에 가깝게 감소한다. 중앙값은 제1 사분위수 및 제3 사분위수에서 비슷한 거리로 떨어져 있다.

시본의 `violinplot` 메서드에 한 개 이상의 데이터 시리즈를 전달해 바이올린 플롯을 그릴 수 있다. 또한 하나 이상의 열로 이뤄진 데이터프레임 전체를 전달할 수도 있다. ④에서 그러한 방법으로 연속변수 여러 개의 바이올린 플롯을 그렸다.

범례를 유익하면서도 눈에 거슬리지 않게 나타내려면 시행착오를 거쳐야 한다. ⑤에서 다음 명령으로 범례 제목을 없애고(값에 자명하게 나타나므로), 그림에서 가장 좋은 자리를 잡고, 상자를 투명으로 처리했다(`framealpha=0`).

```
plt.legend(title="", loc="upper center", framealpha=0, fontsize=8)
```

데이터 시리즈를 violinplot에 여러 가지 방식으로 전달할 수 있다. 축("x=" 또는 "y=")을 지정하지 않거나 그루핑("hue=")을 지정하지 않으면, 시본이 순서에 따라 지정한다. 예를 들어 ⑤에서는 다음과 같이 했다.

```
sns.violinplot(nls97.gender, nls97.wageincome, hue=nls97.maritalstatuscollapsed, scale="count")
```

다음과 같이 하더라도 같은 결과를 얻었을 것이다.

```
sns.violinplot(x=nls97.gender, y=nls97.wageincome, hue=nls97.maritalstatuscollapsed,
scale="count")
```

또한 다음과 같이 해도 같은 결과를 얻는다.

```
sns.violinplot(y=nls97.wageincome, x=nls97.gender, hue=nls97.maritalstatuscollapsed,
scale="count")
```

이 레시피에서는 이러한 유연성을 강조했지만, 이러한 데이터 전달 방법은 이 장에서 논의한 맷플롯립과 시본의 모든 플로팅 메서드에 적용할 수 있다(단, 모든 메서드에 hue 매개변수가 있는 것은 아니다).

추가 정보

바이올린 플롯에 익숙해지면, 얼마나 많은 정보를 시각적으로 표현하는지를 높이 평가하게 될 것이다. 분포의 형태, 중심경향, 퍼짐을 한눈에 볼 수 있다. 또한 데이터에서 부분집합 사이의 차이를 쉽게 확인할 수 있다.

2016년과 2017년의 근무 주 수 분포 차이는 주의깊게 분석할 만하다. 사분위범위가 2016년에는 30이고(23에서 53), 2017년에는 15(37에서 52)로 꽤 차이가 있다.

⑤에서 만든 바이올린 플롯에서 임금소득 분포와 관련해 특이한 사실을 발견할 수 있다. 기혼 남성 분포의 꼭대기에 소득이 뭉쳐 있고, 기혼 여성에서도 그런 경향이 약간 보인다. 이는 임금소득 분포에서 특이한 현상이다. 임금소득 235,884달러의 상한선이 있는 것처럼 보인다. 앞으로 임금소득을 분석할 때는 이러한 점을 고려해야 할 것이다.

소득 분포의 형태는 성별이나 결혼 상태에 걸쳐 비슷하게 나타나는데, 중앙값 조금 아래가 가장 불룩하고 양의 꼬리로 이어진다. 사분위범위 길이는 상대적으로 비슷하다. 하지만 다른 그룹에 비해 기혼 남성의 분포가 눈에 띄게 높다.

학력별 근무 주 수의 바이올린 플롯은 그룹별로 상당히 다르게 나타난다. 앞의 레시피에서 같은 데이터의 박스플롯으로도 다룬 바 있지만, 여기서는 교육수준이 낮은 사람들의 분포가 이봉을 이루는 것이 확실히 드러난다. 대학 학위가 없는 그룹에서 근무 주 수의 아래쪽이 뭉쳐있는 것을 볼 수 있다. 고등학교 졸업 또는 그와 동등한 학력을 갖추지 못한 그룹(0. None)에서는 2017년에 5주 이하로 일했거나 50주 이상 일했을 가능성이 비슷하게 나타난다.

이 레시피에서는 시본만 사용해 바이올린 플롯을 그렸다. 맷플롯립으로도 바이올린 플롯을 그릴 수 있지만 맷플롯립의 바이올린 플롯의 기본 그래픽은 시본과는 모양이 많이 다르다.

참고

이 레시피에서 다룬 바이올린 플롯을 이 장의 다른 레시피에서 다룬 히스토그램, 박스플롯, 그룹별 박스플롯 등과 비교해보면 도움이 될 것이다.

5.5 산점도를 활용해 이변량 관계를 보기

데이터 분석가들이 가장 의지하는 도구는 산점도일 것이다(또 다른 후보는 히스토그램이다). 사람들은 관계를 2차원으로 묘사한 것에 매우 익숙하다. 실세계의 중요한 현상(변수 간의 관계)을 포착해 상당히 직관적으로 전달하는 산점도는 빼놓을 수 없는 시각화 도구다.

준비

이 레시피에서는 맷플롯립과 시본을 사용해 landtemps 데이터셋에서 2019년의 전 세계 12,095곳의 관측소에서 측정한 평균 기온을 분석한다.

작업 방법

산점도를 다루는 스킬을 향상하고 더욱 복잡한 관계를 시각화한다. 평균 기온, 위도, 고도의 관계를 나타내는 여러 개의 산점도를 하나의 도표로 통합하고, 3차원 산점도를 생성하고, 다중 회귀직선을 그린다.

① pandas, numpy, matplotlib, Axes3D 모듈, seaborn을 임포트한다.

```
>>> import pandas as pd
>>> import numpy as np
>>> import matplotlib.pyplot as plt
>>> from mpl_toolkits.mplot3d import Axes3D
>>> import seaborn as sns
>>> landtemps = pd.read_csv("data/landtemps2019avgs.csv")
```

② 평균 기온별 위도(latabs)의 산점도를 그린다.

```
>>> plt.scatter(x="latabs", y="avgtemp", data=landtemps)
>>> plt.xlabel("Latitude (N or S)")
>>> plt.ylabel("Average Temperature (Celsius)")
>>> plt.yticks(np.arange(-60, 40, step=20))
>>> plt.title("Latitude and Average Temperature in 2019")
>>> plt.show()
```

위 코드를 실행한 결과 다음과 같은 산점도가 그려진다.

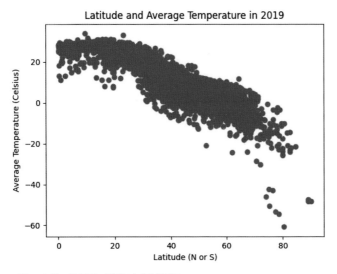

그림 5.16 위도와 평균 기온을 나타낸 산점도

③ 고지대를 빨간색으로 표시한다.

저지대와 고지대 데이터프레임을 생성한다. 일반적으로 고지대에서는 같은 위도의 저지대보다 온도가 낮다.

```
>>> low, high = landtemps.loc[landtemps.elevation<=1000], landtemps.loc[landtemps.elevation>1000]
>>> plt.scatter(x="latabs", y="avgtemp", c="blue", data=low)
>>> plt.scatter(x="latabs", y="avgtemp", c="red", data=high)
>>> plt.legend(('low elevation', 'high elevation'))
>>> plt.xlabel("Latitude (N or S)")
>>> plt.ylabel("Average Temperature (Celsius)")
>>> plt.title("Latitude and Average Temperature in 2019")
>>> plt.show()
```

위 코드를 실행한 결과 다음과 같은 산점도가 그려진다.

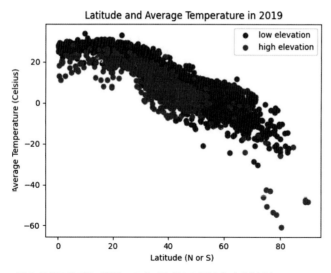

그림 5.17 위도와 평균 기온을 고도에 따라 색으로 구분해 나타낸 산점도

④ 고도, 위도, 기온의 3차원 산점도를 그린다.

고도가 높은 관측소의 위도가 증가함에 따라 온도가 다소 가파르게 감소하는 것 같다.

```
>>> fig = plt.figure()
>>> plt.suptitle("Latitude, Temperature, and Elevation in 2019")
>>> ax.set_title('Three D')
>>> ax = plt.axes(projection='3d')
>>> ax.set_xlabel("Elevation")
```

```
>>> ax.set_ylabel("Latitude")
>>> ax.set_zlabel("Avg Temp")
>>> ax.scatter3D(low.elevation, low.latabs, low.avgtemp, label="low elevation", c="blue")
>>> ax.scatter3D(high.elevation, high.latabs, high.avgtemp, label="high elevation",
c="red")
>>> ax.legend()
>>> plt.show()
```

위 코드를 실행한 결과 다음과 같은 산점도가 그려진다.

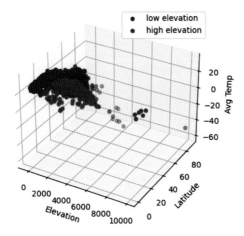

그림 5.18 고도, 위도, 기온을 나타낸 3차원 산점도

⑤ 위도와 기온 데이터의 회귀직선을 그린다.

regplot으로 회귀직선을 그린다.

```
>>> sns.regplot(x="latabs", y="avgtemp", color="blue", data=landtemps)
>>> plt.title("Latitude and Average Temperature in 2019")
>>> plt.xlabel("Latitude (N or S)")
>>> plt.ylabel("Average Temperature")
>>> plt.show()
```

앞의 코드를 실행한 결과 다음과 같은 산점도가 그려진다.

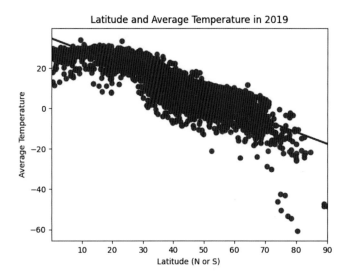

그림 5.19 위도와 평균 기온의 산점도 및 회귀직선

⑥ 저지대 및 고지대에 위치한 관측소의 회귀직선을 따로 나타낸다.

이번에는 regplot 대신 lmplot을 사용했는데 두 메서드의 기능은 비슷하다. 예상대로 고지대 관측소를 나타내는 직선은 절편(직선이 y축을 가로지르는 곳)이 더 아래에 있으며 더 가파른 음의 기울기를 보인다.

```
>>> landtemps['elevation_group'] = np.where(landtemps.elevation<=1000,'low','high')
>>> sns.lmplot(x="latabs", y="avgtemp", hue="elevation_group", palette=dict(low="blue",
high="red"), legend_out=False, data=landtemps)
>>> plt.xlabel("Latitude (N or S)")
>>> plt.ylabel("Average Temperature")
>>> plt.legend(('low elevation', 'high elevation'), loc='lower left')
>>> plt.yticks(np.arange(-60, 40, step=20))
>>> plt.title("Latitude and Average Temperature in 2019")
>>> plt.tight_layout()
>>> plt.show()
```

앞의 코드를 실행한 결과 다음과 같은 산점도가 그려진다.

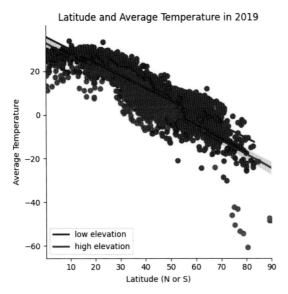

그림 5.20 위도와 평균 기온의 산점도에 고도별 회귀직선을 함께 표시

⑦ 저지대 및 고지대 회귀직선보다 위에 있는 관측소를 나타낸다.

```
>>> high.loc[(high.latabs>38) & (high.avgtemp>=18),
...     ['station','country','latabs','elevation','avgtemp']]
          station      country  latabs  elevation  avgtemp
3943      LAJES_AB     Portugal      39      1,016       18
5805  WILD_HORSE_6N  United States   39      1,439       23
>>> low.loc[(low.latabs>47) & (low.avgtemp>=14),
...     ['station','country','latabs','elevation','avgtemp']]
              station        country  latabs  elevation  avgtemp
1048      SAANICHTON_CDA       Canada     49         61       18
1146     CLOVERDALE_EAST       Canada     49         50       15
6830  WINNIBIGOSHISH_DAM  United States   47        401       18
7125            WINIFRED  United States   48        988       16
```

⑧ 저지대와 고지대 회귀직선보다 아래에 있는 관측소를 나타낸다.

```
>>> high.loc[(high.latabs<5) & (high.avgtemp<18),
...     ['station','country','latabs','elevation','avgtemp']]
          station  country  latabs  elevation  avgtemp
```

```
2250    BOGOTA_ELDORADO    Colombia    5    2,548    15
2272           SAN_LUIS    Colombia    1    2,976    11
2303            IZOBAMBA     Ecuador    0    3,058    13
2306               CANAR     Ecuador    3    3,083    13
2307     LOJA_LA_ARGELIA     Ecuador    4    2,160    17
>>> low.loc[(low.latabs<50) & (low.avgtemp<-9),
...     ['station','country','latabs','elevation','avgtemp']]
                    station         country  latabs  elevation  avgtemp
1189    FT_STEELE_DANDY_CRK         Canada      50        856      -12
1547                BALDUR         Canada      49        450      -11
1833        POINTE_CLAVEAU         Canada      48          4      -11
1862      CHUTE_DES_PASSES         Canada      50        398      -13
6544         PRESQUE_ISLE  United States      47        183      -10
```

산점도는 두 변수 사이의 관계를 아주 잘 나타낸다. 데이터의 부분집합 내에서 관계를 시각화하는 방법도 알아봤다.

원리

x와 y의 열 이름과 데이터프레임만 있으면 산점도를 그릴 수 있다. 히스토그램과 박스플롯을 그릴 때와 마찬가지로 그림과 축의 여러 어트리뷰트(제목, 축 레이블, 눈금, 눈금 레이블 등)을 다룰 수 있었다. 축의 레이블 어트리뷰트를 다룰 때 xlabels와 ylabels가 아닌 set_xlabels와 set_ylabels를 사용했음에 유의하자.

3차원 플롯은 좀 더 복잡하다. 먼저 Axes3D 모듈을 임포트한다. 그런 다음, plt.axes(projection='3d')로 축을 3차원에 투영한다(④). 그러면 scatter3D 메서드로 서브플롯을 사용할 수 있게 된다.

산점도는 회귀자(regressor, x 변수)와 종속변수의 관계를 묘사하도록 설계됐으므로, 산점도에서 최소제곱 회귀직선을 살펴보면 도움이 된다. 시본은 regplot과 lmplot을 제공한다. 필자는 자원을 적게 소모하는 regplot을 주로 사용하지만, lmplot의 기능이 필요할 때도 있다. ⑥에서 lmplot의 hue 어트리뷰트를 이용해 고도별 회귀직선을 그렸다.

⑦과 ⑧에서 그룹별 회귀직선보다 많이 높거나 낮은 이상값을 확인했다. 포르투갈의 LAJES_AB 관측소와 미국의 WILD_HORSE_6N 관측소의 데이터를 조사하고자 한다((high.latabs>38) & (high.avgtemp>=18)). 평균 기온이 위도와 고도를 기준으로 예상한 것보다 높다. 마찬가지로 캐나다의 관측소 네 곳과 미국의 관측소 한 곳은 저지대에 있으면서 예상보다 온도가 낮다((low.latabs<50) & (low.avgtemp<-9)).

추가 정보

위도에 따라 평균 기온을 예상할 수 있다. 위도가 높아짐에 따라 기온은 떨어진다. 그러나 고도도 중요한 요인이다. 세 변수를 동시에 시각화하면 이상값을 좀 더 쉽게 식별하는 데 도움이 된다. 물론 난류(暖流)와 같이 기온에 영향을 미치는 다른 요인도 존재하지만 이 데이터셋에는 포함되지 않았다.

산점도는 두 연속변수의 관계를 시각화하는 데 뛰어나다. 맷플롯립과 시본의 산점도를 약간 조정하면 세 변수의 관계도 나타낼 수 있다. 세 번째 차원을 추가한다든지, 색깔을 창의적으로 사용한다든지(세 번째 차원이 범주일 경우), 점의 크기를 다르게 하는 방법이 있다(4장 '데이터의 부분집합에서 누락값과 이상값 식별'의 '선형 회귀를 활용해 영향력이 높은 데이터 포인트를 식별하기' 레시피에 그 예가 있다).

참고

이 장에서는 시각화를 통해 예상치 못한 값을 식별했지만, 4장 '데이터의 부분집합에서 누락값과 이상값 식별'에서 수행한 다변량 분석을 통해서도 확연히 드러난다. 특히 선형회귀분석에서 잔차를 면밀히 살피면 이상값을 식별하는 데 유용하다.

5.6 라인 플롯으로 연속변수의 추세를 조사하기

일정 시간 간격(interval)에 걸쳐 연속변수의 값을 시각화할 때는 일반적으로 라인 플롯(line plot)을 사용하며, 구간 수가 적을 때는 막대그래프(bar chart)도 사용한다. 이 레시피에서는 라인 플롯으로 변수의 추세를 시각화하고, 추세에 갑작스러운 변화가 있는지와 그룹에 따라 추세가 다르게 나타나는지를 조사한다.

준비

이 레시피에서는 코로나19 일일 확진자 수 데이터를 사용한다. 이전 레시피들에서는 국가별 총 확진자 수를 사용했다. 일별 데이터는 신규 확진자 수와 사망자 수가 국가별로 매일 집계된 것으로, 다른 레시피에서 사용했던 인구통계학적 변수도 포함돼 있다. 이 레시피의 코드를 실행하려면 맷플롯립이 설치돼 있어야 한다.

작업 방법

라인 플롯으로 코로나바이러스 일일 확진자 및 사망자 수 추세를 시각화한다. 지역별 라인 플롯을 작성하고, 스택 플롯으로 한 나라가 전체 지역의 확진자 수에 얼마나 영향을 주는지를 시각화한다.

① pandas와 matplotlib(pyplot, dates, DateFormatter)을 임포트한다.

```
>>> import pandas as pd
>>> import numpy as np
>>> import matplotlib.pyplot as plt
>>> import matplotlib.dates as mdates
>>> from matplotlib.dates import DateFormatter
>>> coviddaily = pd.read_csv("data/coviddaily720.csv", parse_dates=["casedate"])
```

② 코로나19 일별 데이터에서 두 행을 본다.

```
>>> coviddaily.sample(2, random_state=1).T
                            2478                 9526
iso_code                     BRB                  FRA
casedate      2020-06-11 00:00:00  2020-02-16 00:00:00
location                Barbados               France
continent          North America               Europe
new_cases                      4                    0
new_deaths                     0                    0
population               287,371           65,273,512
pop_density                  664                  123
median_age                    40                   42
gdp_per_capita            16,978               38,606
hosp_beds                      6                    6
region                 Caribbean       Western Europe
```

③ 일일 신규 확진자 및 사망자를 계산한다.

2020-02-01부터 2020-07-12까지의 날짜를 선택하고 groupby로 일자별로 모든 국가의 확진자 및 사망자 수를 집계한다.

```
>>> coviddailytotals = coviddaily.loc[coviddaily.casedate.\
...     between('2020-02-01','2020-07-12')].\
...     groupby(['casedate'])[['new_cases','new_deaths']].\
...     sum().\
```

```
...     reset_index()
>>>
>>> coviddailytotals.sample(7, random_state=1)
       casedate  new_cases  new_deaths
44   2020-03-16     12,386         757
47   2020-03-19     20,130         961
94   2020-05-05     77,474       3,998
78   2020-04-19     80,127       6,005
160  2020-07-10    228,608       5,441
11   2020-02-12      2,033          97
117  2020-05-28    102,619       5,168
```

④ 일일 신규 확진자 및 사망자 수를 라인 플롯으로 나타낸다.

확진자와 사망자 서브플롯을 따로 그린다.

```
>>> fig = plt.figure()
>>> plt.suptitle("New Covid Cases and Deaths By Day Worldwide in 2020")
>>> ax1 = plt.subplot(2,1,1)
>>> ax1.plot(coviddailytotals.casedate, coviddailytotals.new_cases)
>>> ax1.xaxis.set_major_formatter(DateFormatter("%b"))
>>> ax1.set_xlabel("New Cases")
>>> ax2 = plt.subplot(2,1,2)
>>> ax2.plot(coviddailytotals.casedate, coviddailytotals.new_deaths)
>>> ax2.xaxis.set_major_formatter(DateFormatter("%b"))
>>> ax2.set_xlabel("New Deaths")
>>> plt.tight_layout()
>>> fig.subplots_adjust(top=0.88)
>>> plt.show()
```

위 코드를 실행한 결과로 다음과 같은 라인 플롯이 그려진다.

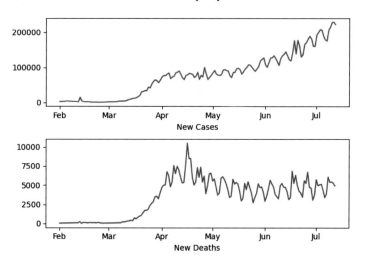

New Covid Cases and Deaths By Day Worldwide in 2020

그림 5.21 전 세계 일일 코로나19 확진자 및 사망자 수 추세

⑤ 신규 확진자 및 사망자 수를 일자 및 지역별로 계산한다.

```
>>> regiontotals = coviddaily.loc[coviddaily.casedate.between('2020-02-01','2020-07-12')].\
...    groupby(['casedate','region'])[['new_cases','new_deaths']].\
...    sum().\
...    reset_index()
>>> regiontotals.sample(7, random_state=1)
         casedate          region new_cases new_deaths
1518  2020-05-16    North Africa       634         28
2410  2020-07-11    Central Asia     3,873         26
870   2020-04-05  Western Europe    30,090      4,079
1894  2020-06-08  Western Europe     3,712        180
790   2020-03-31  Western Europe    30,180      2,970
2270  2020-07-02    North Africa     2,006         89
306   2020-02-26  Oceania / Aus         0          0
```

⑥ 지역별 신규 확진자 수를 라인 플롯으로 나타낸다.

showregions의 각 지역을 순회하며 각 지역의 일자별 전체 new_cases의 라인 플롯을 그린다. gca 메서드로 x축을 얻어 날짜 포맷을 지정한다.

```
>>> showregions = ['East Asia','Southern Africa','North America',
...   'Western Europe']
>>>
>>> for j in range(len(showregions)):
...    rt = regiontotals.loc[regiontotals.region==showregions[j],
...      ['casedate','new_cases']]
...    plt.plot(rt.casedate, rt.new_cases, label=showregions[j])
...
>>> plt.title("New Covid Cases By Day and Region in 2020")
>>> plt.gca().get_xaxis().set_major_formatter(DateFormatter("%b"))
>>> plt.ylabel("New Cases")
>>> plt.legend()
>>> plt.show()
```

위 코드를 실행한 결과로 다음과 같은 라인 플롯이 그려진다.

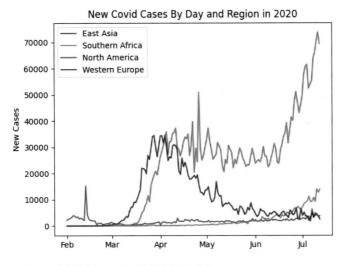

그림 5.22 지역별 일일 코로나19 신규 확진자 수 추세

⑦ 스택 플롯으로 아프리카 대륙 남부(Southern Africa)의 상승세를 면밀히 조사한다.

남아프리카 공화국(South Africa)이 아프리카 남부 전체의 추세선을 주도하는지 확인한다. 아프리카 남부의 new_cases를 나타내는 데이터프레임(af)을 생성한다. 남아공의 new_cases 시리즈를 af 데이터프레임에 추가한다. 그런 다음, 아프리카 남부 확진자 수에서 남아공 확진자 수를 뺀 새로운 시리즈(afcasesnosa)를 af 데이터프레임에 생성한다. 4월 이후 데이터에서 신규 확진자 수가 증가하는지 알아보기 위해 해당 열을 선택한다.

```
>>> af = regiontotals.loc[regiontotals.region=='Southern Africa',
... ['casedate','new_cases']].rename(columns={'new_cases':'afcases'})
>>> sa = coviddaily.loc[coviddaily.location=='South Africa',
... ['casedate','new_cases']].rename(columns={'new_cases':'sacases'})
>>> af = pd.merge(af, sa, left_on=['casedate'], right_on=['casedate'], how="left")
>>> af.sacases.fillna(0, inplace=True)
>>> af['afcasesnosa'] = af.afcases-af.sacases
>>> afabb = af.loc[af.casedate.between('2020-04-01','2020-07-12')]
>>> fig = plt.figure()
>>> ax = plt.subplot()
>>> ax.stackplot(afabb.casedate, afabb.sacases, afabb.afcasesnosa, labels=['South
Africa','Other Southern Africa'])
>>> ax.xaxis.set_major_formatter(DateFormatter("%m-%d"))
>>> plt.title("New Covid Cases in Southern Africa")
>>> plt.tight_layout()
>>> plt.legend(loc="upper left")
>>> plt.show()
```

그 결과 다음과 같은 스택 플롯이 만들어진다.

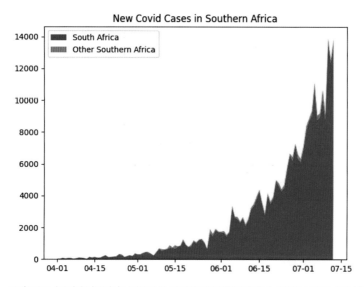

그림 5.23 아프리카 남부에서 남아공과 그 외 국가들의 일일 확진자 수 추세를 나타낸 스택 플롯

단일 변수의 시간에 따른 추세를 조사하기 위해 라인 플롯으로 나타내는 법과 여러 그룹의 추세를 그림에 함께 나타내는 법을 알아봤다.

원리

라인 차트를 그리기 전에 일일 코로나19 데이터를 약간 조작할 필요가 있다. ③에서 groupby로 모든 국가의 일일 확진자 및 사망자 수를 합산했다. ⑤에서는 groupby로 지역별 일일 확진자 및 사망자 수를 합산했다.

④에서 plt.subplot(2,1,1)으로 서브플롯을 처음으로 그렸는데, 하나의 그림에 서브플롯을 2행 1열로 배치했다. 세 번째 인자로 전달한 1은 이 서브플롯이 첫 번째, 즉 최상단에 있음을 가리킨다. 날짜와 값의 데이터 시리즈를 y 축에 전달할 수 있다. 지금까지는 hist, scatterplot, boxplot, violinplot 메서드 사용법과 크게 다르지 않다. 하지만 여기서 다루는 것은 날짜 값이므로 맷플롯립의 날짜 포매팅 유틸리티를 활용할 수 있다. xaxis.set_major_formatter(DateFormatter("%b"))로 월 단위로 나타낸다. 서브플롯을 그리고 있으므로 x 축 레이블을 지정할 때 xlabel이 아니라 set_xlabel을 사용한다.

⑥에서는 선택한 네 지역을 라인 플롯으로 나타냈다. 그리고자 하는 각 지역에 대해 plot을 호출했다. 전체 지역을 하나하나 그릴 수도 있지만, 그렇게 하면 보기가 너무 힘들 것이다.

⑦에서는 아프리카 남부 전체 확진자 수에서 남아공의 확진자 수를 뺀 값을 얻는 작업이 필요하다. 일단 그 작업을 하고 나면 아프리카 남부와 남아공 확진자 수를 스택 플롯으로 나타낼 수 있다. 이 그림은 남아공의 확진자 수가 아프리카 남부 전체 확진자 수 증가를 주도한다는 것을 시사한다.

추가 정보

⑥에서 생성한 도표에는 잠재적인 데이터 이슈가 두 군데 있다. 동아시아는 2월 중순에, 북미는 4월 하순에 수치가 비정상적으로 높다. 그와 관련해 데이터 수집 오류가 있었는지 살펴보는 것이 중요하다.

지역별로 추세가 얼마나 다른지는 눈에 잘 띄는데, 여기에는 그럴 만한 이유가 있다. 추세선이 서로 다른 것은 국가 및 지역별로 감염 확산세가 다른 것을 반영한다. 하지만 데이터가 정확한지 확인하려면 추세선의 방향과 기울기 변화에 주목하는 것이 좋다. 4월초에 서유럽에서 어떤 일이 벌어졌는지, 5월초에 북미와 아프리카 남부에 어떤 일이 있었는지 납득할 만한 설명이 필요하다. 추세선이 전체 지역의 변화를 반영하는지(4월초에 서유럽에서 확진자 수 감소) 혹은 지역에서 큰 비중을 차지하는 국가(북미의 미국, 아프리카 남부의 남아공)에 좌우되는지 생각해볼 만하다.

참고

7장 '집계 시 지저분한 데이터 고치기'에서 groupby를 더 자세히 다룬다. ⑦에서 데이터를 병합했는데, 이는 8장 '데이터프레임을 결합할 때의 데이터 이슈'에서 더 깊이 다룬다.

5.7 상관행렬을 기반으로 히트맵을 작성하기

두 변수 간의 상관(correlation)은 그 둘이 얼마나 함께 움직이는지 나타내는 척도다. 상관이 1인 것은 두 변수가 완벽히 양(positive)의 상관성을 가짐을 의미한다. 한 변수의 크기가 커지면 다른 한 변수도 커진다. 상관이 −1이라는 것은 두 변수가 완벽히 음의 상관성을 가짐을 의미한다. 한 변수의 크기가 커지면 다른 한 변수의 크기는 줄어든다. 상관이 1 또는 −1인 경우는 거의 없지만, 상관이 0.5를 넘거나 −0.5보다 작을 때는 의미가 있을 수 있다. 관계가 통계적으로 유의(significant)한지 알 수 있는 몇 가지 검정(test)이 있다(피어슨, 스피어만, 켄달). 이 장의 주제는 시각화이므로 중요한 상관을 보여주는 데 집중한다.

준비

이 레시피의 코드를 실행하려면 맷플롯립과 시본이 설치돼 있어야 한다. 둘 다 pip로 설치할 수 있다(pip install matplotlib과 pip install seaborn 명령).

작업 방법

먼저 코로나19 데이터의 상관행렬 일부를 보여준 후, 몇 가지 주요 관계를 산점도로 나타낸다. 그 다음에 전체 변수 사이의 상관을 시각화하기 위해 상관행렬의 히트맵(heat map)을 표시한다.

① matplotlib과 seaborn을 임포트하고, 코로나19 총계 데이터를 로드한다.

```
>>> import pandas as pd
>>> import numpy as np
>>> import matplotlib.pyplot as plt
>>> import seaborn as sns
>>> covidtotals = pd.read_csv("data/covidtotals.csv", parse_dates=["lastdate"])
```

② 상관행렬을 생성한다.

행렬의 일부를 표시한다.

```
>>> corr = covidtotals.corr()
>>> corr[['total_cases','total_deaths','total_cases_pm','total_deaths_pm']]
                total_cases  total_deaths  total_cases_pm  total_deaths_pm
total_cases            1.00          0.93            0.23             0.26
total_deaths           0.93          1.00            0.20             0.41
total_cases_pm         0.23          0.20            1.00             0.49
total_deaths_pm        0.26          0.41            0.49             1.00
population             0.34          0.28           -0.04            -0.00
pop_density           -0.03         -0.03            0.08             0.02
median_age             0.12          0.17            0.22             0.38
gdp_per_capita         0.13          0.16            0.58             0.37
hosp_beds             -0.01         -0.01            0.02             0.09
```

③ 중위연령 및 1인당 국내 총생산(GDP)에 대한 백만 명당 확진자별 산점도를 그린다.

서브플롯들이 y 축 값을 공유하도록 sharey=True로 지정한다.

```
>>> fig, axes = plt.subplots(1,2, sharey=True)
>>> sns.regplot(covidtotals.median_age, covidtotals.total_cases_pm, ax=axes[0])
>>> sns.regplot(covidtotals.gdp_per_capita, covidtotals.total_cases_pm, ax=axes[1])
>>> axes[0].set_xlabel("Median Age")
>>> axes[0].set_ylabel("Cases Per Million")
>>> axes[1].set_xlabel("GDP Per Capita")
>>> axes[1].set_ylabel("")
>>> plt.suptitle("Scatter Plots of Age and GDP with Cases Per Million")
>>> plt.tight_layout()
>>> fig.subplots_adjust(top=0.92)
>>> plt.show()
```

그 결과 다음과 같이 산점도 두 개가 만들어진다.

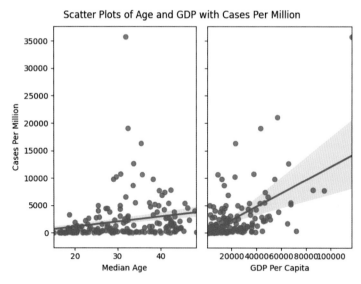

그림 5.24 중위연령과 1인당 GDP별 백만 명당 확진자 수 산점도를 나란히 배치

④ 상관행렬의 히트맵을 생성한다.

```
>>> sns.heatmap(corr, xticklabels=corr.columns, yticklabels=corr.columns, cmap="coolwarm")
>>> plt.title('Heat Map of Correlation Matrix')
>>> plt.tight_layout()
>>> plt.show()
```

코드를 실행하면 다음과 같은 히트맵이 만들어진다.

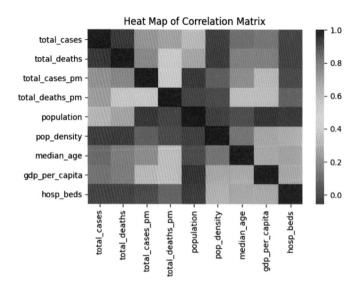

그림 5.25 코로나19 데이터의 히트맵(강한 상관을 빨간색과 복숭아색으로 나타냄)

히트맵은 데이터프레임의 주요 변수 전체에 어떤 상관성이 있는지 나타내는 훌륭한 방법이다.

원리

데이터프레임의 corr 메서드는 모든 수치형 변수 사이의 상관계수를 계산한다. 그렇게 해서 얻은 행렬의 일부를 ②에서 표시했다. ③에서는 중위연령과 1인당 GDP별로 백만 명당 확진자 수의 산점도를 그렸다. 상관이 0.22일 때(중위연령과 백만 명당 확진자 수)와 0.58일 때(1인당 GDP와 백만 명당 확진자 수) 산점도가 어떻게 나타나는지 볼 수 있다. 중위연령과 백만 명당 확진자 수 사이의 관련성은 높지 않다. 1인당 GDP와 백만 명당 확진자 수 사이는 관련성이 좀 더 높다.

히트맵은 ②에서 생성한 상관행렬의 시각화를 제공한다. 빨간 사각형은 모두 상관이 1.0이다(변수 자신에 대한 상관이다). total_cases와 total_deaths 사이는 빨간색이 약간 옅어졌다(0.93). 복숭아색 사각형(0.55~0.65)도 흥미롭다. 1인당 GDP, 중위연령, 천 명당 병상 수가 서로 양의 상관이 있으며, 1인당 GDP는 백만 명당 확진자 수와 양의 상관이 있다.

추가 정보

필자는 탐색적 분석이나 통계적 모델링을 할 때 상관행렬과 히트맵을 자주 활용한다. 이변량 관계를 염두에 두면 데이터를 더 잘 이해할 수 있다.

참고

4장 '데이터의 부분집합에서 누락값과 이상값 식별'의 '이변량 관계에서 예상치 못한 값을 식별하기' 레시피에서 두 변수 간의 관계를 조사하는 도구를 자세히 살펴봤다.

06

데이터 정제,
탐색 및 시리즈 연산

이 책의 처음 몇 장에 실린 레시피들은 본질적으로 '진단'을 다룬 것이라 할 수 있다. 원시 데이터를 읽은 다음 몇 가지 주요 변수에 대한 기술통계를 생성했다. 이는 변수들의 값이 어떻게 분포하는지 감을 잡고 이상값과 예상치 못한 값을 식별하는 데 도움이 됐다. 그 다음에는 변수 간의 관계에 패턴을 살펴보고, 패턴들이 상충되거나 논리적 불일치가 있는지를 조사했다. 즉, 지금까지는 데이터를 이해하는 것이 주된 목표였다고 할 수 있다.

이번 장에서는 데이터에 대한 이해를 바탕으로 판다스 메서드로 시리즈 값을 갱신하는 법을 다룬다. 변숫값을 다루기 전에 데이터를 면밀히 조사하는 데 충분히 시간을 들이는 것이 좋다. 변숫값을 갱신하거나 새로운 변수를 만들기 전에 중심경향성, 분포의 형태와 퍼짐, 상관을 확인하고 시각화를 거쳐야 한다. 이상값과 누락값이 있는지, 그것들이 요약통계에 어떤 영향을 미치는지 이해해야 하며, 새로운 값으로 대치하거나 조정하는 것에 대한 계획을 세워둬야 한다.

이러한 계획에 따라 데이터 정제 작업을 수행한다. 정제 과정에서는 기존 시리즈 값을 변경하거나 새로운 값을 생성하는 것과 같이 판다스 시리즈 객체를 직접 다루기도 한다. 또한 조건에 따라 값을 바꾸거나, 특정 조건에 부합하는 값만 변경하거나, 해당 시리즈 값 또는 타 시리즈 값을 바탕으로 여러 개의 값을 할당하는 등의 작업을 하기도 한다.

값을 할당하는 방법은 변경할 시리즈의 자료형에 따라 상당히 달라진다. 문자열 데이터를 질의 및 정제하는 방법은 날짜 또는 숫자 데이터를 다루는 법과 차이가 있다. 문자열을 다룰 때는 문자열이 특정 값을 포함하는지 평가하고, 의미 없는 글자를 제거하고, 값을 숫자 또는 날짜 값으로 변환하는 작업이 주를 이룬다. 날짜를 다룰 때는 유효하지 않거나 날짜 범위를 벗어난 값을 찾거나 날짜 간격을 계산해야할 때도 있다.

다행히 판다스 시리즈에는 문자열, 숫자, 날짜 값을 다루는 도구가 많이 있다. 이 장에서는 그러한 유용한 도구를 알아본다. 레시피 목록은 다음과 같다.

- 판다스 시리즈에서 값을 얻기
- 판다스 시리즈에 대한 요약통계 표시
- 시리즈 값 변경
- 조건에 따라 시리즈 값을 변경
- 문자열 시리즈 데이터 평가와 정제
- 날짜 다루기
- 누락 데이터 식별과 정제
- k-최근접 이웃을 이용해 누락값 대치

그럼 시작하자!

6.1 판다스 시리즈에서 값을 얻기

판다스 시리즈의 구조는 1차원 배열과 유사하며 넘파이 자료형을 취한다. 각각의 시리즈에는 인덱스, 즉 데이터 레이블의 배열이 있다. 시리즈를 생성할 때 인덱스를 지정하지 않으면 0부터 N-1까지의 기본 인덱스가 지정된다.

판다스 시리즈를 만드는 방법은 여러 가지다. 리스트, 딕셔너리, 넘파이 배열, 스칼라로부터 만들 수 있다. 데이터 정제 작업을 할 때는 데이터프레임의 열을 포함하는 데이터 시리즈에 매우 빈번하게 접근하며, 이때 어트리뷰트 액세스(데이터프레임.열) 또는 대괄호 표기법(데이터프레임['열'])을 사용한다. 시리즈 값을 지정할 때는 어트리뷰트 액세스를 사용할 수 없지만, 대괄호 표기법으로는 모든 시리즈 연산을 할 수 있다.

이 레시피에서는 판다스 시리즈로부터 값을 얻는 방법 몇 가지를 탐구한다. 이 기법들은 3장 '데이터 측정'의 '행 선택하기' 레시피에서 판다스 데이터프레임으로부터 행을 얻어낼 때 사용한 방법들과 많이 닮았다.

준비

이 레시피에서는 **미국 종단 조사(NLS)** 데이터 중 응답자의 고등학교 내신성적(**GPA**)을 주로 사용한다.

> **데이터에 관해**
>
> NLS는 미국 노동통계국에서 실시했다. 이 조사는 1980년에서 1985년 사이 출생한 개인 집단을 대상으로 1997년에 조사를 시작해 2017년까지 매년 후속조사가 이뤄졌다. 조사 데이터는 nlsinfo.org에 공개돼 있다.

작업 방법

이 레시피를 위해, 반드시 대괄호 연산자와 loc 및 iloc 접근자를 사용해 시리즈 값을 선택해야 한다. 그럼 시작하자.

① pandas를 임포트하고 NLS 데이터를 로드한다.

```
>>> import pandas as pd
>>> nls97 = pd.read_csv("data/nls97b.csv")
>>> nls97.set_index("personid", inplace=True)
```

② gpaoverall 열로부터 시리즈를 생성한다.

처음 몇 개의 값과 관련 인덱스를 head로 출력한다. head의 기본값은 5다. 이 시리즈는 데이터프레임과 같이 personid를 인덱스로 사용한다.

```
>>> gpaoverall = nls97.gpaoverall
>>> type(gpaoverall)
<class 'pandas.core.series.Series'>
>>> gpaoverall.head()
personid
100061    3.06
100139     NaN
```

```
100284    NaN
100292    3.45
100583    2.91
Name: gpaoverall, dtype: float64
>>> gpaoverall.index
Int64Index([100061, 100139, 100284, 100292, 100583, 100833, 100931, 101089,
            101122, 101132,
            ...
            998997, 999031, 999053, 999087, 999103, 999291, 999406, 999543,
            999698, 999963],
           dtype='int64', name='personid', length=8984)
```

③ 대괄호 연산자를 사용해 GPA 값을 선택한다.

슬라이싱을 사용해 첫번째부터 다섯번 째까지 모든 값으로 시리즈를 생성한다. ②에서 head 메서드를 사용한 것과 같은 값을 얻었다. 콜론 왼쪽에 값을 지정하지 않으면 첫 번째 값부터 시작하며 gpaoverall[:5]는 gpaoverall[0:5]와 같은 결과를 얻는다. 마찬가지로 gpaoverall[-5:]라고 쓰면 뒤에서 다섯 번째 값부터 마지막 값까지를 보여주며, 이는 gpaoverall.tail()과 같은 결과다.

```
>>> gpaoverall[:5]
personid
100061    3.06
100139    NaN
100284    NaN
100292    3.45
100583    2.91
Name: gpaoverall, dtype: float64
>>> gpaoverall.tail()
personid
999291    3.11
999406    2.17
999543    NaN
999698    NaN
999963    3.78
Name: gpaoverall, dtype: float64
>>> gpaoverall[-5:]
personid
999291    3.11
999406    2.17
```

```
999543    NaN
999698    NaN
999963    3.78
Name: gpaoverall, dtype: float64
```

④ loc 접근자를 사용해 값을 선택한다.

loc 접근자에 인덱스 레이블(personid 값)을 전달하면 스칼라 값이 반환된다. 인덱스 레이블의 리스트를 전달하면, 값이 하나이든 여러 개이든 상관없이 시리즈를 얻는다. gpaoverall.loc[100061:100833]와 같이 콜론으로 구분한 범위를 전달할 수도 있다.

```
>>> gpaoverall.loc[100061]
3.06
>>> gpaoverall.loc[[100061]]
personid
100061    3.06
Name: gpaoverall, dtype: float64
>>> gpaoverall.loc[[100061,100139,100284]]
personid
100061    3.06
100139    NaN
100284    NaN
Name: gpaoverall, dtype: float64
>>> gpaoverall.loc[100061:100833]
personid
100061    3.06
100139    NaN
100284    NaN
100292    3.45
100583    2.91
100833    2.46
Name: gpaoverall, dtype: float64
```

⑤ iloc 접근자를 사용해 값을 선택한다.

iloc는 loc와 달리 레이블이 아닌 행 번호의 리스트를 취하며, 대괄호 연산자 슬라이싱과 비슷하게 작동한다. 먼저 아이템이 한 개인 리스트 [0]을 전달한다. 그 다음에는 아이템이 다섯 개인 리스트 [0,1,2,3,4]를 전달하여, 처음 다섯 개의 값이 포함된 시리즈가 반환된다. 접근자에 [:5]를 지정해도 결과는 같다.

```
>>> gpaoverall.iloc[[0]]
personid
100061    3.06
Name: gpaoverall, dtype: float64
>>> gpaoverall.iloc[[0,1,2,3,4]]
personid
100061    3.06
100139     NaN
100284     NaN
100292    3.45
100583    2.91
Name: gpaoverall, dtype: float64
>>> gpaoverall.iloc[:5]
personid
100061    3.06
100139     NaN
100284     NaN
100292    3.45
100583    2.91
Name: gpaoverall, dtype: float64
>>> gpaoverall.iloc[-5:]
personid
999291    3.11
999406    2.17
999543     NaN
999698     NaN
999963    3.78
Name: gpaoverall, dtype: float64
```

판다스 시리즈 값에 액세스하는 방법에는 대괄호 연산자, loc 접근자, iloc 접근자 등 여러 방법이 있으며, 각 방법마다 다양한 사용법이 있다. 특히 loc 접근자의 사용법이 다양하다.

원리

③에서 대괄호([ ]) 연산자를 사용해 파이썬의 표준적인 슬라이싱과 비슷한 방식으로 시리즈를 생성했다. 리스트 또는 슬라이싱 표기법으로 나타낸 값 범위에 대괄호 연산자를 사용해 데이터를 쉽게 선택할 수 있다.

④에 사용한 loc 접근자는 레이블로 데이터를 선택한다. 이 시리즈의 인덱스가 personid이므로, 한 개 이상의 personid 값을 가진 리스트를 loc 접근자에 전달함으로써 해당 레이블 및 관련 GPA 값의 시리즈를 얻을 수 있다. 또한 레이블의 범위를 접근자에 전달할 수 있는데, 콜론 왼쪽의 인덱스 레이블부터 콜론 오른쪽의 인덱스 레이블까지의 GPA 값의 시리즈가 반환된다(이때 오른쪽 인덱스 레이블도 포함한다). 즉, gpaoverall.loc[100061:100833]은 personid가 100061부터 100833까지인 사람의 GPA 시리즈를 반환한다(100833도 포함).

⑤에 보인 것과 같이, iloc 접근자는 인덱스 레이블을 취하지 않고 행의 위치를 취한다. 숫자 리스트를 전달하거나 슬라이싱 표기법을 사용한 범위를 전달할 수 있다.

6.2 판다스 시리즈에 대한 요약통계 표시

판다스 시리즈에 대한 요약통계를 생성하는 메서드가 많이 있다. mean, median, max, min 메서드로 시리즈의 평균, 중앙값, 최댓값을 쉽게 구할 수 있다. describe 메서드는 이러한 통계를 모두 반환하므로 매우 편리하다. 또한 quantile을 사용해 시리즈의 백분위수를 얻을 수 있다. 이 메서드들을 시리즈의 모든 값에 대해 사용할 수도 있고 선택한 값에 대해서만 사용할 수 있다. 이 레시피에서 그 방법을 시연한다.

준비

이 레시피에서도 NLS의 gpaoverall 열을 사용한다

작업 방법

데이터프레임 및 선택한 열에서 전체 GPA 분포를 살펴보자. 순서는 다음과 같다.

① pandas와 numpy를 임포트하고 NLS 데이터를 로드한다.

```
>>> import pandas as pd
>>> import numpy as np
>>> nls97 = pd.read_csv("data/nls97b.csv")
>>> nls97.set_index("personid", inplace=True)
```

② 기술통계를 수집한다.

```
>>> gpaoverall = nls97.gpaoverall
>>> gpaoverall.mean()
2.8184077281812145
>>> gpaoverall.describe()
count   6,004.00
mean       2.82
std        0.62
min        0.10
25%        2.43
50%        2.86
75%        3.26
max        4.17
Name: gpaoverall, dtype: float64
>>> gpaoverall.quantile(np.arange(0.1,1.1,0.1))
0.10    2.02
0.20    2.31
0.30    2.52
0.40    2.70
0.50    2.86
0.60    3.01
0.70    3.17
0.80    3.36
0.90    3.60
1.00    4.17
Name: gpaoverall, dtype: float64
```

③ 시리즈의 부분집합에 대한 기술을 보인다.

```
>>> gpaoverall.loc[gpaoverall.between(3,3.5)].head(5)
personid
100061    3.06
100292    3.45
101526    3.37
101527    3.26
102125    3.14
Name: gpaoverall, dtype: float64
>>> gpaoverall.loc[gpaoverall.between(3,3.5)].count()
```

```
1679
>>> gpaoverall.loc[(gpaoverall<2) | (gpaoverall>4)].sample(5, random_state=2)
personid
932782    1.90
561335    1.82
850001    4.10
292455    1.97
644271    1.97
Name: gpaoverall, dtype: float64
>>> gpaoverall.loc[gpaoverall>gpaoverall.quantile(0.99)].\
...   agg(['count','min','max'])
count   60.00
min      3.98
max      4.17
Name: gpaoverall, dtype: float64
```

④ 전체 값에 걸쳐 조건을 테스트한다.

GPA 값이 4가 넘는 것이 있는지와 모든 값이 0 이상인지 확인한다. 또한 누락값이 몇 개 있는지도 확인한다.

```
>>> (gpaoverall>4).any()  # GPA가 4를 넘는 사람이 있는가?
True
>>> (gpaoverall>=0).all()  # 모든 사람의 GPA가 0 이상인가?
False
>>> (gpaoverall>=0).sum()  # GPA가 0 이상인 사람 수
6004
>>> (gpaoverall==0).sum()  # GPA가 0인 사람 수
0
>>> gpaoverall.isnull().sum()  # GPA 값이 없는 사람 수
2980
```

⑤ 시리즈에서 서로 다른 열의 값을 기준으로 한 부분집합들의 기술통계를 보인다.

2016년 임금소득이 75백분위수를 넘는 개인과 25백분위수 아래인 개인의 고등학교 GPA 평균을 각각 나타낸다.

```
>>> nls97.loc[nls97.wageincome > nls97.wageincome.quantile(0.75),'gpaoverall'].mean()
3.0804171011470256
>>> nls97.loc[nls97.wageincome < nls97.wageincome.quantile(0.25),'gpaoverall'].mean()
2.720143415906124
```

⑥ 범주 데이터를 포함하는 시리즈에 대한 기술과 빈도를 표시한다.

```
>>> nls97.maritalstatus.describe()
count        6672
unique          5
top       Married
freq         3066
Name: maritalstatus, dtype: object
>>> nls97.maritalstatus.value_counts()
Married          3066
Never-married    2766
Divorced          663
Separated         154
Widowed            23
Name: maritalstatus, dtype: int64
```

시리즈가 있으면 다양한 판다스 도구를 활용해 해당 시리즈 전체 또는 일부의 기술통계를 계산할 수 있다.

원리

시리즈의 describe 메서드는 연속변수의 중심경향성과 퍼짐을 알려주어 꽤 유용하다. 또한 ②에서 0.1부터 1.1까지의 범위의 값으로 이뤄진 리스트를 시리즈의 quantile 메서드에 전달해 얻은 것과 같이 각 십분위수에서 값을 볼 때도 유용하다.

시리즈의 부분집합에 이러한 메서드들을 활용할 수 있다. ③에서 3~3.5 사이의 GPA 값들의 개수를 얻었다. 또한 요약통계에 대한 관계를 바탕으로 값들을 선택할 수도 있다. 예를 들어, gpaoverall>gpaoverall.quantile(0.99)는 99백분위수보다 큰 GPA에서 값들을 선택한다. 그 결과로 얻은 시리즈를 메서드 체이닝을 사용해 agg 메서드에 전달해 여러 가지 요약통계(agg(['count','min','max']))를 얻는다.

때로는 시리즈의 모든 값에 대해 특정 조건이 참이 되는지 테스트하기만 하면 되는데, 이럴 때 any와 all 메서드가 유용하다. any는 시리즈에 속한 값이 하나라도 조건을 만족하면 True를 반환한다(예: (gpaoverall>4).any()). all은 시리즈의 모든 값이 조건을 만족할 때 True를 반환한다. 검사 조건에 sum을 체이닝할 수도 있는데((gpaoverall>=0).sum()), 그렇게 하면 판다스가 숫자 연산을 할 때 True 값을 1로 해석해, 결과적으로 True 값들의 개수를 얻는다.

(gpaoverall>4)는 gpaoverall와 같은 인덱스로 불 시리즈를 생성하는 손쉬운 방법이다. gpaoverall이 4보다 클 때 True 값을, 그 외의 경우 False 값을 갖는다.

```
>>> (gpaoverall>4)
personid
100061    False
100139    False
100284    False
100292    False
100583    False
          ...
999291    False
999406    False
999543    False
999698    False
999963    False
Name: gpaoverall, Length: 8984, dtype: bool
```

시리즈를 다른 시리즈로 필터링한 요약통계를 생성해야 할 때도 있다. ⑤에서 임금소득이 제3 사분위수보다 높은 개인들과 임금소득이 제1 사분위수보다 낮은 개인들의 고등학교 GPA 평균을 각각 계산했다.

describe 메서드는 gpaoverall과 같은 연속변수를 다룰 때 가장 유용한 메서드일 뿐 아니라 maritalstatus 같은 범주형변수에 대해서도 유용한 정보를 제공한다(⑥). 누락값이 아닌 값의 개수, 다른 값들의 개수, 가장 자주 출현한 범주와 그 빈도를 반환한다.

하지만 범주형 데이터를 다룰 때는 시리즈에서 각 범주의 빈도를 제공하는 value_counts 메서드가 더 자주 쓰인다.

추가 정보

시리즈를 다루는 것은 판다스 데이터 정제 작업에서 극히 기초적인 부분이다. 데이터 분석가는 이 레시피에서 사용한 도구들이 일상적인 데이터 정제 작업흐름의 일부임을 금세 깨닫는다. 처음에 데이터를 가져온 후 describe, mean, sum, isnull, all, any 같은 시리즈 메서드를 사용하기까지 그리 오랜 시간이 걸리지 않는다.

참고

시리즈의 통계를 생성하고 조건을 검사하는 법은 3장 '데이터 측정'의 레시피들에서 자세히 다뤘으므로 이 장에서는 간단히 다뤘다. 데이터 집계에 대해서도 이 장은 겉핥기로만 다뤘으며 7장 '집계 시 지저분한 데이터 고치기'에서 완전하게 다룬다.

6.3 시리즈 값 변경

데이터 정제 과정 도중에 데이터 시리즈의 값을 바꾸거나 새로운 것을 생성해야 할 때가 종종 있다. 시리즈의 모든 값을 바꿀 수 있으며 데이터의 부분집합의 값만 바꿀 수도 있다. 시리즈의 값을 갱신하는 법은 값을 얻을 때 사용한 방법과 크게 다르지 않다.

준비

이 레시피는 미국 종단 조사(NLS)의 고등학교 성적 열을 사용한다.

작업 방법

판다스 시리즈에서 전체 행의 값을 바꿀 수 있으며, 선택한 행의 값을 바꿀 수도 있다. 시리즈를 스칼라로 갱신할 수 있고, 다른 시리즈에 대한 산술 연산을 수행해 갱신할 수도 있으며, 요약통계로 갱신할 수도 있다. 그 방법을 알아보자.

① pandas를 임포트하고 NLS 데이터를 로드한다.

```
>>> import pandas as pd
>>> nls97 = pd.read_csv("data/nls97b.csv")
>>> nls97.set_index("personid", inplace=True)
```

② 스칼라를 기반으로 전체 값을 편집한다.

gpaoverall에 100을 곱한다.

```
>>> nls97.gpaoverall.head()
personid
100061   3.06
100139    NaN
```

```
100284      NaN
100292     3.45
100583     2.91
Name: gpaoverall, dtype: float64
>>> gpaoverall100 = nls97['gpaoverall'] * 100
>>> gpaoverall100.head()
personid
100061    306.00
100139       NaN
100284       NaN
100292    345.00
100583    291.00
Name: gpaoverall, dtype: float64
```

③ 인덱스 레이블을 사용해 값을 설정한다.

어느 값을 변경할 것인지를 loc 접근자를 사용해 인덱스 레이블로 지정한다.

```
>>> nls97.loc[[100061], 'gpaoverall'] = 3
>>> nls97.loc[[100139,100284,100292],'gpaoverall'] = 0
>>> nls97.gpaoverall.head()
personid
100061    3.00
100139    0.00
100284    0.00
100292    0.00
100583    2.91
Name: gpaoverall, dtype: float64
```

④ 하나 이상의 시리즈에 대해 연산자를 사용해 값을 설정한다.

덧셈 연산자를 사용해 집에서 사는 자녀 수와 집에서 살지 않는 자녀 수의 합을 구한다.

```
>>> nls97['childnum'] = nls97.childathome + nls97.childnotathome
>>> nls97.childnum.value_counts().sort_index()
0.00       23
1.00     1364
2.00     1729
3.00     1020
4.00      420
5.00      149
```

```
6.00        55
7.00        21
8.00         7
9.00         1
12.00        2
Name: childnum, dtype: int64
```

⑤ 인덱스 레이블을 사용해 요약통계 값을 설정한다.

loc 접근자를 사용해 personid 값이 100061부터 100292까지인 것을 선택한다.

```
>>> nls97.loc[100061:100292,'gpaoverall'] = nls97.gpaoverall.mean()
>>> nls97.gpaoverall.head()
personid
100061    2.82
100139    2.82
100284    2.82
100292    2.82
100583    2.91
Name: gpaoverall, dtype: float64
```

⑥ 위치를 사용해 값을 설정한다.

iloc 접근자를 사용해 위치에 따라 선택한다. 어느 행의 값을 바꿀 것인지를 정수 또는 슬라이스 표기를 통해 지정할 수 있다. 열을 선택하기 위해 콤마 오른쪽에 정수를 사용한다. gpaoverall 열은 14번째 위치(인덱스는 0부터 시작하므로 13)에 있다.

```
>>> nls97.iloc[0, 13] = 2
>>> nls97.iloc[1:4, 13] = 1
>>> nls97.gpaoverall.head()
personid
100061    2.00
100139    1.00
100284    1.00
100292    1.00
100583    2.91
Name: gpaoverall, dtype: float64
```

⑦ GPA 값을 필터링한 뒤 설정한다.

4가 넘는 GPA 값을 모두 4로 설정한다.

```
>>> nls97.gpaoverall.nlargest()
personid
312410    4.17
639701    4.11
850001    4.10
279096    4.08
620216    4.07
Name: gpaoverall, dtype: float64
>>> nls97.loc[nls97.gpaoverall>4, 'gpaoverall'] = 4
>>> nls97.gpaoverall.nlargest()
personid
112756    4.00
119784    4.00
160193    4.00
250666    4.00
271961    4.00
Name: gpaoverall, dtype: float64
```

시리즈 값을 스칼라, 산술 연산, 요약통계로 갱신하는 법을 살펴봤다.

원리

가장 먼저 살펴볼 것은 ②에서 판다스가 스칼라에 의한 곱셈을 벡터화(vectorize)한 것이다. 판다스는 우리가 스칼라를 전체 열에 적용하고자 한다는 것을 이해한다. nls97['gpaoverall'] * 100은 모든 값이 100으로 설정된 시리즈를 임시로 생성(인덱스는 gpaoverall 시리즈와 동일)한 다음 gpaoverall에 그 시리즈를 곱한다. 이를 브로드캐스팅(broadcasting)이라 한다.

이 장의 첫 번째 레시피에서 배운 여러 기법(시리즈에서 값을 얻는 법, 특정 값을 선택해 갱신하는 법 등)을 많이 활용할 수 있다. 여기서 주된 차이점은 loc 및 iloc 접근자를 시리즈에 사용(nls97. gpaoverall.loc)하기보다는 데이터프레임에 주로 사용(nls97.loc)한다는 점이다. 이는 데이터프레임 사본에 값을 설정하는 것에 대해 경고하는 SettingWithCopyWarning을 피하기 위함이다. nls97. gpaoverall.loc[[100061]] = 3은 SettingWithCopyWarning을 발생시키지만 nls97.loc[[100061], 'gpaoverall'] = 3은 그렇지 않다.

④에서 판다스가 두세 개의 시리즈에 대한 숫자 연산을 어떻게 다루는지 볼 수 있다. 판다스의 덧셈, 뺄셈, 곱셈, 나눗셈은 표준 파이썬의 스칼라와 매우 비슷하되 벡터화가 있다. (이는 판다스의 인덱스 얼라인먼트가 있어 가능하다. 데이터프레임에서 시리즈는 같은 인덱스를 갖는다는 것을 기억하자.) 넘파이에 익숙하다면 이것이 어떻게 작동하는지 쉽게 이해할 것이다.

추가 정보

nls97.loc[[100061], 'gpaoverall']이 시리즈를 반환함에 유의하자. 한편 nls97.loc[[100061], ['gpaoverall']]은 데이터프레임을 반환한다.

```
>>> type(nls97.loc[[100061], 'gpaoverall'])
<class 'pandas.core.series.Series'>
>>> type(nls97.loc[[100061], ['gpaoverall']])
<class 'pandas.core.frame.DataFrame'>
```

loc 접근자의 두 번째 인자가 문자열이면 시리즈를 반환하고, 리스트일 경우는 리스트에 아이템이 한 개밖에 없더라도 데이터프레임을 반환한다.

이 레시피에서 논의한 연산에서 판다스가 누락값을 어떻게 다루는지 염두에 두는 것이 좋다. 예를 들어, ③에서 childathome 또는 childnotathome에 누락값이 있을 경우 연산은 missing을 반환한다. 이런 상황을 어떻게 다룰지는 이 장의 '누락 데이터 식별과 정제' 레시피에서 다룬다.

참고

loc와 iloc 접근자에 대해서는 3장 '데이터 측정'의 '행을 선택하기'와 '열을 선택하고 정돈하기' 레시피에서 상세히 다뤘다.

6.4 조건에 따라 시리즈 값을 변경

시리즈 값을 바꾸는 것은 이전 레시피에서 제안한 것보다 복잡할 때가 있다. 다른 시리즈 값을 바탕으로 열의 시리즈 값을 설정해야 할 때가 그렇다. 다른 행을 바탕으로 시리즈 값을 설정해야 하는 경우는 더 복잡해진다. 개인의 이전 값 또는 부분집합의 평균을 예로 들 수 있다. 이 레시피와 다음 레시피에서 이러한 복잡성을 다룬다.

준비

이 레시피에서는 지표온도 데이터와 미국 종단 조사(NLS) 데이터를 사용한다.

> **데이터에 관해**
>
> 지표 온도 데이터셋에는 2019년 세계 12,000곳의 관측소에서 수집한 평균 기온(섭씨)이 있으며, 관측소 대부분은 미국에 있다. 원시 데이터는 GHCN 통합 데이터베이스[1]에서 조회한 것으로, 미국 해양대기청에 공개돼 있다.

작업 방법

넘파이의 where와 select 메서드를 사용해 같은 시리즈의 값, 다른 시리즈의 값, 요약통계를 시리즈 값으로 할당한다. 그 다음에는 lambda와 apply 함수로 더 복잡한 기준에 따라 할당한다. 그럼 시작하자.

① pandas와 numpy를 임포트하고, NLS와 지표 온도 데이터를 로드한다.

```
>>> import pandas as pd
>>> import numpy as np
>>> nls97 = pd.read_csv("data/nls97b.csv")
>>> nls97.set_index("personid", inplace=True)
>>> landtemps = pd.read_csv("data/landtemps2019avgs.csv")
```

② 넘파이 where 함수를 사용해 두 값을 포함하는 범주 시리즈를 생성한다.
먼저 elevation 값의 분포를 빠르게 확인한다.

```
>>> landtemps.elevation.quantile(np.arange(0.2,1.1,0.2))
0.20       48.00
0.40      190.50
0.60      393.20
0.80    1,066.80
1.00    9,999.00
Name: elevation, dtype: float64
>>>
>>> landtemps['elevation_group'] = np.where(landtemps.elevation>\
...    landtemps.elevation.quantile(0.8),'High','Low')
>>> landtemps.elevation_group = landtemps.elevation_group.astype('category')
```

---

1 https://www.ncdc.noaa.gov/data-access/land-based-station-data/land-based-datasets/global-historical-climatology-network-monthly-version-4

```
>>> landtemps.groupby(['elevation_group'])['elevation'].agg(['count','min','max'])
                count       min       max
elevation_group
High            2409  1,067.00  9,999.00
Low             9686   -350.00  1,066.80
```

③ 넘파이의 where 메서드를 사용해 세 값을 포함하는 범주형 시리즈를 생성한다.

80번째 백분위수보다 높은 값을 'High'로, 중앙값을 초과하고 80번째 백분위수 이하인 값을 'Medium'으로, 그 외의 값을 'Low'로 설정한다.

```
>>> landtemps.elevation.median()
271.3
>>> landtemps['elevation_group'] = np.where(landtemps.elevation>
...     landtemps.elevation.quantile(0.8),'High',np.where(landtemps.elevation>
...     landtemps.elevation.median(),'Medium','Low'))
>>> landtemps.elevation_group = landtemps.elevation_group.astype('category')
>>> landtemps.groupby(['elevation_group'])['elevation'].agg(['count','min','max'])
                count       min       max
elevation_group
High            2409  1,067.00  9,999.00
Low             6056   -350.00    271.30
Medium          3630    271.40  1,066.80
```

④ 넘파이의 select 메서드를 사용해 조건의 리스트를 평가한다.

먼저, 검사 조건의 리스트와 결과를 담을 또 다른 리스트를 준비한다. GPA가 2 미만인 개인과 학위가 없는 개인을 첫 번째 범주에 넣고, 학위는 없지만 GPA가 높은 개인을 두 번째 범주에, 학위는 있지만 GPA가 낮은 개인을 세 번째 범주에, 나머지를 네 번째 범주에 넣고자 한다.

```
>>> test = [(nls97.gpaoverall<2) & (nls97.highestdegree=='0. None'),
nls97.highestdegree=='0. None', nls97.gpaoverall<2]
>>> result = ['1. Low GPA and No Diploma','2. No Diploma','3. Low GPA']
>>> nls97['hsachieve'] = np.select(test, result, '4. Did Okay')
>>> nls97[['hsachieve','gpaoverall','highestdegree']].head()
              hsachieve  gpaoverall   highestdegree
personid
100061     4. Did Okay        3.06  2. High School
100139     4. Did Okay         NaN  2. High School
100284   2. No Diploma         NaN         0. None
100292     4. Did Okay        3.45     4. Bachelors
```

```
100583        4. Did Okay        2.91  2. High School
>>> nls97.hsachieve.value_counts().sort_index()
1. Low GPA and No Diploma       95
2. No Diploma                  858
3. Low GPA                     459
4. Did Okay                   7572
Name: hsachieve, dtype: int64
```

⑤ lambda를 사용해 여러 개의 열을 한 문장으로 테스트한다.

colenr 열에는 매년 2월과 10월의 개인별 학적 상태가 있다. 이 열에 3. 4-year college 값이 있는지 검사하려고 한다. filter를 사용해 colenr 열의 데이터프레임을 생성한다. 그런 다음, apply를 사용해 lambda 함수를 호출해 colenr 열의 첫 번째 문자를 검사한다(첫 번째 글자가 3인지만 확인한다). 그 결과는 any에 전달되어 3이 첫 글자인 열이 존재하는지를 평가하게 된다(지면을 고려해 2000년에서 2004년까지만 표시하지만, 1997부터 2017년까지의 모든 대학교 등록 열에 대해 값을 검사한다). 코드는 다음과 같다.

```
>>> nls97.loc[[100292,100583,100139], 'colenrfeb00':'colenroct04'].T
personid              100292          100583          100139
colenrfeb00   1. Not enrolled   1. Not enrolled  1. Not enrolled
colenroct00  3. 4-year college  1. Not enrolled  1. Not enrolled
colenrfeb01  3. 4-year college  1. Not enrolled  1. Not enrolled
colenroct01  3. 4-year college  3. 4-year college  1. Not enrolled
colenrfeb02  3. 4-year college  3. 4-year college  1. Not enrolled
colenroct02  3. 4-year college  1. Not enrolled  1. Not enrolled
colenrfeb03  3. 4-year college  1. Not enrolled  1. Not enrolled
colenroct03  3. 4-year college  1. Not enrolled  1. Not enrolled
colenrfeb04  3. 4-year college  1. Not enrolled  1. Not enrolled
colenroct04   1. Not enrolled   1. Not enrolled  1. Not enrolled
>>> nls97['baenrollment'] = nls97.filter(like="colenr").\
...     apply(lambda x: x.str[0:1]=='3').\
...     any(axis=1)
>>>
>>> nls97.loc[[100292,100583,100139], ['baenrollment']].T
personid      100292  100583  100139
baenrollment    True    True   False
>>> nls97.baenrollment.value_counts()
False   5085
True    3899
Name: baenrollment, dtype: int64
```

⑥ 여러 시리즈의 값을 바탕으로 값을 할당하는 함수를 생성한다.

getsleepdeprivedreason 함수는 야간에 수면을 6시간 미만으로 취하는 이유에 따라 조사 응답자를 범주화하는 변수를 생성한다. 취업 상태, 함께 거주하는 자녀 수, 임금소득, 최고 성적에 대한 NLS 조사 응답을 바탕으로 했다.

```
>>> def getsleepdeprivedreason(row):
...     sleepdeprivedreason = "Unknown"
...     if (row.nightlyhrssleep>=6):
...       sleepdeprivedreason = "Not Sleep Deprived"
...     elif (row.nightlyhrssleep>0):
...       if (row.weeksworked16+row.weeksworked17 < 80):
...         if (row.childathome>2):
...           sleepdeprivedreason = "Child Rearing"
...         else:
...           sleepdeprivedreason = "Other Reasons"
...       else:
...         if (row.wageincome>=62000 or row.highestgradecompleted>=16):
...           sleepdeprivedreason = "Work Pressure"
...         else:
...           sleepdeprivedreason = "Income Pressure"
...     else:
...       sleepdeprivedreason = "Unknown"
...     return sleepdeprivedreason
...
```

⑦ apply를 사용해 전체 행에 대해 함수를 실행한다.

```
>>> nls97['sleepdeprivedreason'] = nls97.apply(getsleepdeprivedreason, axis=1)
>>> nls97.sleepdeprivedreason = nls97.sleepdeprivedreason.astype('category')
>>> nls97.sleepdeprivedreason.value_counts()
Not Sleep Deprived    5595
Unknown               2286
Income Pressure        462
Work Pressure          281
Other Reasons          272
Child Rearing           88
Name: sleepdeprivedreason, dtype: int64
```

조건에 따라 시리즈에 값을 설정하는 여러 기법을 시연했다.

원리

SQL 또는 마이크로소프트 엑셀에서 if-then-else 문을 사용해봤다면 넘파이의 where가 익숙할 것이다. 형식은 where (검사 조건, 참일 경우 수행할 문장, 거짓일 경우 수행할 문장)이다. ①에서 각 행에 대해 고도(elevation) 값이 80번째 백분위수보다 큰지 검사했다. 참이면 'High'를, 거짓이면 'Low'를 반환한다. 이는 기본적인 if-then-else 구조다.

검사 안에 검사를 중첩해야 할 때도 있다. ③에서 그렇게 해서 3개의 고도 그룹(high, medium, low)을 생성했다. False에 단순한 문장을 쓰는 대신 또 다른 where 문을 넣었다. else 절을 else if 절로 바꾼 셈이다. 형식은 where(검사 조건, 참일 경우 수행할 문장, where(검사 조건, 참일 경우 수행할 문장, 거짓일 경우 수행할 문장))이 됐다.

where 문을 더 많이 넣는 것도 가능하지만 권장하지 않는다. 약간 더 복잡한 평가가 필요하다면 넘파이의 select 메서드를 사용하면 편리하다. ④에서 검사 리스트와 그 검사의 결과 리스트를 select에 전달했다. 검사의 어느 것도 참이 되지 않을 경우를 대비해 "4. Did Okay"를 디폴트 값으로 전달했다. 여러 검사를 만족하더라도 첫 번째 참인 것만 사용된다.

로직이 더 복잡하다면 apply를 사용하는 것이 좋다. 데이터프레임의 apply 메서드에 axis=1을 지정하면 데이터프레임의 각 행을 함수에 보낸다. ⑤에서 apply를 사용해 lambda 함수를 호출해 대학 등록을 나타내는 열 각각의 첫 글자가 3인지 검사했다. 하지만 그에 앞서 filter 메서드로 대학 등록 열들을 선택했다. 데이터프레임으로부터 열을 선택하는 법을 3장 '데이터 측정'에서 다뤘다.

⑥과 ⑦에서 근무 주 수, 응답자와 함께 거주하는 자녀 수, 임금 소득, 최고 성적을 근거로 수면 부족 원인(sleepdeprivedreason)을 범주화하는 시리즈를 생성했다. 응답자가 2016년과 2017에 거의 일을 하지 않고 세 명 이상의 자녀와 함께 거주한 경우는 "Child Rearing"(자녀 양육)으로 분류했다. 응답자가 같은 기간에 거의 일을 하지 않고 두 명 이하의 자녀와 함께 거주한 경우는 "Other Reasons"(기타)으로 분류했다. 같은 기간에 대부분 일을 한 경우는 "Work Pressure"(직장 스트레스)로, 급여가 높거나 4년제 대학을 졸업한 경우는 "Income Pressure"(금전적 스트레스)로 분류했다. 물론 이러한 범주는 다소 작위적이지만, 다른 시리즈와의 복잡한 관계를 바탕으로 시리즈를 생성하는 함수를 잘 설명해준다.

②와 ③에서 새로 만든 시리즈의 자료형은 원래 object였는데, 이것을 category로 바꿔 메모리 사용을 줄였다.

②에서 또 다른 매우 유용한 메서드를 사용하게 됐다. `landtemps.groupby(['elevation_group'])`는 데이터프레임 groupby 객체를 생성해 집계(agg) 함수에 전달했다. 집계 함수로 각 elevation_group의 개수, 최솟값, 최댓값을 얻을 수 있어 그룹 분류가 예상대로 잘되었음을 확인할 수 있다.

추가 정보

필자가 데이터 정제 프로젝트를 할 때는 넘파이의 where와 select 문, lambda, apply 문 등을 항상 사용한다. 다른 시리즈의 값들을 바탕으로 새로운 시리즈를 생성하거나 기존 시리즈를 갱신해야 할 때가 생기기 마련이다. 그러므로 이러한 기법을 익혀두면 좋다.

판다스 빌트인 함수만으로 처리할 수 있을 때는 apply를 굳이 쓸 필요는 없다. apply는 범용적이고 유연하다는 장점이 있지만, 최적화된 함수에 비해서는 자원을 많이 소모한다. 그렇지만 기존 시리즈 간의 복잡한 관계를 바탕으로 시리즈를 생성하고자 할 때는 매우 유용한 도구다.

⑥과 ⑦을 수행하는 또 다른 방법은 lambda 함수를 apply에 더하는 것이다. 그렇게 하면 같은 결과를 얻는다.

```
>>> def getsleepdeprivedreason(childathome, nightlyhrssleep, wageincome, weeksworked16,
weeksworked17, highestgradecompleted):
...     sleepdeprivedreason = "Unknown"
...     if (nightlyhrssleep>=6):
...       sleepdeprivedreason = "Not Sleep Deprived"
...     elif (nightlyhrssleep>0):
...       if (weeksworked16+weeksworked17 < 80):
...         if (childathome>2):
...           sleepdeprivedreason = "Child Rearing"
...         else:
...           sleepdeprivedreason = "Other Reasons"
...       else:
...         if (wageincome>=62000 or highestgradecompleted>=16):
...           sleepdeprivedreason = "Work Pressure"
...         else:
...           sleepdeprivedreason = "Income Pressure"
...     else:
...       sleepdeprivedreason = "Unknown"
...     return sleepdeprivedreason
```

```
...
>>> nls97['sleepdeprivedreason'] = nls97.apply(lambda x: getsleepdeprivedreason(x.childathome,
x.nightlyhrssleep, x.wageincome, x.weeksworked16, x.weeksworked17, x.highestgradecompleted),
axis=1)
```

참고

7장 '집계 시 지저분한 데이터 고치기'에서 데이터프레임 groupby 객체를 자세히 다룬다. 3장 '데이터 측정'에서는 데이터프레임으로부터 열을 선택하는 다양한 기법(filter 등)을 조사했다.

6.5 문자열 시리즈 데이터 평가와 정제

파이썬과 판다스에는 문자열을 정제하는 데 활용할 수 있는 메서드가 많이 있다. 문자열로 다양한 데이터가 저장되므로, 문자열 평가와 조작을 위한 도구를 폭넓게 갖추는 것이 중요하다. 문자열의 일부를 위치에 따라 취하거나, 문자열에 특정 패턴이 있는지 확인하거나, 문자열을 분할하거나, 문자열 길이를 구하거나, 둘 이상의 문자열을 연결하거나, 대소문자를 변경하는 등 다양한 작업을 하게 된다. 이 레시피에서는 문자열 평가와 대치에 빈번하게 활용하는 메서드를 알아본다.

준비

이 레시피에서는 미국 종단 조사(NLS) 데이터를 사용한다. (NLS 데이터는 이 레시피에 사용하기에는 너무 깨끗해서, 문자열 끝의 공백을 다루는 법을 시연하기 위해 필자가 maritalstatus 열의 값에 공백을 추가했다.)

작업 방법

이 레시피에서는 일반적인 문자열 평가와 정제 작업을 수행한다. contains, endswith, findall은 각각 패턴, 문자열 끝의 공백, 복잡한 패턴을 찾는 데 쓰인다. 새로운 시리즈에 값을 할당하기 전에 문자열 값을 처리하는 함수를 작성해보고, replace로 간단히 처리하는 법도 알아본다. 시작하자.

① pandas와 numpy를 임포트하고, NLS 데이터를 로드한다.

```
>>> import pandas as pd
>>> import numpy as np
>>> nls97 = pd.read_csv("data/nls97c.csv")
>>> nls97.set_index("personid", inplace=True)
```

② 문자열에 패턴이 존재하는지 검사한다.

govprovidejobs(정부에서 일자리를 제공해야 하는지)의 응답에 'not'이 포함되는지를 contains로 조사한다. where를 호출할 때 누락값을 먼저 처리해서, 첫 번째 else 절(두 번째 콤마 뒷부분)에서 끝나버리지 않게 했다.

```
>>> nls97.govprovidejobs.value_counts()
2. Probably         617
3. Probably not     462
1. Definitely       454
4. Definitely not   300
Name: govprovidejobs, dtype: int64
>>> nls97['govprovidejobsdefprob'] = np.where(nls97.govprovidejobs.isnull(),
...    np.nan,np.where(nls97.govprovidejobs.str.contains("not"),"No","Yes"))
>>> pd.crosstab(nls97.govprovidejobs, nls97.govprovidejobsdefprob)
govprovidejobsdefprob   No  Yes
govprovidejobs
1. Definitely            0  454
2. Probably              0  617
3. Probably not        462    0
4. Definitely not      300    0
```

③ 문자열의 시작이나 끝에 있는 공백을 처리한다.

결혼한 적이 있는 사람(이혼, 사별, 별거 포함)의 시리즈를 생성한다. 먼저 maritalstatus 값을 조사한다. 기혼(married)을 나타내는 값의 공백에 유의한다. 끝에 공백이 포함된 'Married '가 2개 있고, 그 외의 'Married'에는 공백이 붙어있지 않다. startswith와 endswith는 각각 시작 부분과 끝부분의 공백을 검사한다. 'evermarried'를 검사하기에 앞서 strip으로 시작 부분의 공백을 제거한다. strip은 시작과 끝의 공백을 제거한다(lstrip은 시작 부분의 공백을 제거하고, rstrip은 끝부분의 공백을 제거한다. 따라서 이 예에서는 rstrip을 사용해도 같은 결과를 얻는다).

```
>>> nls97.maritalstatus.value_counts()
Married         3064
Never-married   2766
```

```
Divorced         663
Separated        154
Widowed           23
Married            2
Name: maritalstatus, dtype: int64
>>> nls97.maritalstatus.str.startswith(' ').any()
False
>>> nls97.maritalstatus.str.endswith(' ').any()
True
>>> nls97['evermarried'] = np.where(nls97.maritalstatus.isnull(),np.nan,np.where(nls97.mar
italstatus.str.strip()=="Never-married","No","Yes"))
>>> pd.crosstab(nls97.maritalstatus, nls97.evermarried)
evermarried      No    Yes
maritalstatus
Divorced          0    663
Married           0   3064
Married           0      2
Never-married  2766      0
Separated         0    154
Widowed           0     23
```

④ isin을 사용해 문자열 값이 리스트에 있는지 검사한다.

```
>>> nls97['receivedba'] = np.where(nls97.highestdegree.isnull(),np.nan,np.where(nls97.high
estdegree.str[0:1].isin(['4','5','6','7']),"Yes","No"))
>>> pd.crosstab(nls97.highestdegree, nls97.receivedba)
receivedba        No    Yes
highestdegree
0. None          953      0
1. GED          1146      0
2. High School  3667      0
3. Associates    737      0
4. Bachelors       0   1673
5. Masters         0    603
6. PhD             0     54
7. Professional    0    120
```

⑤ findall을 사용해 문자열에서 숫잣값을 추출한다.

findall을 사용해 weeklyhrstv(일주일 동안 TV 시청에 보낸 시간) 문자열에 포함된 모든 숫자의 리스트를 생성한다. 문자열에 포함된 숫자만 얻어내기 위해 findall에 정규표현식 "\d+"를 전달한다.

```
>>> pd.concat([nls97.weeklyhrstv.head(),\
...    nls97.weeklyhrstv.str.findall("\d+").head()], axis=1)
              weeklyhrstv weeklyhrstv
personid
100061    11 to 20 hours a week    [11, 20]
100139     3 to 10 hours a week     [3, 10]
100284    11 to 20 hours a week    [11, 20]
100292                     NaN         NaN
100583     3 to 10 hours a week     [3, 10]
```

⑥ findall로 만든 리스트를 사용해 weeklyhrstv 텍스트로부터 숫자 시리즈를 생성한다.

먼저, 각각의 weeklyhrstv에 대해 findall로 만들어낸 리스트에서 마지막 원소를 검색하는 함수를 정의한다. 또한 getnum 함수는 둘 이상의 수가 있는 경우 두 수의 중간에 가깝도록 숫자를 조정한다. 그다음에 apply를 사용해 이 함수를 호출하고, 각각의 값에 대해 findall로 만든 리스트에 전달한다. crosstab은 새로운 weeklyhrstvnum 열이 우리가 원하는 작업을 수행함을 보여준다.

```
>>> def getnum(numlist):
...    highval = 0
...    if (type(numlist) is list):
...       lastval = int(numlist[-1])
...       if (numlist[0]=='40'):
...          highval = 45
...       elif (lastval==2):
...          highval = 1
...       else:
...          highval = lastval - 5
...    else:
...       highval = np.nan
...    return highval
...
>>> nls97['weeklyhrstvnum'] = nls97.weeklyhrstv.str.\
...    findall("\d+").apply(getnum)
>>> pd.crosstab(nls97.weeklyhrstv, nls97.weeklyhrstvnum)
weeklyhrstvnum              1.00  5.00  15.00  25.00  35.00  45.00
```

```
weeklyhrstv
11 to 20 hours a week        0      0   1145      0      0      0
21 to 30 hours a week        0      0      0    299      0      0
3 to 10 hours a week         0   3625      0      0      0      0
31 to 40 hours a week        0      0      0      0    116      0
Less than 2 hours per week 1350     0      0      0      0      0
More than 40 hours a week    0      0      0      0      0    176
```

⑦ 시리즈에 있는 값을 다른 값으로 바꾼다.

weeklyhrscomputer(일주일간의 컴퓨터 사용 시간) 시리즈는 현재 값으로 정렬이 잘 되지 않는다. 값을 순서를 나타내는 문자로 변경해 이 문제를 해결할 수 있다. 먼저 기존 값의 리스트와 새로 지정하고자 하는 값의 리스트를 생성한다. 그런 다음 시리즈의 replace 메서드로 기존 값을 새로운 값으로 교체한다. replace는 기존 값의 리스트에서 값을 찾을 때마다, 새 리스트의 동일 위치에 있는 값으로 기존 값을 교체한다.

```
>>> comphrsold = ['None','Less than 1 hour a week',
...     '1 to 3 hours a week','4 to 6 hours a week',
...     '7 to 9 hours a week','10 hours or more a week']
>>> comphrsnew = ['A. None','B. Less than 1 hour a week',
...     'C. 1 to 3 hours a week','D. 4 to 6 hours a week',
...     'E. 7 to 9 hours a week','F. 10 hours or more a week']
>>> nls97.weeklyhrscomputer.value_counts().sort_index()
1 to 3 hours a week          733
10 hours or more a week     3669
4 to 6 hours a week          726
7 to 9 hours a week          368
Less than 1 hour a week      296
None                         918
Name: weeklyhrscomputer, dtype: int64
>>> nls97.weeklyhrscomputer.replace(comphrsold, comphrsnew, inplace=True)
>>> nls97.weeklyhrscomputer.value_counts().sort_index()
A. None                      918
B. Less than 1 hour a week   296
C. 1 to 3 hours a week       733
D. 4 to 6 hours a week       726
E. 7 to 9 hours a week       368
F. 10 hours or more a week  3669
Name: weeklyhrscomputer, dtype: int64
```

이 레시피에서는 판다스에서 문자열을 평가하고 조작하는 법을 살펴봤다.

원리

문자열에서 패턴을 찾아야 할 때가 많은데, 문자열의 contains 메서드로 처리할 수 있다. 예상되는 패턴이 정확히 어디에 있는지 알 때는 표준적인 슬라이스 표기법을 사용한다. 예를 들어, ④에서 nls97.highestdegree.str[0:1]로 highestdegree의 첫 글자를 얻었다. 그런 다음 isin을 사용해 첫 번째 문자열이 값들의 리스트에 나타나는지 검사했다(isin을 숫자 데이터뿐 아니라 문자 데이터에도 사용할 수 있다).

때로는 문자열에서 조건을 충족하는 값 여러 개를 얻어야 할 때도 있다. 조건을 충족하는 모든 값의 리스트를 반환하는 findall은 이럴 때 유용하며, 리터럴보다 더 일반적인 검색을 원할 때는 정규표현식과 함께 사용할 수도 있다. ⑤와 ⑥에서 숫자 패턴을 찾는 예를 보였다.

추가 정보

다른 시리즈의 값을 바탕으로 시리즈를 생성할 때는 누락값을 신중하게 다뤄야 한다. 우리 의도와 달리 누락값이 where 호출의 else 조건을 만족시킬 수 있다. ②, ③, ④에서는 where 호출을 시작할 때 누락값을 검사함으로써 누락값을 적절히 다루고 있는지 확신할 수 있었다.

문자열을 비교할 때 대소문자도 주의해야 한다. 예를 들어, "Probably"와 "probably"는 같지 않다. 대소문자에 따라 의미가 달라지지 않는 경우에는 upper나 lower 메서드를 사용한 뒤 비교하는 방법을 택할 수 있다. upper("Probably") == upper("PROBABLY")의 결과는 True다.

6.6 날짜 다루기

날짜를 다루기는 간단하지 않다. 데이터 분석에는 날짜 값을 올바로 파싱하고, 날짜 범위가 올바른지 확인하고, 누락된 날짜를 대치하고, 시간 간격을 계산하는 작업이 필수적이다. 그러한 작업 단계마다 상당한 어려움이 존재하지만, 판다스를 사용해 날짜 값을 파싱하고 datetime 값을 얻었다면 절반은 온 셈이다. 이 레시피에서 날짜 값을 파싱하는 것은 또 다른 작업을 하는 준비 작업이 된다.

준비

이 레시피에서는 미국 종단 조사(NLS)와 COVID 일일 확진자 데이터를 사용한다. COVID 일일 데이터의 각 행에는 각국의 일일 보고가 있다. (NLS 데이터는 이 목적으로 사용하기에는 너무 깨끗해서, 날짜 값의 결측을 시연하기 위해 필자가 값 한 개를 누락시켰다.)

> **데이터에 관해**
>
> 아워월드인데이터는 코로나19 공공 데이터를 https://ourworldindata.org/coronavirus-source-data에서 제공한다. 이 레시피에 사용한 데이터는 2020년 7월 18일에 다운로드했다.

작업 방법

이 레시피에서는 숫자 데이터를 datetime 데이터로 변환하는데, 데이터에 유효한 날짜 값이 있는지 확인하고 fillna로 누락값을 대치하는 작업을 가장 먼저 수행한다. 그다음에 NLS 데이터에서 응답자의 나이를 구하고 COVID 일일 데이터에서는 최초 확진으로부터의 경과일수를 구하기 위해 날짜 간격을 계산한다. 그럼 시작하자.

① pandas, numpy, datetime 모듈을 임포트하고, NLS와 COVID 일일 확진자 데이터를 로드한다.

```
>>> import pandas as pd
>>> import numpy as np
>>> from datetime import datetime
>>> covidcases = pd.read_csv("data/covidcases720.csv")
>>> nls97 = pd.read_csv("data/nls97c.csv")
>>> nls97.set_index("personid", inplace=True)
```

② 생월과 생년 값을 보인다.

생월이 한 건 빠진 것 외에는, birthdate 시리즈를 생성하는 데 사용할 데이터는 깨끗해 보인다.

```
>>> nls97[['birthmonth','birthyear']].isnull().sum()
birthmonth    1
birthyear     0
dtype: int64
>>> nls97.birthmonth.value_counts().sort_index()
1     815
2     693
```

```
3      760
4      659
5      689
6      720
7      762
8      782
9      839
10     765
11     763
12     736
Name: birthmonth, dtype: int64
>>> nls97.birthyear.value_counts().sort_index()
1980     1691
1981     1874
1982     1841
1983     1807
1984     1771
Name: birthyear, dtype: int64
```

③ 시리즈 fillna 메서드를 사용해 누락된 생월을 채운다.

birthmonth의 평균을 가장 가까운 정수로 반올림한 값을 fillna에 전달한다. 그렇게 하면 birthmonth의 누락값을 birthmonth의 평균으로 대치하게 된다. birthmonth 값이 6인 사람이 한 명 늘었다.

```
>>> nls97.birthmonth.fillna(int(nls97.birthmonth.mean()), inplace=True)
>>> nls97.birthmonth.value_counts().sort_index()
1      815
2      693
3      760
4      659
5      689
6      721
7      762
8      782
9      839
10     765
11     763
12     736
Name: birthmonth, dtype: int64
```

④ 생년 및 생월 값과 날짜 정숫값을 사용해 datetime 열을 생성한다.

판다스 to_datetime 함수에 딕셔너리를 전달할 수 있다. 이 딕셔너리에는 year, month, day 키가 필요하다. birthmonth, birthyear, birthdate에 누락값이 없다.

```
>>> nls97['birthdate'] = pd.to_datetime(dict(year=nls97.birthyear, month=nls97.birthmonth, day=15))
>>> nls97[['birthmonth','birthyear','birthdate']].head()
        birthmonth  birthyear  birthdate
personid
100061           5       1980 1980-05-15
100139           9       1983 1983-09-15
100284          11       1984 1984-11-15
100292           4       1982 1982-04-15
100583           6       1980 1980-06-15
>>> nls97[['birthmonth','birthyear','birthdate']].isnull().sum()
birthmonth    0
birthyear     0
birthdate     0
dtype: int64
```

⑤ datetime 열을 사용해 연령 값을 계산한다.

먼저, 시작 날짜와 끝 날짜를 받아서 나이를 계산하는 함수를 정의한다.

```
>>> def calcage(startdate, enddate):
...     age = enddate.year - startdate.year
...     if (enddate.month<startdate.month or (enddate.month==startdate.month and enddate.day<startdate.day)):
...         age = age -1
...     return age
...
>>> rundate = pd.to_datetime('2020-07-20')
>>> nls97["age"] = nls97.apply(lambda x: calcage(x.birthdate, rundate), axis=1)
>>> nls97.loc[100061:100583, ['age','birthdate']]
         age birthdate
personid
100061    40 1980-05-15
100139    36 1983-09-15
100284    35 1984-11-15
```

```
100292      38  1982-04-15
100583      40  1980-06-15
```

⑥ 문자열 열을 날짜 열로 변환한다.

casedate 열은 datetime 자료형이 아니라 object 자료형이다.

```
>>> covidcases.iloc[:, 0:6].dtypes
iso_code       object
continent      object
location       object
casedate       object
total_cases    float64
new_cases      float64
dtype: object
>>> covidcases.iloc[:, 0:6].sample(2, random_state=1).T
                  13482              2445
iso_code            IMN               BRB
continent        Europe     North America
location     Isle of Man        Barbados
casedate      2020-06-20        2020-04-28
total_cases         336                80
new_cases             0                 1
>>> covidcases['casedate'] = pd.to_datetime(covidcases.casedate, format='%Y-%m-%d')
>>> covidcases.iloc[:, 0:6].dtypes
iso_code             object
continent            object
location             object
casedate      datetime64[ns]
total_cases         float64
new_cases           float64
dtype: object
```

⑦ datetime 열에 대한 기술통계를 보인다.

```
>>> covidcases.casedate.describe()
count                    29529
unique                     195
top       2020-05-23 00:00:00
freq                       209
```

```
first      2019-12-31 00:00:00
last       2020-07-12 00:00:00
Name: casedate, dtype: object
```

⑧ 날짜 간격을 포착하는 timedelta 객체를 생성한다.

각각의 날짜에 대해, 각국의 최초 사례로부터 경과한 날짜 수를 계산한다. 먼저 각국의 최초 사례를 나타내는 데이터프레임을 만든 후 그것을 COVID 사례 전체 데이터와 병합한다. 그다음에 각각의 날짜에 대해 firstcasedate로부터 casedate까지의 날짜수를 계산한다. 최초 확진자가 발생하기 62일 전부터 보고를 시작한 나라가 있음을 볼 수 있다.

```
>>> firstcase = covidcases.loc[covidcases.new_cases>0,['location','casedate']].\
...     sort_values(['location','casedate']).\
...     drop_duplicates(['location'], keep='first').\
...     rename(columns={'casedate':'firstcasedate'})
>>> covidcases = pd.merge(covidcases, firstcase, left_on=['location'],
right_on=['location'], how="left")
>>> covidcases['dayssincefirstcase'] = covidcases.casedate - covidcases.firstcasedate
>>> covidcases.dayssincefirstcase.describe()
count                          29529
mean        56 days 00:15:12.892410850
std         47 days 00:35:41.813685246
min              -62 days +00:00:00
25%               21 days 00:00:00
50%               57 days 00:00:00
75%               92 days 00:00:00
max              194 days 00:00:00
Name: dayssincefirstcase, dtype: object
```

이 레시피에서는 날짜 값을 파싱해 datetime 시리즈를 생성하는 법과 시간 간격을 계산하는 법을 살펴봤다.

원리

판다스에서 날짜를 다룰 때 가장 먼저 할 일은 날짜를 판다스 datetime 시리즈로 적절히 변환하는 것이다. 가장 흔하게 접하는 이슈인 누락값(③), 정수를 날짜로 변환(④), 문자열을 날짜로 변환(⑥)을 다뤘다. NLS 데이터의 birthmonth와 birthyear는 정숫값으로 되어 있다. 이 값들이 각각 유효한 연, 월,

일 값인지 확인했다. 예컨대 월을 나타내는 값이 0이나 20이라면 판다스 datetime으로의 변환은 실패할 것이다.

birthmonth나 birthyear에 누락값이 있으면 birthdate에도 누락값이 생긴다. birthmonth의 누락값은 birthmonth의 평균값을 fillna로 할당해 처리했다. ⑤에서 새로운 birthdate 열을 사용해 2020년 7월 20일 기준으로 사람들의 나이를 계산했다. 나이 계산을 위해 만든 calcage 함수에서 생일이 7월 20일 이후인 사람의 나이를 조정했다.

데이터 분석가는 날짜 값이 문자열로 된 데이터 파일을 받곤 하는데, 이때 유용한 함수가 to_datetime 이다. to_datetime 함수는 똑똑해서 정확한 날짜 포맷을 명시하지 않아도 되지만, ⑥에서는 데이터가 '%Y-%m-%d' 포맷이라고 지정했다.

⑦은 COVID 확진자가 보고된 날이 195일이며 가장 많은 날이 5월 23일임을 말해준다. 최초로 보고된 날은 2019년 12월 31일이며 마지막은 2020년 7월 12일이다. 우리가 예상한 바와 일치한다.

⑧의 첫 두 문장에 나온 정렬과 중복 제거 기법은 7장 '집계 시 지저분한 데이터 수정하기'와 8장 '데이터프레임을 결합할 때의 데이터 이슈'에서 다룬다. 지금으로서는 국가(location)별 행이 있는 데이터프레임을 생성했다는 점과, COVID 사례가 최초로 보고된 날로부터의 날짜를 구했다는 것만 이해하면 된다. 전체 데이터를 location과 casedate로 정렬하기에 앞서 new_cases가 0보다 큰 행을 선택했으며 location별로 첫 행을 남겼다. 그다음에 casedate의 이름을 firstcasedate로 바꾸고 새로운 firstcase 데이터프레임을 COVID 일일 사례 데이터와 병합했다.

casedate와 firstcasedate는 datetime 열이므로, 뺄셈으로 timedelta 값을 구했다. 그 결과로 각 보고일이 new_cases로부터 경과한 일수를 나타내는 시리즈를 얻었다. 즉, 어떤 국가에서 COVID 사례를 최초 사례 발생 3주 전부터 보고했다면 dayssincefirstcase 값은 −21일이 된다. 이는 바이러스가 얼마나 오랫동안 존재했는지를 국가별로 추적하고자 할 때 유용하다.

참고

⑧에서 sort_values와 drop_duplicates 대신 groupby를 사용했더라도 비슷한 결과를 얻을 수 있었을 것이다. 7장 '집계 시 지저분한 데이터 고치기'에서 groupby를 다룬다. 이번 레시피에서는 이 책에서는 처음으로 병합을 했는데, 데이터프레임의 결합에 대해서는 앞으로도 더 다룰 것이다. 8장 '데이터프레임을 결합할 때의 데이터 이슈'에서 이 주제에 전념한다. 다음 두 레시피에서는 누락 데이터를 다루는 전략을 탐구한다.

6.7 누락 데이터 식별과 정제

누락값을 식별하고 정제하는 몇 가지 전략은 앞에서 살펴봤는데, 특히 1장 '표 데이터를 판다스로 가져올 때의 데이터 정제'에서 주로 다뤘다. 이 레시피에서는 이러한 스킬을 연마한다. 이를 위해, 데이터프레임 평균과 그룹 평균의 활용뿐 아니라 이웃값의 정방향 채우기(forward filling) 등 누락 데이터를 처리하는 모든 전략을 탐구한다. 이다음 레시피에서는 k-최근접 이웃으로 값을 대치한다.

준비

이 레시피는 NLS 데이터를 계속 사용한다.

작업 방법

이 레시피에서는 주요 인구통계 열과 학교 성적 열의 누락값을 확인한다. 그런 다음 누락 데이터 값을 대치하는 몇 가지 전략—열 전체 평균을 할당, 그룹 평균을 할당, 가장 가까운 비누락값을 할당—을 활용한다. 그럼 시작하자.

① pandas를 임포트하고 NLS 데이터를 로드한다.

```
>>> import pandas as pd
>>> nls97 = pd.read_csv("data/nls97c.csv")
>>> nls97.set_index("personid", inplace=True)
```

② NLS 데이터에서 학교 레코드와 인구통계 데이터프레임을 추출한다.

```
>>> schoolrecordlist = ['satverbal','satmath','gpaoverall','gpaenglish',
...    'gpamath','gpascience','highestdegree','highestgradecompleted']
>>>
>>> demolist = ['maritalstatus','childathome','childnotathome',
...    'wageincome','weeklyhrscomputer','weeklyhrstv','nightlyhrssleep']
>>> schoolrecord = nls97[schoolrecordlist]
>>>
>>> demo = nls97[demolist]
>>> schoolrecord.shape
(8984, 8)
>>> demo.shape
(8984, 7)
```

③ 데이터에서 누락값을 확인한다.

schoolrecord 데이터프레임의 각 열에서 누락값의 수를 확인한다. isnull은 불 시리즈(해당 열의 값이 결측된 경우 True, 그렇지 않으면 False)를 반환한다. sum을 체이닝하면 True 값의 개수가 반환된다. axis=1을 지정함으로써, 각 행의 누락값 개수를 확인할 수 있다. 11명은 8개 열 모두 값이 누락됐고, 946명은 8개 열 가운데 7개 열이 누락됐다. 이러한 개인들의 데이터를 살펴보면, highestdegree 열에만 값이 있고 그 외의 열에는 유효한 값이 들어 있지 않은 것을 볼 수 있다.

```
>>> schoolrecord.isnull().sum(axis=0)
satverbal               7578
satmath                 7577
gpaoverall              2980
gpaenglish              3186
gpamath                 3218
gpascience              3300
highestdegree             31
highestgradecompleted   2321
dtype: int64
>>> misscnt = schoolrecord.isnull().sum(axis=1)
>>> misscnt.value_counts().sort_index()
0    1087
1     312
2    3210
3    1102
4     176
5     101
6    2039
7     946
8      11
dtype: int64
>>> schoolrecord.loc[misscnt>=7].head(4).T
personid                101705   102061   102648   104627
satverbal                  NaN      NaN      NaN      NaN
satmath                    NaN      NaN      NaN      NaN
gpaoverall                 NaN      NaN      NaN      NaN
gpaenglish                 NaN      NaN      NaN      NaN
gpamath                    NaN      NaN      NaN      NaN
gpascience                 NaN      NaN      NaN      NaN
highestdegree           1. GED  0. None  1. GED  0. None
highestgradecompleted      NaN      NaN      NaN      NaN
```

④ 데이터가 거의 없는 행을 제거한다.

데이터프레임의 dropna 메서드를 사용하며, 이때 thresh를 2로 설정한다. 이렇게 하면 비누락값이 2개 미만인 행 (누락값이 7~8개인 행)이 삭제된다.

```
>>> schoolrecord = schoolrecord.dropna(thresh=2)
>>> schoolrecord.shape
(8027, 8)
>>> schoolrecord.isnull().sum(axis=1).value_counts().sort_index()
0    1087
1     312
2    3210
3    1102
4     176
5     101
6    2039
dtype: int64
```

⑤ GPA 값이 빠진 곳은 평균값으로 채운다.

```
>>> int(schoolrecord.gpaoverall.mean())
2
>>> schoolrecord.gpaoverall.isnull().sum()
2023
>>> schoolrecord.gpaoverall.fillna(int(schoolrecord.gpaoverall.mean()), inplace=True)
>>> schoolrecord.gpaoverall.isnull().sum()
0
```

⑥ 정방향 채우기로 누락값을 대체한다.

fillna의 ffill 옵션을 사용해 누락값을 이전에 나온 가장 가까운 비누락값으로 대체한다.

```
>>> demo.wageincome.head().T
personid
100061     12,500
100139    120,000
100284     58,000
100292        NaN
100583     30,000
Name: wageincome, dtype: float64
>>> demo.wageincome.isnull().sum()
```

```
3893
>>> nls97.wageincome.fillna(method='ffill', inplace=True)
>>> demo = nls97[demolist]
>>> demo.wageincome.head().T
personid
100061    12,500
100139   120,000
100284    58,000
100292    58,000
100583    30,000
Name: wageincome, dtype: float64
>>> demo.wageincome.isnull().sum()
0
```

⑦ 누락값을 그룹별 평균으로 채운다.

학력별 2017년 근무 주 수 평균값을 포함하는 데이터프레임을 생성한 다음 NLS 데이터와 병합하고, 근무 주 수의
누락값을 fillna를 사용해 학력별 평균으로 대체한다.

```
>>> nls97[['highestdegree','weeksworked17']].head()
          highestdegree  weeksworked17
personid
100061    2. High School             48
100139    2. High School             52
100284          0. None              0
100292       4. Bachelors           NaN
100583    2. High School             52
>>> workbydegree = nls97.groupby(['highestdegree'])['weeksworked17'].mean().\
...    reset_index().rename(columns={'weeksworked17':'meanweeksworked17'})
>>> nls97 = nls97.reset_index().\
...    merge(workbydegree, left_on=['highestdegree'], right_on=['highestdegree'], how='left
').set_index('personid')
>>> nls97.weeksworked17.fillna(nls97.meanweeksworked17, inplace=True)
>>> nls97[['highestdegree','weeksworked17','meanweeksworked17']].head()
          highestdegree  weeksworked17  meanweeksworked17
personid
100061    2. High School             48                 38
100139    2. High School             52                 38
100284          0. None              0                 29
```

| 100292 | 4. Bachelors | 44 | 44 |
| 100583 | 2. High School | 52 | 38 |

누락된 시리즈 값을 채우는 몇 가지 방법을 살펴봤다.

원리

isnull을 사용할 때 축을 이동함으로써 열 방향이나 행 방향으로 누락값이 있는지 확인할 수 있었다. 어떤 행의 거의 모든 데이터가 누락값이라면 그 행을 삭제하는 편이 나을 수 있다. 특정 열에 누락값과 좋은 데이터가 섞여 있다면 대치(imputation) 전략을 고려할 수 있다.

데이터프레임의 grouby 메서드는 매우 유용하여 이 레시피에서 한 번 더 사용했다. ⑦에서 그룹별 요약 통계로 데이터프레임을 생성하는 데 사용(이 경우 그룹은 근무 주 수를 의미)함으로써, 데이터 정제 작업을 향상하는 데 그 값들을 활용할 수 있다. 이러한 병합은 좀 더 복잡한데, 이러한 종류의 병합에서는 인덱스를 잃을 것이기 때문이다(인덱스에 의해 병합하는 것이 아니므로). 인덱스를 리셋한 다음 다시 설정해 그 단계의 이후 문장에 계속 사용할 수 있게 했다.

추가 정보

이 레시피에서는 누락값을 전체 평균으로 대치, 누락값을 특정 그룹의 평균으로 대치, 정방향 채우기 등의 대치 전략을 탐구했다. 그중 어느 방법이 데이터 정제에 적합한지는 데이터에 따라 다르다.

정방향 채우기는 시계열에서 누락값이 직전 값과 가장 비슷하다고 가정할 때 가장 적합한 방법이나. 하지만 누락값이 거의 없고 데이터에 무작위로 분포할 때도 정방향 채우기가 적합할 수 있다. 데이터 값들이 전체 평균보다는 인접한 행과 공통점이 있다고 믿을 만한 근거가 있다면 평균보다는 정방향 채우기가 더 나은 방법일 것이다. 마찬가지로 관심 변수가 그룹 소속에 따라 상당한 차이를 보인다면 그룹 평균이 더 나은 방법일 수도 있다.

참고

이 논의는 또 다른 누락값 대치 전략인 k-**최근접 이웃(KNN)**이라는 머신러닝 기법으로 이어진다. 다음 레시피에서 KNN으로 누락값을 정제하는 법을 시연한다.

6.8 k–최근접 이웃으로 누락값 대치

KNN은 직관적이고 실행하기 쉬우며, 특징(변수)와 관측값이 많지 않을 때 좋은 결과를 내어 인기 있는 머신러닝 기법이다. 같은 이유로 누락값 대치에도 많이 쓰인다. 이름에서 알 수 있듯, KNN은 각 관측과 특성이 가장 비슷한 k 개의 관측값을 식별한다. KNN이 누락값 대치에 쓰일 때에는 어떤 값으로 채울지 결정하는 데 최근접 이웃을 이용한다.

준비

이번에도 미국 종단 조사(NLS) 데이터를 사용하며, 이전 레시피에서 다룬 학교 기록 데이터를 적당한 값으로 대치하려고 한다.

이 레시피의 코드를 실행하려면 사이킷런(scikit–learn)이 필요하다. 터미널(윈도우에서는 파워셸)에서 pip install scikit-learn을 입력해 설치할 수 있다.

작업 방법

이 레시피에서는 사이킷런의 KNNImputer 모듈을 사용해 NLS 학교 레코드 열의 누락값을 채운다. 그럼 시작하자.

① pandas와 사이킷런 KNNImputer 모듈을 임포트하고, NLS 데이터를 로드한다.

```
>>> import pandas as pd
>>> from sklearn.impute import KNNImputer
>>> nls97 = pd.read_csv("data/nls97c.csv")
>>> nls97.set_index("personid", inplace=True)
```

② NLS 학교 레코드 데이터를 선택한다.

```
>>> schoolrecordlist = ['satverbal','satmath','gpaoverall','gpaenglish',
...    'gpamath','gpascience','highestgradecompleted']
>>> schoolrecord = nls97[schoolrecordlist]
```

③ KNNImputer 모듈을 초기화하고 누락값을 대치한다.

```
>>> impKNN = KNNImputer(n_neighbors=5)
>>> newvalues = impKNN.fit_transform(schoolrecord)
```

```
>>> schoolrecordimp = pd.DataFrame(newvalues, columns=schoolrecordlist,
index=schoolrecord.index)
```

④ 대치된 값을 표시한다.

```
>>> schoolrecord.head().T
personid                100061   100139   100284   100292   100583
satverbal                  NaN      NaN      NaN      NaN      NaN
satmath                    NaN      NaN      NaN      NaN      NaN
gpaoverall                 3.1      NaN      NaN      3.5      2.9
gpaenglish               350.0      NaN      NaN    345.0    283.0
gpamath                  280.0      NaN      NaN    370.0    285.0
gpascience               315.0      NaN      NaN    300.0    240.0
highestgradecompleted     13.0     12.0      7.0      NaN     13.0
>>> schoolrecordimp.head().T
personid                100061   100139   100284   100292   100583
satverbal                446.0    412.0    290.8    534.0    414.0
satmath                  460.0    470.0    285.2    560.0    454.0
gpaoverall                 3.1      2.3      2.5      3.5      2.9
gpaenglish               350.0    232.4    136.0    345.0    283.0
gpamath                  280.0    218.0    244.6    370.0    285.0
gpascience               315.0    247.8    258.0    300.0    240.0
highestgradecompleted     13.0     12.0      7.0      9.8     13.0
```

⑤ 요약통계를 비교한다.

```
>>> schoolrecord[['gpaoverall','highestgradecompleted']].agg(['mean','count'])
        gpaoverall   highestgradecompleted
mean          2.8                    14.1
count     6,004.0                 6,663.0
>>> schoolrecordimp[['gpaoverall','highestgradecompleted']].agg(['mean','count'])
        gpaoverall   highestgradecompleted
mean          2.8                    13.5
count     8,984.0                 8,984.0
```

이 레시피는 KNN을 사용한 누락값 대치 방법을 보였다.

원리

이 레시피의 작업 대부분은 KNNImputer를 초기화한 ③에서 이뤄졌다. 여기서는 최근접 이웃의 값만 결정하면 된다. 예에서는 데이터프레임 크기를 감안해 5를 선택했다. 그런 다음, schoolrecord 데이터프레임을 fit_transform 메서드에 전달했는데, 이 메서드는 새로운 데이터프레임 값의 배열을 반환한다. 이 배열은 비누락값을 보존하되 누락된 값을 대치한다. 그다음에 원래 데이터프레임의 열 이름과 인덱스를 사용해 배열을 새로운 데이터프레임에 로드했다.

④와 ⑤에서 새 값들이 잘 들어갔다. 모든 누락값이 대치됐다. gpaoverall과 highestgradecompleted의 평균도 약간 달라졌다.

추가 정보

이 레시피에서는 대치에 활용할 수 있는 정보가 매우 제한적이어서 KNN에 지나치게 의존한 감이 있다. 비누락값이 두세 개 미만인 행은 드롭하는 것을 고려해야 한다.

참고

KNN은 데이터의 이상값을 감지하는 데도 자주 쓰인다. 4장 '데이터의 부분집합에서 누락값과 이상값 식별'의 'k-최근접 이웃으로 이상값 찾기' 레시피에서 이를 시연한다.

07

집계 시
지저분한 데이터 다루기

이전 장들에서 전체 데이터프레임에 대한 요약통계를 생성하는 기법을 소개했으며, 이때 describe, mean, quantile 같은 메서드를 사용했다. 이번 장에서는 범주형변수에 의한 집계라든지, 데이터프레임 구조를 변경하기 위해 집계(aggregation)를 활용하는 것과 같은 복잡한 작업을 다룬다.

데이터 정제의 초기 단계 이후, 분석가들은 상당 시간을 해들리 위컴(Hadley Wickham, RStudio의 수석 과학자)이 말한 '분할-적용-결합(splitting-applying-combining)'에 소비한다. 즉, 데이터를 그룹별로 몇 개의 부분집합으로 분할하고, 부분집합에 연산을 적용하고, 데이터셋 전체에 대한 결론을 도출한다. 좀 더 구체적인 용어로 말하자면, 주요 범주형변수에 의해 기술통계를 생성한다. nls97 데이터셋에서는 성별(gender), 결혼상태(marital status), 학력(highest degree received)이 이에 해당한다. 코로나19 데이터는 국가 또는 날짜별로 세분(segment)할 수 있다.

후속 분석을 하려면 데이터를 집계해야 할 때가 종종 있다. 때로는 데이터프레임의 행들이 분석 단위보다 더 잘게 나뉘어 있어 집계 과정을 거쳐야 분석이 가능할 수도 있다. 예를 들어, 데이터프레임에 수년에 걸친 일별, 종별 조류 관찰 기록이 들어있을 수 있다. 이런 값들은 들쭉날쭉하므로 월별이나 연도별로 집계한 종별 총 관찰 횟수로 작업하겠다고 정할 수도 있다. 또 다른 예를 들면, 가계 및 자동차 수리 비용을 연도별로 합산해야 할 수도 있다.

판다스와 넘파이의 데이터 집계 방법들은 저마다의 강점이 있다. 이 장에서는 itertuples를 통한 루핑, 넘파이 배열 탐색, 데이터프레임 groupby 메서드를 활용한 여러 방법 등 가장 유용한 접근 방법들을 탐구한다. 판다스와 넘파이의 다양한 도구 전부를 잘 이해하면 도움이 될 것이다. 데이터 분석 프로젝트 대부분에서 집계가 필요하기 때문이다. 집계는 데이터 정제 과정에서 수행하는 가장 중요한 단계다. 어떤 도구가 가장 중요한지는 개인적인 취향보다는 데이터의 성격에 따라 결정된다.

이 장의 레시피는 다음 주제를 다룬다.

- itertuples로 데이터를 순회(안티 패턴)

- 넘파이 배열의 그룹별 요약을 계산

- groupby로 데이터를 그룹별로 조직화

- groupby와 함께 더 복잡한 집계 함수를 사용

- 사용자 친화적 함수와 apply를 groupby와 함께 사용

- groupby를 사용해 데이터프레임의 분석 단위를 바꾸기

7.1 itertuples을 활용한 데이터 순회(안티 패턴)

이 레시피에서는 데이터프레임의 행들에 대해 반복문을 수행해 변수의 합을 계산한다. 이후 레시피에서는 넘파이 배열과 판다스 배열을 사용해 같은 작업을 처리한다.

사용상 주의가 필요한 방법부터 먼저 소개하는 것이 의아할 수도 있겠지만, 필자는 30년 전 SAS를 강의할 때부터 이러한 순서를 따랐으며 7년 전 R을 가르칠 때도 마찬가지 방식을 취했다. 필자는 이 레시피의 방식대로 직접 구현하는 일이 거의 없다 하더라도, 데이터의 행을 순회하고, 때로는 그룹별로 정렬하는 개념을 여전히 머릿속으로 생각한다. 판다스에서 제공하는 효율적인 방법으로 작업하더라도 이 레시피에서 소개하는 개념을 알아두면 도움이 될 것이다.

판다스에서만 사용할 수 있는 기법이 다른 방식보다 항상 더 효율적이라는 인상을 남기고 싶지는 않다. 판다스 사용자는 루핑보다는 apply를 더 많이 사용할 것이다.

끝으로 한 마디 덧붙이자면, 10,000행 이하의 데이터프레임은 판다스만의 방식으로 처리하는 것이 루핑보다 더 효율적이다. 이런 경우, 분석가는 더 직관적이면서도 오류에 강한 방식을 택하기 마련이다.

준비

이 레시피는 코로나19 사례 일일 데이터를 사용한다. 이 데이터에는 국가별로 하루에 한 행이 있으며, 각 행에는 해당일의 신규 확진자와 신규 사망자 수가 있다. 이 데이터는 2020년 7월 18일 현재의 합계를 반영한다.

또한 2019년 브라질의 87개 기상관측소에서 얻은 지표온도 데이터를 사용한다. 기상관측소 대부분은 매월 하나의 온도 판독값이 있다.

> **데이터에 관해**
>
> 아워월드인데이터는 코로나19 공공 데이터[1]를 제공한다.
> 지표온도 데이터는 미국 해양대기청에서 공개한 *GHCN* 통합 데이터베이스에서 가져온 것이다.[2] 이 레시피에서는 2019년 브라질 데이터만 사용한다.

작업 방법

데이터프레임의 itertuples 메서드를 사용해 코로나19 일일 데이터와 브라질 지표온도 데이터의 행들을 루핑한다. 주요 변수의 누락 데이터와 예상치 못한 값을 처리하는 로직을 추가한다.

① 판다스와 넘파이를 임포트하고, 코로나19 데이터와 지표온도 데이터를 로드한다.

```
>>> import pandas as pd
>>> import numpy as np
>>> coviddaily = pd.read_csv("data/coviddaily720.csv", parse_dates=["casedate"])
>>> ltbrazil = pd.read_csv("data/ltbrazil.csv")
```

② 데이터를 위치와 날짜별로 정렬한다.

```
>>> coviddaily = coviddaily.sort_values(['location','casedate'])
```

③ itertuples로 행들을 순회한다.

itertuples를 사용해 전체 행과 이름 없는 튜플들을 순회한다. 각국의 전체 날짜에 대해 신규 확진자 수를 합산한다. 국가(location)가 바뀔 때마다 rowlist에 소계를 추가하고, 카운트를 0으로 설정한다. (참고로 rowlist는 리

---

1 https://ourworldindata.org/coronavirus-source-data
2 https://www.ncdc.noaa.gov/data-access/land-based-station-data/land-based-datasets/global-historical-climatology-network-monthly-version-4

스트이며, 국가가 바뀔 때마다 rowlist에 딕셔너리를 추가한다. 딕셔너리의 리스트는 데이터를 임시로 저장했다가 나중에 데이터프레임으로 변환하는 데 좋다.)

```
>>> prevloc = 'ZZZ'
>>> rowlist = []
>>> for row in coviddaily.itertuples():
...    if (prevloc!=row.location):
...      if (prevloc!='ZZZ'):
...        rowlist.append({'location':prevloc, 'casecnt':casecnt})
...      casecnt = 0
...      prevloc = row.location
...    casecnt += row.new_cases
...
...
>>> rowlist.append({'location':prevloc, 'casecnt':casecnt})
>>> len(rowlist)
209
>>> rowlist[0:4]
[{'location': 'Afghanistan', 'casecnt': 34451.0}, {'location': 'Albania', 'casecnt':
3371.0}, {'location': 'Algeria', 'casecnt': 18712.0}, {'location': 'Andorra', 'casecnt':
855.0}]
```

④ 소계를 담은 rowlist로부터 데이터프레임을 생성한다.

앞 단계에서 생성한 리스트를 판다스 DataFrame 메서드에 전달한다.

```
>>> covidtotals = pd.DataFrame(rowlist)
>>> covidtotals.head()
      location   casecnt
0  Afghanistan 34,451.00
1      Albania  3,371.00
2      Algeria 18,712.00
3      Andorra    855.00
4       Angola    483.00
```

⑤ 지표온도 데이터를 정렬한다.

또한, 온도에 누락값이 있는 행을 드롭한다.

```
>>> ltbrazil = ltbrazil.sort_values(['station','month'])
>>> ltbrazil = ltbrazil.dropna(subset=['temperature'])
```

⑥ 한 기간과 그다음 기간 사이에 큰 변화가 있는 행을 제외한다.

그 해의 평균 기온을 계산하고, 이전 달 기온보다 3℃ 넘게 높거나 낮은 값을 제외한다.

```
>>> prevstation = 'ZZZ'
>>> prevtemp = 0
>>> rowlist = []
>>>
>>> for row in ltbrazil.itertuples():
...    if (prevstation!=row.station):
...      if (prevstation!='ZZZ'):
...        rowlist.append({'station':prevstation, 'avgtemp':tempcnt/stationcnt,
...                        'stationcnt':stationcnt})
...      tempcnt = 0
...      stationcnt = 0
...      prevstation = row.station
...    # 이전 온도와의 차이가 3도 이내인 행만 선택
...    if ((0 <= abs(row.temperature-prevtemp) <= 3) or (stationcnt==0)):
...      tempcnt += row.temperature
...      stationcnt += 1
...    prevtemp = row.temperature
...
>>> rowlist.append({'station':prevstation, 'avgtemp':tempcnt/stationcnt,
'stationcnt':stationcnt})
>>> rowlist[0:5]
[{'station': 'ALTAMIRA', 'avgtemp': 28.310000000000002, 'stationcnt': 5}, {'station':
'ALTA_FLORESTA_AERO', 'avgtemp': 29.433636363636367, 'stationcnt': 11}, {'station':
'ARAXA', 'avgtemp': 21.612499999999997, 'stationcnt': 4}, {'station': 'BACABAL',
'avgtemp': 29.75, 'stationcnt': 4}, {'station': 'BAGE', 'avgtemp': 20.366666666666664,
'stationcnt': 9}]
```

⑦ 요약 값으로 데이터프레임을 생성한다.

앞 단계에서 생성한 리스트를 판다스 DataFrame 메서드에 전달한다.

```
>>> ltbrazilavgs = pd.DataFrame(rowlist)
>>> ltbrazilavgs.head()
            station  avgtemp  stationcnt
0           ALTAMIRA   28.31           5
1  ALTA_FLORESTA_AERO   29.43          11
2             ARAXA   21.61           4
```

| 3 | BACABAL | 29.75 | 4 |
| 4 | BAGE | 20.37 | 9 |

이렇게 해서 2019년 평균 기온과 관측소별 관측 횟수가 있는 데이터프레임을 얻었다.

원리

②에서 location 및 casedate를 기준으로 코로나19 일일 데이터를 정렬했다. ③에서는 데이터를 한 행씩 훑으며 신규 확진자 수를 집계했는데, 새로운 국가를 만나면 다시 0부터 카운트했다. 새로운 국가를 만나기 전까지는 신규 확진자 수를 추가하지 않았음에 유의하자. 새로운 국가를 만나기 전까지는 집계 중인 국가의 마지막 행인지를 알 방법이 없기 때문이다. 값을 0으로 재설정하기 직전에 합계를 rowlist에 추가하므로 문제가 되지 않는다. 또한 마지막 국가의 합계를 출력하려면 특별한 처리가 필요하다(마지막 국가 다음에는 아무 값도 오지 않기 때문이다). 여기서는 루프 종료 후에 최종적으로 추가하는 식으로 처리했다. 이 방법은 데이터에 대해 루핑을 하면서 그룹별 합계를 출력하는 표준적인 접근법이다.

이 장에서 다룰 판다스 기법들을 활용하면 ③과 ④에서 생성한 요약 데이터프레임을 좀 더 효율적으로 생성해 분석가의 시간을 아끼고 컴퓨터의 작업 부하를 덜 수 있다. 하지만 더 복잡한 계산을 수행하려고 하면 호출하기가 더 어렵다. 행과 행 사이의 값을 비교하려고 할 때 특히 그렇다.

그 예로, ⑥~⑦에서 각 관측소의 연도별 평균 기온을 계산하고자 했다. 관측소 대부분에는 한 달에 한 건의 관측값이 있다. 하지만 온도에 이상값이 있을 것을 우려해, 월별 온도의 차이가 3℃ 넘는 것을 이상값으로 정의하고 관측소별 평균값 계산에서 제외했다. 전월의 온돗값을 prevtemp에 저장해두었다가 그다음 이터레이션에서 현재 온도와 비교하는 부분은 이해하기 쉽다.

추가 정보

③에서 itertuples 대신 iterrows를 거의 같은 구문으로 사용할 수도 있었다. 여기서는 iterrows의 기능이 필요하지 않으므로 itertuples를 썼다. itertuples는 iterrows보다 시스템 자원을 덜 소모한다.

표 데이터를 다룰 때는 여러 행에 걸쳐 합계를 계산하는 작업이 가장 어렵다. 그러한 계산은 어떤 프로그래밍 언어를 사용하든 구현이 복잡하고 자원을 많이 소모한다. 그렇다고 해서 피할 수는 없다. 패널(panel) 데이터를 다룰 때 특히 그렇다. 특정 기간에서 변수들에 대한 특정 값은 이전 기간에서의 값에 의해 판단이 이뤄질 수 있는데, 이것은 이 레시피에서 수행한 누계 계산보다 더 복잡하다.

지난 수십년간, 데이터 분석가는 행들을 순회하면서 문제를 일으키는 범주형변수와 요약 변수를 주의 깊게 조사해서 요약을 처리하는 식으로 이러한 데이터 정제 문제를 해결하려고 노력했다. 이러한 방식은 매우 유연하므로 앞으로도 계속 행해지겠지만, 판다스의 여러 가지 데이터 집계 도구를 활용하면 더욱 효율적이고 코딩하기 쉽다. 하지만 이러한 장점을 지닌 루핑 방법을 유효하지 않거나 불완전하거나 비정형인 데이터에 적용하기가 쉽지 않다. 이 장에서 이러한 도구들을 좀 더 살펴본다.

7.2 넘파이 배열의 그룹별 요약을 계산

앞의 레시피에서 itertuples로 했던 작업을 넘파이 배열을 사용해 수행할 수 있다. 또한 넘파이 배열을 사용해 데이터의 부분집합에 대한 요약 값도 얻을 수 있다.

준비

이번에도 코로나19 사례 일일 데이터와 브라질 지표온도 데이터로 작업한다.

작업 방법

데이터프레임 값들을 넘파이 배열에 복사한다. 그런 다음 배열을 조사하고, 그룹별 합계를 계산하고 예상치 못한 값이 있는지 확인한다.

① pandas와 numpy를 임포트하고, 코로나19와 지표온도 데이터를 로드한다.

```
>>> import pandas as pd
>>> import numpy as np
>>> coviddaily = pd.read_csv("data/coviddaily720.csv", parse_dates=["casedate"])
>>> ltbrazil = pd.read_csv("data/ltbrazil.csv")
```

② 위치(location) 리스트를 생성한다.

```
>>> loclist = coviddaily.location.unique().tolist()
```

③ 넘파이 배열을 사용해 위치별 합계를 계산한다.

위치와 신규 사례 데이터의 넘파이 배열을 생성한다. 그러면 이전 단계에서 생성한 위치 리스트에 대해 반복문을 수행해, 위치별(casevalues[j][0])로 전체 신규 사례 값(casevalues[j][1])을 선택할 수 있다. 그런 다음 해당 위치에 대한 신규 사례 값을 합산한다.

```
>>> rowlist = []
>>> casevalues = coviddaily[['location','new_cases']].to_numpy()
>>>
>>> for locitem in loclist:
...     cases = [casevalues[j][1] for j in range(len(casevalues))\
...         if casevalues[j][0]==locitem]
...     rowlist.append(sum(cases))
...
>>> len(rowlist)
209
>>> len(loclist)
209
>>> rowlist[0:5]
[34451.0, 3371.0, 18712.0, 855.0, 483.0]
>>> casetotals = pd.DataFrame(zip(loclist,rowlist), columns=(['location','casetotals']))
>>> casetotals.head()
      location  casetotals
0  Afghanistan   34,451.00
1      Albania    3,371.00
2      Algeria   18,712.00
3      Andorra      855.00
4       Angola      483.00
```

④ 지표온도 데이터를 정렬하고 온도에 누락값이 있는 행을 드롭한다.

```
>>> ltbrazil = ltbrazil.sort_values(['station','month'])
>>> ltbrazil = ltbrazil.dropna(subset=['temperature'])
```

⑤ 넘파이 배열을 사용해 연간 평균 온도를 계산한다.

한 기간과 다음 기간 사이에 큰 변화가 있는 행을 제외한다.

```
>>> prevstation = 'ZZZ'
>>> prevtemp = 0
>>> rowlist = []
>>> tempvalues = ltbrazil[['station','temperature']].to_numpy()
>>>
>>> for j in range(len(tempvalues)):
...     station = tempvalues[j][0]
...     temperature = tempvalues[j][1]
```

```
...    if (prevstation!=station):
...      if (prevstation!='ZZZ'):
...        rowlist.append({'station':prevstation, 'avgtemp':tempcnt/stationcnt,
'stationcnt':stationcnt})
...      tempcnt = 0
...      stationcnt = 0
...      prevstation = station
...
...    if ((0 <= abs(temperature-prevtemp) <= 3) or (stationcnt==0)):
...      tempcnt += temperature
...      stationcnt += 1
...
...    prevtemp = temperature
...
>>> rowlist.append({'station':prevstation, 'avgtemp':tempcnt/stationcnt,
'stationcnt':stationcnt})
>>> rowlist[0:5]
[{'station': 'ALTAMIRA', 'avgtemp': 28.310000000000002, 'stationcnt': 5}, {'station':
'ALTA_FLORESTA_AERO', 'avgtemp': 29.433636363636367, 'stationcnt': 11}, {'station':
'ARAXA', 'avgtemp': 21.612499999999997, 'stationcnt': 4}, {'station': 'BACABAL',
'avgtemp': 29.75, 'stationcnt': 4}, {'station': 'BAGE', 'avgtemp': 20.366666666666664,
'stationcnt': 9}]
```

⑥ 지표온도 평균의 데이터프레임을 생성한다.

```
>>> ltbrazilavgs = pd.DataFrame(rowlist)
>>> ltbrazilavgs.head()
            station   avgtemp  stationcnt
0            ALTAMIRA     28.31           5
1  ALTA_FLORESTA_AERO     29.43          11
2              ARAXA     21.61           4
3            BACABAL     29.75           4
4               BAGE     20.37           9
```

평균기온과 관측소별 관측값 개수의 데이터프레임을 얻었다. 이전 레시피의 마지막 단계에서 얻은 값
과 동일하다.

원리

넘파이 배열은 표 데이터를 다룰 때 꽤 유용하지만 행 사이의 계산을 필요로 한다. 배열에서 행에 해당하는 아이템에 액세스하는 방법과 열에 해당하는 아이템에 액세스하는 방법이 그리 다르지 않기 때문이다. 예를 들어, casevalues[5][0](배열의 여섯 번째 행과 첫 번째 열)은 casevalues[20][1]과 같은 방식으로 액세스된다. 또한 넘파이 배열을 탐색하는 것이 판다스 데이터프레임을 순회하는 것보다 더 빠르다.

③에서 이러한 장점을 이용했다. 주어진 위치에 대해(if casevalues[j][0]==locitem) 배열의 전체 행을 리스트 컴프리헨션으로 얻었다. 요약 값을 생성할 데이터프레임에 location 리스트도 필요하므로, zip을 사용해 두 리스트를 결합했다.

④에서 지표온도 데이터로 작업했는데, 먼저 station과 month로 정렬한 다음, 온도에 누락값이 있는 행들을 드롭했다. ⑤의 로직은 이전 레시피의 ⑥과 거의 같다. 가장 큰 차이점은 배열에서 관측소의 위치(tempvalues[j][0])와 온도(tempvalues[j][1])를 참조할 필요가 있다는 점이다.

추가 정보

데이터를 순회할 필요가 있을 때, 판다스 데이터프레임을 itertuples나 iterrows로 순회하는 것보다 넘파이 배열을 사용하는 것이 일반적으로 더 빠르다. 또한 ③에서 itertuples를 사용해 리스트 컴프리헨션을 시도하는 것도 가능하지만, 그렇게 할 경우 완료될 때까지 기다려야 할 수 있다. 일반적으로 데이터의 특정 세그먼트에 대해 재빨리 요약 값을 얻고자 할 때는 넘파이 배열을 선택하는 것이 합리적이다.

참고

이 장의 나머지 레시피에서는 판다스 데이터프레임의 강력한 groupby 메서드를 사용해 그룹별 합계를 생성한다.

7.3 groupby를 사용해 데이터를 그룹별로 조직화하기

데이터 분석 프로젝트를 수행하다보면 그룹별 요약통계를 생성해야 할 때가 많다. 앞의 레시피에서 다룬 접근방법으로도 요약통계를 생성할 수 있지만, 판다스 데이터프레임의 groupby 메서드를 활용하는 것이 나을 때가 많다. groupby로 집계 작업을 처리할 수 있는 경우가 많으며 작업 효율도 높다. 따라서 이 장의 나머지 레시피에서는 groupby를 사용한다. 이번 레시피에서 기초적인 사용법을 알아본다.

준비

이 레시피에서는 코로나19 일일 데이터를 사용한다.

작업 방법

판다스 groupby 데이터프레임을 생성해 그룹별 요약통계를 만드는 데 사용한다.

① pandas와 numpy를 임포트하고, 코로나19 사례 일일 데이터를 로드한다.

```
>>> import pandas as pd
>>> import numpy as np
>>> coviddaily = pd.read_csv("data/coviddaily720.csv", parse_dates=["casedate"])
```

② 판다스 groupby 데이터프레임을 생성한다.

```
>>> countrytots = coviddaily.groupby(['location'])
>>> type(countrytots)
<class 'pandas.core.groupby.generic.DataFrameGroupBy'>
```

③ 국가별로 첫 행과 마지막 행의 데이터프레임을 생성한다.

```
>>> countrytots.first().iloc[0:5, 0:5]
            iso_code   casedate continent  new_cases  new_deaths
location
Afghanistan      AFG 2019-12-31      Asia          0           0
Albania          ALB 2020-03-09    Europe          2           0
Algeria          DZA 2019-12-31    Africa          0           0
Andorra          AND 2020-03-03    Europe          1           0
Angola           AGO 2020-03-22    Africa          2           0
```

```
>>> countrytots.last().iloc[0:5, 0:5]
            iso_code   casedate continent  new_cases  new_deaths
location
Afghanistan      AFG 2020-07-12      Asia         85          16
Albania          ALB 2020-07-12    Europe         93           4
Algeria          DZA 2020-07-12    Africa        904          16
Andorra          AND 2020-07-12    Europe          0           0
Angola           AGO 2020-07-12    Africa         25           2
>>> type(countrytots.last())
<class 'pandas.core.frame.DataFrame'>
```

④ 국가별로 전체 행을 얻는다.

```
>>> countrytots.get_group('Zimbabwe').iloc[0:5, 0:5]
       iso_code   casedate  location continent  new_cases
29099       ZWE 2020-03-21  Zimbabwe    Africa          1
29100       ZWE 2020-03-22  Zimbabwe    Africa          1
29101       ZWE 2020-03-23  Zimbabwe    Africa          0
29102       ZWE 2020-03-24  Zimbabwe    Africa          0
29103       ZWE 2020-03-25  Zimbabwe    Africa          0
```

⑤ 그룹에 대해 루핑한다.

```
>>> for name, group in countrytots:
...    if (name in ['Malta','Kuwait']):
...       print(group.iloc[0:5, 0:5])
...
       iso_code   casedate location continent  new_cases
14707       KWT 2019-12-31   Kuwait      Asia          0
14708       KWT 2020-01-01   Kuwait      Asia          0
14709       KWT 2020-01-02   Kuwait      Asia          0
14710       KWT 2020-01-03   Kuwait      Asia          0
14711       KWT 2020-01-04   Kuwait      Asia          0
       iso_code   casedate location continent  new_cases
17057       MLT 2020-03-07    Malta    Europe          1
17058       MLT 2020-03-08    Malta    Europe          2
17059       MLT 2020-03-09    Malta    Europe          0
17060       MLT 2020-03-10    Malta    Europe          2
17061       MLT 2020-03-11    Malta    Europe          1
```

⑥ 국가별 행 수를 보인다.

```
>>> countrytots.size()
location
Afghanistan      185
Albania          126
Algeria          190
Andorra          121
Angola           113
                 ...
Vietnam          191
Western Sahara    78
Yemen             94
Zambia           116
Zimbabwe         114
Length: 209, dtype: int64
```

⑦ 국가별 요약통계를 보인다.

```
>>> countrytots.new_cases.describe().head()
            count  mean  std  min  25%  50%  75%   max
location
Afghanistan   185   186  257    0    0   37  302  1,063
Albania       126    27   25    0    9   17   36     93
Algeria       190    98  124    0    0   88  150    904
Andorra       121     7   13    0    0    1    9     79
Angola        113     4    9    0    0    1    5     62
>>> countrytots.new_cases.sum().head()
location
Afghanistan   34,451
Albania        3,371
Algeria       18,712
Andorra          855
Angola           483
Name: new_cases, dtype: float64
```

범주형변수에 대한 요약통계를 생성할 때 groupby 데이터프레임 객체가 얼마나 유용한지 시연했다.

원리

②에서 판다스 데이터프레임 groupby 메서드를 그루핑하려는 열 또는 열의 리스트에 전달해 판다스 데이터프레임 groupby 객체를 생성했다. 일단 groupby 데이터프레임을 얻으면, 전체 데이터프레임의 요약통계를 생성할 때 사용한 것과 똑같은 도구를 활용해 그룹별 요약통계를 생성할 수 있다. describe, mean, sum 등의 메서드를 groupby 데이터프레임(또는 데이터프레임으로부터 생성한 시리즈)과 함께 사용할 수 있다. 요약이 그룹별로 이뤄진다는 점을 외에는 예상대로 작동한다.

③에서는 first와 last를 사용해 그룹별로 처음과 마지막 행의 데이터프레임을 생성했다. ④에서 get_group을 사용해 특정 그룹의 전체 행을 얻었다. 그룹별로 루핑을 해서 size를 사용해 각 그룹의 행 수를 셀 수도 있다.

⑦에서는 데이터프레임 groupby 객체로부터 시리즈 groupby 객체를 생성했다. 결과 객체의 집계 메서드를 활용해 그룹별 시리즈에 대한 요약통계를 얻었다. 이 출력을 보면 new_cases의 분포가 국가별로 차이가 있음이 명확히 드러난다. 예를 들어, 처음 다섯 국가만 보더라도 사분위범위에 차이가 큰 것이 눈에 띈다.

추가 정보

⑦의 출력은 꽤 유용하다. 그룹별로 유의미한 분포의 차이를 보이는 중요한 연속변수의 출력을 저장할 가치가 있다.

판다스 groupby 데이터프레임은 매우 강력하면서도 사용하기 쉽다. ⑦에서는 이번 장의 처음 두 레시피에서 만든 그룹별 요약을 더 쉬운 방법으로 만들 수 있음을 보였다. 작업하는 데이터프레임이 작거나 행과 행 사이에 매우 복잡한 계산이 필요한 것이 아니라면 루핑보다는 groupby 메서드가 훨씬 나은 선택이다.

7.4 좀 더 복잡한 집계 함수를 groupby와 함께 사용하기

이전 레시피에서는 groupby 데이터프레임 객체를 생성해 그룹별 요약통계를 얻는 데 활용했다. 이 레시피에서는 그룹을 만들고, 집계 변수를 선택하고, 집계 함수를 선택하는 전 과정을 체이닝을 통해 한 줄로 작성한다. 또한 groupby 객체의 장점을 살려 집계 열과 함수를 다양한 방식으로 선택한다.

준비

이 레시피에서는 미국 종단 조사(NLS) 데이터로 작업한다.

> **데이터에 관해**
>
> NLS는 미국 노동통계국이 주관해 고등학생을 대상으로 벌인 종단 조사로 1997년에 시작됐다. 참가자를 대상으로 2017년까지 매년 설문조사가 이뤄졌다. 조사 데이터는 nlsinfo.org에 공개돼 있다.

작업 방법

groupby의 유연성을 활용해, 이전 레시피에서 한 것보다 더 복잡한 집계를 수행한다.

① pandas를 임포트하고 NLS 데이터를 로드한다.

```
>>> import pandas as pd
>>> nls97 = pd.read_csv("data/nls97b.csv")
>>> nls97.set_index("personid", inplace=True)
```

② 데이터 구조를 검토한다.

```
>>> nls97.iloc[:,0:7].info()
<class 'pandas.core.frame.DataFrame'>
Int64Index: 8984 entries, 100061 to 999963
Data columns (total 7 columns):
 #   Column               Non-Null Count  Dtype
---  ------               --------------  -----
 0   gender               8984 non-null   object
 1   birthmonth           8984 non-null   int64
 2   birthyear            8984 non-null   int64
 3   highestgradecompleted 6663 non-null  float64
 4   maritalstatus        6672 non-null   object
 5   childathome          4791 non-null   float64
 6   childnotathome       4791 non-null   float64
dtypes: float64(3), int64(2), object(2)
memory usage: 561.5+ KB
```

③ 범주형 데이터를 검토한다.

```
>>> catvars = ['gender','maritalstatus','highestdegree']
>>>
>>> for col in catvars:
...    print(col, nls97[col].value_counts().sort_index(), sep="\n\n", end="\n\n\n")
...
gender


Female    4385
Male      4599
Name: gender, dtype: int64


maritalstatus

Divorced        663
Married        3066
Never-married  2766
Separated       154
Widowed          23
Name: maritalstatus, dtype: int64


highestdegree

0. None          953
1. GED          1146
2. High School  3667
3. Associates    737
4. Bachelors    1673
5. Masters       603
6. PhD            54
7. Professional  120
Name: highestdegree, dtype: int64
```

④ 기술통계를 검토한다.

```
>>> contvars = ['satmath','satverbal','weeksworked06','gpaoverall',
...    'childathome']
>>>
>>> nls97[contvars].describe()
        satmath  satverbal  weeksworked06  gpaoverall  childathome
count   1,407.0    1,406.0        8,340.0     6,004.0      4,791.0
mean      500.6      499.7           38.4         2.8          1.9
std       115.0      112.2           18.9         0.6          1.3
min         7.0       14.0            0.0         0.1          0.0
25%       430.0      430.0           27.0         2.4          1.0
50%       500.0      500.0           51.0         2.9          2.0
75%       580.0      570.0           52.0         3.3          3.0
max       800.0      800.0           52.0         4.2          9.0
```

⑤ 성별에 따른 학업 평가 시험(Scholastic Assessment Test, SAT) 수학 점수를 살펴본다.

  groupby에 열 이름을 전달해, 해당 열을 기준으로 그루핑한다.

```
>>> nls97.groupby('gender')['satmath'].mean()
gender
Female   486.6
Male     516.9
Name: satmath, dtype: float64
```

⑥ 성별과 학력에 따른 SAT 수학 과목 점수를 살펴본다.

  열 이름의 리스트를 groupby에 전달함으로써 복수 열에 대해서도 groupby를 수행할 수 있다.

```
>>> nls97.groupby(['gender','highestdegree'])['satmath'].mean()
gender  highestdegree
Female  0. None           332.6
        1. GED            405.0
        2. High School    430.8
        3. Associates     458.0
        4. Bachelors      501.9
        5. Masters        508.3
        6. PhD            575.5
        7. Professional   599.4
Male    0. None           540.0
```

```
              1. GED            320.0
              2. High School    467.7
              3. Associates     481.1
              4. Bachelors      542.2
              5. Masters        574.4
              6. PhD            621.4
              7. Professional   587.7
Name: satmath, dtype: float64
```

⑦ 성별 및 학력별로 SAT 수학과 언어 점수를 살펴본다.

리스트를 사용해 한 개 이상의 변수(이 경우 satmath와 satverbal)에 대해 값을 요약할 수 있다.

```
>>> nls97.groupby(['gender','highestdegree'])[['satmath','satverbal']].mean()
                       satmath  satverbal
gender highestdegree
Female 0. None          332.6    408.8
       1. GED           405.0    390.0
       2. High School   430.8    444.3
       3. Associates    458.0    466.2
       4. Bachelors     501.9    506.3
       5. Masters       508.3    533.9
       6. PhD           575.5    558.2
       7. Professional  599.4    587.1
Male   0. None          540.0    483.3
       1. GED           320.0    360.0
       2. High School   467.7    457.2
       3. Associates    481.1    462.4
       4. Bachelors     542.2    527.8
       5. Masters       574.4    545.2
       6. PhD           621.4    622.9
       7. Professional  587.7    591.8
```

⑧ 건수, 평균, 최댓값, 표준편차 열을 추가한다.

agg 함수를 사용해 요약통계를 반환한다.

```
>>> nls97.groupby(['gender','highestdegree'])['gpaoverall'].agg(['count','mean','max','std'])
                       count  mean  max  std
gender highestdegree
```

```
Female  0. None          148   2.5  4.0  0.7
        1. GED           227   2.3  3.9  0.7
        2. High School  1212   2.8  4.2  0.5
        3. Associates    290   2.9  4.0  0.5
        4. Bachelors     734   3.2  4.1  0.5
        5. Masters       312   3.3  4.1  0.4
        6. PhD            22   3.5  4.0  0.5
        7. Professional   53   3.5  4.1  0.4
Male    0. None          193   2.2  4.0  0.6
        1. GED           345   2.2  4.0  0.6
        2. High School  1436   2.6  4.0  0.5
        3. Associates    236   2.7  3.8  0.5
        4. Bachelors     560   3.1  4.1  0.5
        5. Masters       170   3.3  4.0  0.4
        6. PhD            20   3.4  4.0  0.6
        7. Professional   38   3.4  4.0  0.3
```

⑨ 딕셔너리를 사용해 복잡한 집계를 수행한다.

```
>>> pd.options.display.float_format = '{:,.1f}'.format
>>> aggdict = {'weeksworked06':['count', 'mean', 'max','std'], 'childathome':['count',
'mean', 'max', 'std']}
>>> nls97.groupby(['highestdegree']).agg(aggdict)
```

	weeksworked06				childathome			
	count	mean	max	std	count	mean	max	std
highestdegree								
0. None	703	29.7	52.0	21.6	439	1.8	8.0	1.6
1. GED	1104	33.2	52.0	20.6	693	1.7	9.0	1.5
2. High School	3368	39.4	52.0	18.6	1961	1.9	7.0	1.3
3. Associates	722	40.7	52.0	17.7	428	2.0	6.0	1.1
4. Bachelors	1642	42.2	52.0	16.1	827	1.9	8.0	1.0
5. Masters	601	42.2	52.0	16.1	333	1.9	5.0	0.9
6. PhD	53	38.2	52.0	18.6	32	2.1	6.0	1.1
7. Professional	117	27.1	52.0	20.4	57	1.8	4.0	0.8

```
>>> nls97.groupby(['maritalstatus']).agg(aggdict)
```

	weeksworked06				childathome			
	count	mean	max	std	count	mean	max	std
maritalstatus								
Divorced	660	37.5	52.0	19.1	524	1.5	5.0	1.2

Married	3033	40.3	52.0	17.9	2563	2.1	8.0	1.1
Never-married	2734	37.2	52.0	19.1	1502	1.6	9.0	1.3
Separated	153	33.8	52.0	20.2	137	1.5	8.0	1.4
Widowed	23	37.1	52.0	19.3	18	1.8	5.0	1.4

weeksworked06과 childathome에 대해 같은 요약통계를 표시하지만, ⑨에 사용한 것과 같은 구문으로 각각 다른 집계 함수를 지정할 수도 있다.

원리

먼저 데이터프레임의 주요 열에 대한 요약통계를 살펴봤다. ③에서 범주형변수의 빈도를 얻었고, ④에서 연속변수에 대한 기술통계를 얻었다. 데이터프레임의 그룹별 통계를 생성하기에 앞서 전체에 대한 요약 값을 얻는 것은 좋은 생각이다.

groupby를 사용해 요약통계를 생성할 준비가 됐다. 이는 다음 세 단계로 이뤄진다.

1. 하나 이상의 범주형변수를 기초로 groupby 데이터프레임을 생성
2. 요약통계에 사용할 열을 선택
3. 집계 함수를 선택

이 레시피에서는 위 세 단계를 체이닝하여 한 줄로 모두 수행한다. 즉, ⑤의 nls97.groupby('gender')['satmath'].mean()은 다음 세 가지 일을 한다. nls97.groupby('gender')는 groupby 데이터프레임 객체를 생성하고, ['satmath']는 집계 열을 선택하고, mean()은 집계 함수다.

groupby에 열 이름을 전달(⑤)하거나 열 이름의 리스트를 전달(⑥)함으로써 하나 이상의 열에 대해 그룹을 생성할 수 있다. ⑦의 ['satmath','satverbal']와 같이 여러 개의 변수를 리스트로 만들어 집계할 수도 있다.

mean, count, max 같은 요약 함수를 체이닝할 수 있다. 또는, ⑧의 agg(['count','mean','max','std'])처럼 agg에 리스트를 전달해 여러 개의 집계 함수를 선택할 수도 있다. 판다스와 넘파이의 집계 함수를 사용할 수도 있고 함수를 직접 작성할 수도 있는데, 다음 레시피에서 그 방법을 살펴본다.

⑧에서 또 한 가지 중요한 점은 agg가 집계 열을 각 함수에 보낼 때 한 번에 한 그룹씩 보낸다는 것이다. 각 집계 함수의 계산은 groupby 데이터프레임의 각 그룹에 대해 이뤄진다. 각 그룹의 데이터를 집계 함

수에 보내는 과정을 자동화함으로써, 동일한 함수를 전체 데이터프레임에 대해 한 번에 한 그룹씩 수행할 수 있게 되는 셈이다.

추가 정보

처음에 범주형변수와 연속변수가 데이터프레임에 어떻게 분포하는지 감을 잡았다. 연속변수의 분포를 보기 위해 데이터를 그룹화할 때가 종종 있다. 예를 들어, 근무 주 수와 같은 것은 결혼 상태 등의 범주형변수와는 다르다. 그룹화를 하기 전에, 변수들이 전체 데이터셋에서 어떻게 분포하는지 잘 알면 도움이 된다.

nls97 데이터셋은 8,984명의 응답자 중 1,400명 가량만 SAT 점수가 있어, 그룹별 SAT 점수를 조사할 때 주의가 필요하다. 그룹에 따라서는 성별과 학력 건수가 너무 적어 신뢰하기 어려울 수 있으며, 박사 학위 소지자 그룹이 특히 그렇다. SAT 수학 및 언어 점수에는 이상값이 있다(제3 사분위수보다 사분위 범위의 1.5배 높거나 제1 사분위수보다 사분위범위의 1.5배 낮은 값을 이상값으로 정의한 경우).

학력과 결혼 상태(사별을 제외)의 전체 값들에 대해서는 근무 주 수와 집에서 생활하는 자녀 수를 받아들일 수 있다. 전문학위[3] 소지자의 평균 근무 주 수는 예상할 수 없다. 다른 어느 그룹보다도 낮다. 그다음 단계로는 이것이 여러 해에 걸쳐 얼마나 지속되는지 살펴보면 좋다. (여기서는 2006년의 근무 주 수만 살펴봤지만, 20년치 데이터가 있다.)

참고

nls97 파일은 개인 수준 데이터로 가장한 패널 데이터다. 패널 데이터 구조는 복구 가능해, 고용과 학교 등록 같은 영역에 대해 시간 경과에 따른 분석을 용이하게 한다. 9장 '데이터 타이딩과 리셰이핑'에서 그러한 분석을 수행한다.

7.5 사용자 정의 함수 및 apply와 groupby

판다스와 넘파이에는 수많은 집계 함수가 있지만, 필요한 결과를 얻기 위해 집계 함수를 직접 작성해야 할 때도 있다. 이때 apply가 필요할 수도 있다.

---

3 (옮긴이) 의학전문대학원에서 수여하는 M.D.(Medical Doctor)나 법학전문대학원에서 수여하는 J.D.(Juris Doctor)를 전문학위(professional degree)라고 한다.

준비

이 레시피에서는 NLS 데이터를 사용한다.

작업 방법

그룹별 요약통계를 정의하는 함수를 작성한다.

① pandas를 임포트하고 NLS 데이터를 로드한다.

```
>>> import pandas as pd
>>> import numpy as np
>>> nls97 = pd.read_csv("data/nls97b.csv")
>>> nls97.set_index("personid", inplace=True)
```

② 사분위범위(interquartile range)를 정의하는 함수를 작성한다.

```
>>> def iqr(x):
...    return x.quantile(0.75) - x.quantile(0.25)
...
```

③ 사분위범위 함수를 실행한다.

먼저, 각 분석 변수에 대해 어느 집계 함수를 사용할지 지정하는 딕셔너리를 작성한다.

```
>>> aggdict = {'weeksworked06':['count', 'mean', iqr], 'childathome':['count', 'mean',
iqr]}
>>> nls97.groupby(['highestdegree']).agg(aggdict)
```

	weeksworked06			childathome		
	count	mean	iqr	count	mean	iqr
highestdegree						
0. None	703	29.7	47.0	439	1.8	3.0
1. GED	1104	33.2	39.0	693	1.7	3.0
2. High School	3368	39.4	21.0	1961	1.9	2.0
3. Associates	722	40.7	18.0	428	2.0	2.0
4. Bachelors	1642	42.2	14.0	827	1.9	1.0
5. Masters	601	42.2	13.0	333	1.9	1.0
6. PhD	53	38.2	23.0	32	2.1	2.0
7. Professional	117	27.1	45.0	57	1.8	1.0

④ 선택한 요약통계를 시리즈로 반환하는 함수를 정의한다.

```
>>> def gettots(x):
...    out = {}
...    out['qr1'] = x.quantile(0.25)
...    out['med'] = x.median()
...    out['qr3'] = x.quantile(0.75)
...    out['count'] = x.count()
...    return pd.Series(out)
...
```

⑤ apply를 사용해 함수를 실행한다.

이렇게 하면 highestdegree 값을 기초로 하는 다중 인덱스와 원하는 요약통계를 갖는 시리즈가 만들어진다.

```
>>> pd.options.display.float_format = '{:,.0f}'.format
>>> nls97.groupby(['highestdegree'])['weeksworked06'].apply(gettots)
highestdegree
0. None          qr1        5
                 med       34
                 qr3       52
                 count    703
1. GED           qr1       13
                 med       42
                 qr3       52
                 count  1,104
2. High School   qr1       31
                 med       52
                 qr3       52
                 count  3,368
3. Associates    qr1       34
                 med       52
                 qr3       52
                 count    722
..... (생략) .....
Name: weeksworked06, dtype: float64
```

⑥ groupby 데이터프레임으로부터 생성한 인덱스 대신 디폴트 인덱스를 사용하기 위해 reset_index를 사용한다.

```
>>> nls97.groupby(['highestdegree'])['weeksworked06'].apply(gettots).reset_index()
      highestdegree level_1  weeksworked06
0          0. None     qr1              5
1          0. None     med             34
2          0. None     qr3             52
3          0. None   count            703
4           1. GED     qr1             13
5           1. GED     med             42
6           1. GED     qr3             52
7           1. GED   count          1,104
8    2. High School     qr1             31
9    2. High School     med             52
10   2. High School     qr3             52
11   2. High School   count          3,368
12    3. Associates     qr1             34
13    3. Associates     med             52
14    3. Associates     qr3             52
15    3. Associates   count            722
..... (생략) .....
```

⑦ 요약 변수에 기초한 열을 생성하기 위해 unstack과 엮는다.

이렇게 하면 highestdegree 값을 인덱스로 하고 집계 값들이 열이 되는 데이터프레임이 만들어진다.

```
>>> nlssums = nls97.groupby(['highestdegree'])['weeksworked06'].apply(gettots).unstack()
>>> nlssums
                   qr1  med  qr3  count
highestdegree
0. None              5   34   52    703
1. GED              13   42   52  1,104
2. High School      31   52   52  3,368
3. Associates       34   52   52    722
4. Bachelors        38   52   52  1,642
5. Masters          39   52   52    601
6. PhD              29   50   52     53
7. Professional      4   29   49    117

>>> nlssums.info()
```

```
<class 'pandas.core.frame.DataFrame'>
Index: 8 entries, 0. None to 7. Professional
Data columns (total 4 columns):
 #   Column  Non-Null Count  Dtype
---  ------  --------------  -----
 0   qr1     8 non-null      float64
 1   med     8 non-null      float64
 2   qr3     8 non-null      float64
 3   count   8 non-null      float64
dtypes: float64(4)
memory usage: 320.0+ bytes
```

unstack은 열의 축에 대한 인덱스의 일부를 회전(rotate)하려고 할 때 유용하다.

원리

②에서 그룹별 사분위범위를 계산하는 매우 단순한 함수를 정의하고, ③에서는 그 함수에 대한 호출을 집계 함수의 리스트에 포함한다.

④와 ⑤는 좀 더 복잡하다. 제1 사분위수와 제3 사분위수, 중앙값을 계산하고 행 수를 세는 함수를 정의한다. 이 함수는 그러한 값들을 시리즈로 반환한다. ⑤에서 groupby 데이터프레임을 apply와 조합해, 각 그룹에 대해 그 시리즈를 반환하는 gettots 함수를 얻는다.

원하는 숫자를 ⑤에서 얻을 수 있지만 최상의 포맷은 아닐 수 있다. 예를 들어 그 데이터를 시각화에 활용하고 싶다면 추가적인 메서드를 체이닝할 필요가 있다. 이때 reset_index를 사용해 다중 인덱스를 디폴트 인덱스로 대체하는 방법을 고려할 수 있다. unstack으로 인덱스의 두 번째 수준으로부터 (qr1, med, qr3, count 값들을 갖는) 열을 생성하는 방법도 있다.

추가 정보

교육 수준이 높아짐에 따라 근무 주 수와 집에서 거주하는 자녀 수에 대한 사분위범위가 떨어진다는 점이 흥미롭다. 교육 수준이 낮은 그룹에서는 그러한 변수의 편차가 더 큰 것으로 보인다. 이 점은 좀 더 면밀히 조사되어야 하며, 그룹 간의 공통 분산을 가정하는 통계적 검정에 대한 의미를 갖는다.

⑤에서 groupby 메서드의 as_index 매개변수를 False로 설정할 수도 있었지만, 그렇게 했다면 생성한 다중 인덱스를 reset_index나 unstack으로 다룰 수 없었을 것이다. 이 매개변수를 False로 설정하는 것의 이러한 단점은, 다음 코드에서 보겠지만, 반환된 데이터프레임에 groupby 값이 인덱스나 열로서 반영되지 않는다는 점이다. 그 이유는 우리가 groupby를 apply 및 사용자 정의 함수와 함께 사용하기 때문이다. as_index=False를 agg 함수와 함께 사용할 때, groupby 값의 열을 얻는다(다음 레시피에서 예를 살펴본다).

```
>>> nls97.groupby(['highestdegree'], as_index=False)['weeksworked06'].apply(gettots)
      highestdegree  qr1  med  qr3  count
0            0. None    5   34   52    703
1             1. GED   13   42   52  1,104
2     2. High School   31   52   52  3,368
3      3. Associates   34   52   52    722
4       4. Bachelors   38   52   52  1,642
5         5. Masters   39   52   52    601
6             6. PhD   29   50   52     53
7    7. Professional    4   29   49    117
```

참고

9장 '데이터 타이딩과 리셰이핑'에서 stack과 unstack에 대해 자세히 다룬다.

7.6 groupby를 사용해 데이터프레임의 분석 단위를 바꾸기

이전 레시피의 마지막 단계에서 생성한 데이터프레임은 그룹별 요약통계를 생성하는 과정에서 얻은 부산물이다. 분석 단위를 바꾸기 위해 데이터를 집계해야 할 때가 있다. 가구당 광열비를 월간에서 연간으로 바꿔 집계하거나, 학생의 과목별 성적을 학점(GPA)으로 변환하는 것을 예로 들 수 있다.

groupby는 이와 같이 분석 단위를 조정할 때 좋은 도구이며 요약 작업이 필요할 때 특히 유용하다. 중복되지 않은 행들만 선택할 필요가 있을 때(예: 주어진 기간의 개인별 첫 행과 마지막 행) sort_values와 drop_duplicates를 조합하면 된다. 하지만 분석 단위를 조정하기 전에 그룹별로 행들 사이의 계산을 해야 할 때가 있다. 이때 groupby를 쓰면 편리하다.

준비

코로나19 사례 일일 데이터로 작업한다. 이 데이터에는 국가별로 매일 한 개 행이 있다. 또한 브라질의
지표온도 데이터도 사용하는데, 이 데이터는 기상 관측소별로 한 달에 한 행이 있다.

작업 방법

groupby를 사용해 그룹별 요약 값의 데이터프레임을 생성한다.

① pandas를 임포트하고 코로나19와 지표온도 데이터를 로드한다.

```
>>> import pandas as pd
>>> coviddaily = pd.read_csv("data/coviddaily720.csv", parse_dates=["casedate"])
>>> ltbrazil = pd.read_csv("data/ltbrazil.csv")
```

② 코로나9 데이터를 국가별 일일 데이터에서 전체 국가의 일일 데이터로 변환한다.

```
>>> coviddailytotals = coviddaily.loc[coviddaily.casedate.\
...    between('2020-02-01','2020-07-12')].\
...    groupby(['casedate'], as_index=False)[['new_cases','new_deaths']].\
...    sum()
>>>
>>> coviddailytotals.head(10)
     casedate  new cases  new deaths
0  2020-02-01      2,120          46
1  2020-02-02      2,608          46
2  2020-02-03      2,818          57
3  2020-02-04      3,243          65
4  2020-02-05      3,897          66
5  2020-02-06      3,741          72
6  2020-02-07      3,177          73
7  2020-02-08      3,439          86
8  2020-02-09      2,619          89
9  2020-02-10      2,982          97
```

③ 브라질의 기상 관측소별 평균 온도 데이터프레임을 생성한다.

온돗값이 누락된 행을 제거한 뒤 데이터를 표시한다.

```
>>> ltbrazil = ltbrazil.dropna(subset=['temperature'])
>>> ltbrazil[['station','year','month','temperature','elevation','latabs']]
              station  year  month  temperature  elevation  latabs
1         CRUZEIRO_DO_SUL  2019     1           26        194       8
2                 CUIABA  2019     1           29        151      16
3      SANTAREM_AEROPORTO  2019     1           27         60       2
5     ALTA_FLORESTA_AERO  2019     1           27        289      10
7             UBERLANDIA  2019     1           25        943      19
...                  ...   ...   ...          ...        ...     ...
1099               IRATI  2019    12           22        837      25
1100        FLORIANOPOLIS  2019    12           25          2      28
1101              CANOAS  2019    12           26          8      30
1102                BAGE  2019    12           24        242      31
1103  STVITORIA_DO_PALMAR  2019    12           23         24      34

[969 rows x 6 columns]
>>>
>>> ltbrazilavgs = ltbrazil.groupby(['station'], as_index=False).\
...     agg({'latabs':'first','elevation':'first','temperature':'mean'})
>>> ltbrazilavgs.head(10)
              station  latabs  elevation  temperature
0            ALTAMIRA       3        112           28
1   ALTA_FLORESTA_AERO      10        289           29
2               ARAXA      20      1,004           22
3             BACABAL       4         25           30
4                BAGE      31        242           19
5            BARBALHA       7        409           27
6            BARCELOS       1         34           28
7      BARRA_DO_CORDA       6        153           29
8           BARREIRAS      12        439           27
9  BARTOLOMEU_LISANDRO      22         17           26
```

이 예제에서 집계 함수가 어떻게 작동하는지 들여다보자.

원리

먼저 ②에서 원하는 날짜를 선택했다(몇몇 국가는 코로나19 사례를 다른 국가보다 늦게 보고하기 시작했다). casedate를 바탕으로 데이터프레임 groupby 객체를 생성하고, new_cases와 new_deaths를 집계 변수로 선택하고, sum을 집계 함수로 선택한다. 이렇게 하면 각 그룹(casedate)에 대해 new_cases와 new_deaths에 대한 합계가 만들어진다. 목적에 따라 casedate를 인덱스에 포함하고 싶을 수 있는데, as_index를 False로 설정하지 않았다면 그렇게 되었을 것이다.

한 변수에 대해서는 첫 번째(또는 마지막) 값을 취하고 또 다른 변수에 대해서는 그룹별 평균을 구하는 것과 같이, 집계 변수마다 다른 집계 함수를 사용해야 할 때가 종종 있다. ③에서 바로 그렇게 했다. 딕셔너리를 agg 함수에 전달했는데 이때 집계 변수를 키로 사용하고 집계 함수를 값으로 사용했다.

08

데이터프레임들을 결합할 때의
데이터 문제 해결

분석가로서 데이터 정제 프로젝트를 수행하다보면 데이터를 다른 데이터 테이블과 결합해야 하는 경우를 종종 겪는다. 기존 데이터에 동일한 구조로 된 행을 추가할 때도 있고, 다른 데이터 테이블에서 열을 조회하려고 병합을 하기도 한다. 전자를 수직 결합(combining data vertically) 또는 이어 붙이기(concatenating)라고 부르고, 후자를 수평 결합(combining data horizontally) 또는 병합(merging)이라고 부른다.

병합 기준 열(merge-by column) 값이 얼마나 중복되는지에 따라 병합의 종류를 나눌 수 있다. 일대일(one-to-one) 병합에서는 병합 기준 열 값이 각 데이터 테이블에 한 번씩 나타난다. 일대다(one-to-many) 병합의 경우, 한쪽에는 중복되지 않은 병합 기준 열 값이 있고 다른 쪽에는 중복된 병합 기준 열 값이 있다. 다대다(many-to-many) 병합에서는 양쪽 모두에 병합 기준 열 값이 중복된다. 병합은 데이터 테이블의 병합 기준 값 사이에 완벽한 일치가 없는 경우가 많다는 사실로 인해 더욱 복잡해진다. 각 데이터 테이블에는 다른 데이터 테이블에 없는 병합 기준 열의 값이 존재할 수 있다.

데이터를 결합함에 따라 새로운 데이터 이슈가 발생할 수 있다. 데이터가 추가(append)되면, 열의 이름과 자료형이 같다 하더라도 원본 데이터와는 다른 논리값을 갖게 될 수 있다. 병합의 경우는, 한쪽에서 병합 기준 값이 누락되면 추가되는 쪽의 값도 누락된다. 일대일 또는 일대다 병합에서 병합 기준 열에 예상치 못한 값이 존재하는 경우, 의도치 않게 다른 열에 중복이 발생하게 될 수 있다.

이번 장에서는 데이터프레임을 수직 및 수평으로 결합할 때 종종 발생하는 데이터 문제를 다루는 전략을 고려하며, 이를 다음과 같은 레시피로 구성했다.

- 데이터프레임을 수직으로 결합하기
- 일대일 병합
- 여러 개의 열을 일대일 병합
- 일대다 병합
- 다대다 병합
- 병합 루틴 개발

8.1 데이터프레임을 수직으로 결합하기

한 테이블에 있는 행을 다른 테이블에 추가해야 할 때가 있다. 이때 두 테이블의 구조가 비슷하고, 동일한 열과 자료형이 있는 경우가 거의 대부분일 것이다. 병원의 환자 기록이 매달 CSV 파일로 생성되어 기존 데이터에 추가해야 하는 것을 예로 들 수 있다. 또 다른 예로, 교육청에서는 여러 학교로부터 데이터를 받을 것이다. 이 자료를 분석하려면 취합하는 과정을 거쳐야 할 것이다.

이와 같이 취합하려는 데이터들은 당연히 모두 같은 구조로 되어 있을 것으로 생각하기 쉽지만, 실제로는 그렇다는 보장이 없다. 특정 시점을 전후로 업무 방식이 바뀌기도 한다. 이러한 변화는 의도적인 것일수도 있지만, 직원 교체라든지 그 밖의 요인으로 의도치 않게 일어나기도 한다. 특정 기관이나 부서의 업무 방식이 다른 곳들과 차이가 있을 수도 있어, 일부 기관의 데이터가 다르거나 완전히 누락될수 있다.

새 데이터가 기존 데이터와 비슷할 것이라는 안일한 가정으로 가드를 슬슬 내리다 보면, 비슷해 보이는 데이터에서 변화를 맞이하게 된다. 필자는 데이터를 수직으로 결합할 때마다 이 점을 되새긴다. 필자는 데이터의 수직적 결합을 *이어붙이기*(concatenating) 또는 *추가*(appending)라고 부른다.

이 레시피에서는 판다스의 concat 함수를 사용해 특정 데이터프레임의 행을 다른 데이터프레임에 추가한다. 또한 concat 연산 결과 데이터프레임이 원하는 대로 만들어졌는지 확인한다.

준비

이 레시피에서는 여러 국가의 지표온도 데이터를 사용한다. 이 데이터에는 2019년 한 해 동안 여러 국가의 기상 관측소에서 측정한 월평균 기온, 위도, 경도, 고도가 국가별 CSV 파일로 저장되어 있다.

> **데이터에 관해**
>
> 이 레시피의 데이터는 미국 해양대기청의 GHCN 데이터베이스에서 얻었다.[1]

작업 방법

이 레시피에서는 비슷한 구조의 데이터프레임을 수직으로 결합하며, 이어붙인 데이터의 값을 검사해 누락값을 수정한다. 그럼 시작하자.

① 판다스와 넘파이를 임포트하고 os 모듈도 임포트한다.

```
>>> import pandas as pd
>>> import numpy as np
>>> import os
```

② 카메룬과 폴란드 데이터를 로드한다.

```
>>> ltcameroon = pd.read_csv("data/ltcountry/ltcameroon.csv")
>>> ltpoland = pd.read_csv("data/ltcountry/ltpoland.csv")
```

③ 카메룬과 폴란드 데이터를 이어붙인다.

```
>>> ltcameroon.shape
(48, 11)
>>> ltpoland.shape
(120, 11)
>>> ltall = pd.concat([ltcameroon, ltpoland])
>>> ltall.country.value_counts()
Poland      120
Cameroon     48
Name: country, dtype: int64
```

---

1 https://www.ncdc.noaa.gov/data-access/land-based-station-data/land-based-datasets/global-historical-climatology-network-monthly-version-4

④ 국가별 파일을 모두 이어붙인다.

폴더 내의 국가별 CSV 파일 전체에 대해 파일명으로 루핑을 한다. 각 파일의 확장자가 CSV인지 endswith 메서드로 확인한다. read_csv로 새로운 데이터프레임을 생성하고 행 수를 출력한다. 새로운 데이터프레임의 행을 concat으로 기존 데이터프레임에 추가한다. 끝으로, 최근의 데이터프레임에 누락값이 있었던 열, 또는 기존에 없던 새로운 열이 있으면 출력한다. ltoman 데이터프레임에는 latabs 열이 없음에 유의한다.

```
>>> directory = "data/ltcountry"
>>> ltall = pd.DataFrame()
>>>
>>> for filename in os.listdir(directory):
...    if filename.endswith(".csv"):
...      fileloc = os.path.join(directory, filename)
...
...      # 파일을 연다
...      with open(fileloc) as f:
...        ltnew = pd.read_csv(fileloc)
...        print(filename + " has " + str(ltnew.shape[0]) + " rows.")
...        ltall = pd.concat([ltall, ltnew])
...
...        # 열에 차이가 있는지 확인한다
...        columndiff = ltall.columns.symmetric_difference(ltnew.columns)
...        if (not columndiff.empty):
...          print("", "Different column names for:", filename,\
...            columndiff, "", sep="\n")
...
ltpoland.csv has 120 rows.
ltjapan.csv has 1800 rows.
ltindia.csv has 1056 rows.
ltbrazil.csv has 1104 rows.
ltcameroon.csv has 48 rows.
ltoman.csv has 288 rows.

Different column names for:
ltoman.csv
Index(['latabs'], dtype='object')

ltmexico.csv has 852 rows.
```

⑤ 결합된 데이터 일부를 표시한다.

```
>>> ltall[['country','station','month','temperature','latitude']].sample(5, random_state=1)
     country        station  month  temperature  latitude
597    Japan         MIYAKO      4           24        25
937    India     JHARSUGUDA     11           25        22
616   Mexico      TUXPANVER      9           29        21
261    India       MO_AMINI      3           29        11
231     Oman           IBRA     10           29        23
```

⑥ 이어붙인 데이터의 값을 검사한다.

오만(Oman)의 latabs 값들이 모두 누락된 것을 볼 수 있는데, 이는 오만의 데이터프레임에 latabs이 누락됐기 때문이다. 참고로 latabs는 관측소의 위도(latitude)의 절댓값(absolute value)이다.

```
>>> ltall.country.value_counts().sort_index()
Brazil      1104
Cameroon      48
India       1056
Japan       1800
Mexico       852
Oman         288
Poland       120
Name: country, dtype: int64
>>>
>>> ltall.groupby(['country']).agg({'temperature':['min','mean',\
...     'max','count'],'latabs':['min','mean','max','count']})
            temperature                   latabs
            min mean max count    min mean max count
country
Brazil       12   25  34   969      0   14  34  1104
Cameroon     22   27  36    34      4    8  10    48
India         2   26  37  1044      8   21  34  1056
Japan        -7   15  30  1797     24   36  45  1800
Mexico        7   23  34   806     15   22  32   852
Oman         12   28  38   205    nan  nan nan     0
Poland       -4   10  23   120     50   52  55   120
```

⑦ 누락값을 수정한다.

오만의 위도(latitude) 값을 latabs로 설정한다. (오만의 모든 관측소는 적도보다 북쪽에 있어 위도 값이 양수이다. GHCN 데이터베이스에서 적도보다 북쪽에 있는 위도 값은 양수로, 적도보다 남쪽에 있는 위도 값은 음수다). 방법은 다음과 같다.

```
>>> ltall['latabs'] = np.where(ltall.country=="Oman", ltall.latitude, ltall.latabs)
>>>
>>> ltall.groupby(['country']).agg({'temperature':['min','mean',\
...     'max','count'],'latabs':['min','mean','max','count']})
         temperature                    latabs
           min mean max count    min mean max count
country
Brazil      12   25  34   969      0   14  34  1104
Cameroon    22   27  36    34      4    8  10    48
India        2   26  37  1044      8   21  34  1056
Japan       -7   15  30  1797     24   36  45  1800
Mexico       7   23  34   806     15   22  32   852
Oman        12   28  38   205     17   22  26   288
Poland      -4   10  23   120     50   52  55   120
```

폴더에 있던 일곱 개의 CSV 파일을 결합했다. 추가된 행의 개수가 올바른지 확인하고, 일부 파일에 누락된 열을 식별하고, 누락값을 수정했다.

원리

③에서 판다스 데이터프레임의 리스트를 판다스 concat 함수에 전달했다. 두 번째 데이터프레임의 행들을 첫 번째 데이터프레임의 맨 아래에 추가했다. 세 번째 데이터프레임을 리스트에 넣었다면 그 행들은 처음 두 데이터프레임의 행들을 결합한 곳에 추가되었을 것이다. 이어붙이기 전에 shape 어트리뷰트로 행의 개수를 검사했다. 이어붙인 데이터프레임에서 국가별 행 수가 예상과 일치하는지 확인했다.

ltcountry 폴더의 모든 CSV 파일을 각각 로딩한 후 concat에 전달한 리스트에 추가할 수도 있었다. 하지만 그 방식이 늘 실용적인 것은 아니다. 파일 여러 개를 로딩해서 읽으려고 할 때는 파이썬의 os 모듈을 이용해서 파일을 찾을 수 있다. ④에서 특정 폴더에 있는 모든 CSV 파일을 찾고, 찾아낸 파일을 각각 메모리에 로딩한 다음, 각 파일의 행들을 데이터프레임에 추가했다. 로딩한 데이터 파일 각각에 대해 행 수를 출력해두었다가, 나중에 이어붙인 파일에서 숫자를 다시 세어 비교했다. 행 수에 차이가 있는 데이터프레임을 식별해 다른 데이터프레임과 비교했다. ⑥에서 국가별로 올바른 개수의 행이 있는지 value_counts로 확인했다.

판다스 groupby 메서드로 원본 데이터프레임 각각의 열 값을 확인할 수 있다. 국가별로 그룹화한 것은 원본 데이터프레임 각각의 행들을 식별하기 때문이다. 각 데이터프레임의 모든 행은 국가를 나타내는 열에 동일한 값이 있다. (이어붙인 데이터프레임에 원본 데이터프레임을 식별할 수 있는 열이 있으면, 이후의 분석에 불필요하더라도 도움이 된다.) ⑥에서 오만의 latabs 열에 값이 누락됐다는 것을 확인하는 데 도움이 됐다. ⑦에서 오만의 latabs 열의 누락값을 교체했다.

참고

강력한 판다스 groupby 메서드는 7장에서 자세히 살펴봤다.

6장에서 판다스의 where 함수를 다뤘다.

8.2 일대일 병합

이 장의 이후 레시피에서는 데이터를 수평으로 결합하는 법을 탐구한다. 수평 결합이란 데이터 테이블의 열을 다른 테이블의 열과 병합하는 것으로, SQL에서는 조인(join) 연산(왼쪽 조인, 오른쪽 조인, 내부 조인, 외부 조인)이 이에 해당한다. 이 레시피에서 다루는 일대일 병합은 양쪽 파일 모두에서 병합 기준 열이 중복되지 않는다. 이후 레시피에서 다루는 일대다 병합은 오른쪽 데이터 테이블의 병합 기준열에 중복이 존재하며, 다대다 병합은 왼쪽과 오른쪽 데이터 테이블 모두에서 병합 기준 값이 중복된다.

이 장에서는 병합에서 왼쪽과 오른쪽이라는 단어를 자주 사용하겠지만, 이는 설명의 명확성을 위한 것이지 실제 결과와는 무관하다. A 테이블이 왼쪽, B 테이블이 오른쪽에 있을 때 수행한 것과 똑같은 결과를 그 반대의 경우에도 똑같이 수행할 수 있다.

이 장에서는 키 열(key column)이나 인덱스 열(index column) 대신 병합 기준 열과 병합 기준 값(merge-by value)라는 표현을 사용하는데, 이는 판다스 인덱스 체계와의 혼동을 피하고자 함이다. 병합 기준 열에 인덱스를 사용할 수도 있지만, 그 외의 열도 사용할 수 있다. 또한 관계형 데이터베이스의 기본 키 및 외래 키 개념도 배제했다. 관계형 시스템에서 데이터를 얻어낼 때는 기본 키 또는 외래 키의 역할을 하는 열이 어느 것인지 파악하면 도움이 되기도 하고 판다스의 인덱스를 설정할 때도 이

부분을 고려해야 하는 것은 맞지만, 데이터 정제 프로젝트에서 병합을 하다보면 이러한 키의 범위를 넘어설 때도 많기 때문이다.

일대일 병합에서 왼쪽 데이터 테이블의 각 행은 병합 기준 값에 따라 오른쪽 데이터 테이블의 단 한 개의 행과 매치된다. 병합 기준 값이 한쪽 테이블에만 존재하는 경우에 어떻게 동작할지는 지정된 조인 유형에 따라 결정된다. 다음 그림은 네 가지 조인 유형을 나타낸다.

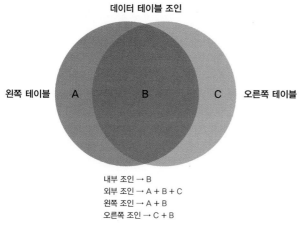

그림 8.1 네 가지 조인 유형을 나타낸 다이어그램

두 데이터 테이블을 내부 조인(inner join)으로 병합하는 경우, 병합 기준 값이 왼쪽과 오른쪽 데이터 테이블 모두에 나타나는, 즉 왼쪽과 오른쪽 데이터 테이블들의 교집합(intersection)인 행들이 보존된다(그림의 **B**). 외부 조인(outer join)은 전체 행을 반환한다. 즉, 병합 기준 값이 양쪽 데이터 테이블에 있는 행(**B**), 병합 기준 값이 왼쪽 테이블에는 있지만 오른쪽 테이블에는 없는 행(**A**), 오른쪽에는 나타나지만 왼쪽에는 없는 행(**C**)이 모두 반환된다. 이는 합집합(union)에 해당한다. 왼쪽 조인(left join)은 병합 기준 값들이 왼쪽 테이블에 있는 행들을 반환하는데, 오른쪽 테이블에 나타나는지와는 무관하다(**A**와 **B**). 오른쪽 조인(right join)은 병합 기준 값들이 오른쪽 데이터 테이블에 있는 행들을 반환하며, 왼쪽 데이터 테이블에 존재하는지와 무관하다.

외부 조인, 왼쪽 조인, 오른쪽 조인의 결과로 누락값이 생길 수 있다. 병합된 데이터 테이블에는 병합 기준 값을 찾지 못한 열에 대해 누락값이 있을 수 있기 때문이다. 왼쪽 조인을 수행할 때를 예로 들면, 왼쪽 데이터셋에 있는 병합 기준 값이 오른쪽 데이터셋에는 나타나지 않을 수 있다. 이런 경우 오른쪽 데이터셋의 열들은 누락될 것이다('누락될 수도 있다.'라고 해야 겠다. 왜냐면 똑같은 병합 기준 값이 양쪽에 나타난다면 외부 조인, 왼쪽 조인, 오른쪽 조인이 내부 조인과 같은 결과를 반환할 가능성도 있기 때문이다. 때로는 왼쪽 조인이 이뤄진 결과로 왼쪽 데이터셋에 있는 행만 반환된다).

이 레시피에서 네 가지 유형의 조인을 모두 살펴본다.

준비

이 레시피에서는 NLS 데이터셋의 파일 두개를 사용한다. 두 파일 모두 한 행에 한 사람의 데이터가 있는데, 첫 번째 파일에는 취업, 학력, 소득 정보가 있고 두 번째 파일에는 응답자의 부모의 소득과 학력 데이터가 있다.

> **데이터에 관해**
>
> NLS는 미국 노동통계국에서 주관하며 https://www.nlsinfo.org/investigator/pages/search에 공개되어 있다. 1980년에서 1985년 사이 출생한 개인 집단을 대상으로 1997년에 조사를 시작한 이래 2017년까지 매년 후속조사가 이뤄졌다. 실습을 위해, 이 데이터소스의 수백 개의 변수 가운데 100개를 추렸다.

작업 방법

이 레시피에서는 병합 기준 값 각각에 대해 한 개의 행을 갖는 두 데이터프레임에 대해 왼쪽, 오른쪽, 내부, 외부 조인을 수행한다. 그럼 시작하자.

① 판다스를 임포트하고 NLS 데이터프레임 두 개를 로드한다.

```
>>> import pandas as pd
>>> nls97 = pd.read_csv("data/nls97f.csv")
>>> nls97.set_index("personid", inplace=True)
>>> nls97add = pd.read_csv("data/nls97add.csv")
```

② NLS 데이터를 살펴본다.

```
>>> nls97.head()
          gender  birthmonth  birthyear  ...      colenrfeb17  \
personid                                 ...
100061    Female           5       1980  ...  1. Not enrolled
100139      Male           9       1983  ...  1. Not enrolled
```

```
100284      Male         11      1984  ...  1. Not enrolled
100292      Male          4      1982  ...              NaN
100583      Male          1      1980  ...  1. Not enrolled


               colenroct17  originalid
personid
100061    1. Not enrolled        8245
100139    1. Not enrolled        3962
100284    1. Not enrolled        3571
100292                NaN        2979
100583    1. Not enrolled        8511

[5 rows x 89 columns]
>>> nls97.shape
(8984, 89)
>>> nls97add.head()
   originalid  motherage  parentincome  fatherhighgrade  motherhighgrade
0           1         26            -3               16                8
1           2         19            -4               17               15
2           3         26         63000               -3               12
3           4         33         11700               12               12
4           5         34            -3               12               12
>>> nls97add.shape
(8984, 5)
```

③ originalid의 유일값 개수가 행 수와 같은지 확인한다.

나중에 originalid를 병합 기준 열로 사용할 것이다.

```
>>> nls97.originalid.nunique()==nls97.shape[0]
True
>>> nls97add.originalid.nunique()==nls97add.shape[0]
True
```

④ 불일치하는 ID들을 생성한다.

NLS 데이터는 이 레시피의 본보기로 삼기에는 지나치게 깨끗하므로, 실습 목적에 따라 originalid 값을 고의로 훼손한다. originalid는 nls97 파일의 마지막 열이며, nls97add 파일에서는 첫 번째 열이다.

```
>>> nls97 = nls97.sort_values('originalid')
>>> nls97add = nls97add.sort_values('originalid')
>>> nls97.iloc[0:2, -1] = nls97[0:2].originalid+10000
>>> nls97.originalid.head(2)
personid
135335    10001
999406    10002
Name: originalid, dtype: int64
>>> nls97add.iloc[0:2, 0] = nls97add[0:2].originalid+20000
>>> nls97add.originalid.head(2)
0    20001
1    20002
Name: originalid, dtype: int64
```

⑤ join으로 왼쪽 조인을 수행한다.

다음 join에서는 nls97이 왼쪽 데이터프레임, nls97add가 오른쪽 데이터프레임에 해당한다. ID가 불일치하는 값들을 보인다. 일치하는 ID가 없는 행들은 오른쪽 데이터프레임에서 온 열의 값들이 모두 누락된 것을 볼 수 있다 (orignalid 값 10001과 10002는 왼쪽 데이터프레임에는 나타나지만 오른쪽 데이터프레임에는 그렇지 않다).

```
>>> nlsnew = nls97.join(nls97add.set_index(['originalid']))
>>> nlsnew.loc[nlsnew.originalid>9999, ['originalid','gender','birthyear','motherage','par
entincome']]
          originalid  gender  birthyear  motherage  parentincome
personid
135335       10001    Female    1981       NaN          NaN
999406       10002    Male      1982       NaN          NaN
```

⑥ merge로 왼쪽 조인을 수행한다.

첫 번째 데이터프레임은 왼쪽 데이터프레임, 두 번째 데이터프레임은 오른쪽 데이터프레임이다. on 매개변수를 사용해 병합 기준 열을 지정한다. how 매개변수의 값을 "left"로 설정해 왼쪽 조인을 수행한다. 인덱스가 있다는 점을 제외하면, join을 사용했을 때와 동일한 결과를 얻는다.

```
>>> nlsnew = pd.merge(nls97, nls97add, on=['originalid'], how="left")
>>> nlsnew.loc[nlsnew.originalid>9999, ['originalid','gender','birthyear','motherage','par
entincome']]
     originalid  gender  birthyear  motherage  parentincome
0       10001    Female    1981       NaN          NaN
1       10002    Male      1982       NaN          NaN
```

⑦ 오른쪽 조인을 수행한다.

이때 왼쪽 데이터프레임에 일치하는 ID가 없는 행들은 왼쪽 데이터프레임에서 온 값들이 누락된다.

```
>>> nlsnew = pd.merge(nls97, nls97add, on=['originalid'], how="right")
>>> nlsnew.loc[nlsnew.originalid>9999, ['originalid','gender','birthyear','motherage','par
entincome']]
   originalid gender  birthyear  motherage  parentincome
0       20001    NaN        NaN         26            -3
1       20002    NaN        NaN         19            -4
```

⑧ 내부 조인을 수행한다.

내부 조인 결과에는 불일치하는 ID(여기서는 10000을 넘는 것)가 전혀 나타나지 않는다. 해당 ID들은 양쪽 데이터프레임에 동시에 나타나지 않았기 때문이다.

```
>>> nlsnew = pd.merge(nls97, nls97add, on=['originalid'], how="inner")
>>> nlsnew.loc[nlsnew.originalid>9999, ['originalid','gender','birthyear','motherage','par
entincome']]
Empty DataFrame
Columns: [originalid, gender, birthyear, motherage, parentincome]
Index: []
```

⑨ 외부 조인을 수행한다.

전체 행이 보존된다. 즉, 병합 기준 값이 왼쪽 데이터프레임에는 있지만 오른쪽에는 없는 행(originalid 값이 10001과 10002인 것), 병합 기준 값이 오른쪽 데이터프레임에는 있지만 왼쪽에는 없는 행(originalid 값이 20001과 20002인 것)이 모두 보존된다.

```
>>> nlsnew = pd.merge(nls97, nls97add, on=['originalid'], how="outer")
>>> nlsnew.loc[nlsnew.originalid>9999, ['originalid','gender','birthyear','motherage','par
entincome']]
      originalid  gender  birthyear  motherage  parentincome
0          10001  Female      1,981        NaN           NaN
1          10002    Male      1,982        NaN           NaN
8984       20001     NaN        NaN         26            -3
8985       20002     NaN        NaN         19            -4
```

⑩ ID의 불일치를 검사하는 함수를 작성한다.

이 함수는 왼쪽 데이터프레임, 오른쪽 데이터프레임, 병합 기준 열을 매개변수로 받는다. 이 함수는 외부 조인을 수행하는데, 그렇게 한 이유는 병합 기준 값이 한쪽 데이터프레임 혹은 양쪽 데이터프레임 모두에 있는지 보고 싶기 때문이다.

```
>>> def checkmerge(dfleft, dfright, idvar):
...     dfleft['inleft'] = "Y"
...     dfright['inright'] = "Y"
...     dfboth = pd.merge(dfleft[[idvar,'inleft']],\
...         dfright[[idvar,'inright']], on=[idvar], how="outer")
...     dfboth.fillna('N', inplace=True)
...     print(pd.crosstab(dfboth.inleft, dfboth.inright))
...
>>> checkmerge(nls97,nls97add, "originalid")
inright   N     Y
inleft
N         0     2
Y         2  8982
```

일대일 병합으로 네 가지 유형의 조인을 수행하는 법을 시연했다.

원리

일대일 병합은 직관적이다. 병합 기준 열은 왼쪽과 오른쪽 데이터프레임에 한 번씩만 나타난다. 하지만 몇몇 병합 기준 열은 한쪽 데이터프레임에만 나타날 수도 있다. 그래서 조인의 유형이 중요하다. 병합 기준 열 값들이 모두 양쪽 데이터프레임에 나타난다면, 왼쪽 조인, 오른쪽 조인, 내부 조인, 외부 조인의 결과가 모두 같을 것이다. ①과 ②에서 두 데이터프레임을 살펴봤다. ③에서, 병합 기준 열 (originalid)에 대한 유일값의 개수가 양쪽 데이터프레임의 행 수와 같음을 확인했다. 이는 우리가 일대일 병합을 수행한다는 점을 말해준다.

병합 기준 열이 인덱스일 경우, 데이터프레임의 join 메서드를 사용하는 것이 왼쪽 조인을 수행하는 가장 쉬운 방법이다. ⑤에서 이러한 방법을 썼다. 인덱스를 설정한 뒤, 왼쪽 데이터프레임의 join 메서드에 오른쪽 데이터프레임을 전달했다(인덱스는 왼쪽 데이터프레임에 이미 설정돼 있었다). ⑥에서 판다스의 merge 함수를 사용해 왼쪽 조인을 수행했을 때도 같은 결과를 얻었다. how 매개변수에 왼쪽 조인을 지정했고, on으로 병합 기준 열을 지정했다. on에 전달한 값은 데이터프레임의 어떤 값이든 될 수 있다.

⑦~⑨에서는 각각 오른쪽, 내부, 외부 조인을 수행했다. 조인 방식을 how 값으로 지정한 점 외에는 코드가 똑같다.

⓾에서 작성한 checkmerge 함수는 병합 기준 값이 한쪽 데이터프레임에는 존재하지만 다른 쪽에는 없는 행의 수, 그리고 양쪽 모두에 존재하는 행의 수를 센다. 이 함수에 두 데이터프레임의 사본을 전달한 결과, 왼쪽 데이터프레임에는 있지만 오른쪽에는 없는 행이 2개, 오른쪽 데이터프레임에는 있지만 왼쪽에는 없는 행이 2개, 양쪽에 모두 있는 행이 8,982개라는 결과를 얻었다.

추가 정보

중요한 병합을 수행하기 전에는 ⓾에서 작성한 checkmerge와 비슷한 함수를 실행해야 한다. 사실 필자가 생각하기에 중요하지 않은 병합은 거의 없다.

merge 함수는 이 레시피에서 제안한 것보다 더욱 유연하다. 예를 들어, ⑥에서 왼쪽 데이터프레임을 굳이 첫 번째 매개변수로 지정하지 않더라도, 다음과 같이 왼쪽과 오른쪽 데이터프레임이 무엇인지 명시할 수 있다.

```
>>> nlsnew = pd.merge(right=nls97add, left=nls97, on=['originalid'], how="left")
```

또한 on 대신 left_on과 right_on을 사용해, 왼쪽과 오른쪽 데이터프레임의 병합 기준 열을 다르게 지정할 수도 있다.

```
>>> nlsnew = pd.merge(nls97, nls97add, left_on=['originalid'], right_on=['originalid'],
how="left")
```

merge 함수는 그 유연성 덕분에 데이터를 수평으로 결합할 때 훌륭한 도구가 된다.

8.3 병합 기준 열을 여러 개 사용하기

병합 기준 열이 1개일 때 일대일 병합을 수행한 논리를 복수의 병합 기준 열이 있을 때도 그대로 적용할 수 있다. 병합 기준 열이 2개 이상일 때도 내부, 외부, 왼쪽, 오른쪽 조인은 똑같은 방식으로 이뤄진다. 이 레시피에서 이를 시연한다.

준비

이 레시피에서는 NLS 데이터에서 추출한 2000~2004년의 근무 주 수 파일과 대학 등록 파일을 사용한다. 두 파일 모두 한 행에 한 명에 대한 1년간의 정보가 있다.

작업 방법

이 레시피도 일대일 병합을 이어가되, 이번에는 데이터프레임마다 병합 기준 열이 여러 개 있다. 그럼 시작하자.

① 판다스를 임포트하고 NLS의 근무 주 수와 대학 등록 데이터를 로드한다.

```
>>> import pandas as pd
>>> nls97weeksworked = pd.read_csv("data/nls97weeksworked.csv")
>>> nls97colenr = pd.read_csv("data/nls97colenr.csv")
```

② NLS 근무 주 수 데이터를 살펴본다.

```
>>> nls97weeksworked.sample(10, random_state=1)
        originalid  year  weeksworked
32923        7199  2003            0
14214        4930  2001           52
2863         4727  2000           13
9746         6502  2001            0
2479         4036  2000           28
39435        1247  2004           52
36416        3481  2004           52
6145         8892  2000           19
5348         8411  2000            0
24193        4371  2002           34
>>> nls97weeksworked.shape
(44920, 3)
>>> nls97weeksworked.originalid.nunique()
8984
```

③ NLS 대학 등록 데이터를 살펴본다.

```
>>> nls97colenr.sample(10, random_state=1)
       originalid  year            colenr
32923        7199  2003    1. Not enrolled
14214        4930  2001    1. Not enrolled
2863         4727  2000                NaN
9746         6502  2001    1. Not enrolled
2479         4036  2000    1. Not enrolled
39435        1247  2004   3. 4-year college
36416        3481  2004    1. Not enrolled
6145         8892  2000    1. Not enrolled
5348         8411  2000    1. Not enrolled
24193        4371  2002   2. 2-year college
>>> nls97colenr.shape
(44920, 3)
>>> nls97colenr.originalid.nunique()
8984
```

④ 병합 기준 열의 유일값들을 확인한다.

병합 기준 열 값의 조합은 양쪽 데이터프레임에 각각 44,920개씩이 있다.

```
>>> nls97weeksworked.groupby(['originalid','year'])\
... ['originalid'].count().shape
(44920,)
>>>
>>> nls97colenr.groupby(['originalid','year'])\
... ['originalid'].count().shape
(44920,)
```

⑤ 병합 기준 열에 불일치가 있는지 확인한다.

```
>>> def checkmerge(dfleft, dfright, idvar):
...     dfleft['inleft'] = "Y"
...     dfright['inright'] = "Y"
...     dfboth = pd.merge(dfleft[idvar + ['inleft']],\
...       dfright[idvar + ['inright']], on=idvar, how="outer")
...     dfboth.fillna('N', inplace=True)
...     print(pd.crosstab(dfboth.inleft, dfboth.inright))
```

```
...
>>> checkmerge(nls97weeksworked.copy(),nls97colenr.copy(), ['originalid','year'])
inright      Y
inleft
Y       44920
```

⑥ 복수의 병합 기준 열을 가지고 병합을 수행한다.

```
>>> nlsworkschool = pd.merge(nls97weeksworked,nls97colenr, on=['originalid','year'],
how="inner")
>>> nlsworkschool.shape
(44920, 4)

>>> nlsworkschool.sample(10, random_state=1)
       originalid  year  weeksworked              colenr
32923       7199  2003            0    1. Not enrolled
14214       4930  2001           52    1. Not enrolled
2863        4727  2000           13                NaN
9746        6502  2001            0    1. Not enrolled
2479        4036  2000           28    1. Not enrolled
39435       1247  2004           52   3. 4-year college
36416       3481  2004           52    1. Not enrolled
6145        8892  2000           19    1. Not enrolled
5348        8411  2000            0    1. Not enrolled
24193       4371  2002           34   2. 2-year college
```

이전 레시피에서 사용한 구문을 아주 조금만 바꿔서, 복수의 병합 기준 열을 가지고 병합을 수행하는 법을 시연했다.

원리

NLS 데이터에 등장하는 모든 사람은 근무 주 수와 대학 등록 데이터프레임 각각에서 2000년부터 2004년까지의 다섯 행을 갖는다. ③에서는 colenr 값이 누락된 행도 있었다. 두 파일은 각각 8,984명의 개인(originalid로 표시)에 대한 44,920 행을 포함한다(8,984*5=44,920).

개인이 중복된다 하더라도 병합 기준 열로 사용되는 조합에는 중복이 없음을 ④에서 확인했다. 한 사람은 1년에 한 행만 갖는다. 따라서 근무 주 수와 대학 등록 데이터를 병합하는 것은 일대일 병합이 된다.

개인과 연도의 조합이 한 데이터프레임에만 나타나고 다른 데이터프레임에는 없는 경우가 있는지 ⑤에서 확인해봤지만 그런 것은 없었다.

⑥에서는 마침내 병합할 준비가 됐다. merge 함수의 on 매개변수로 리스트(['originalid','year'])를 설정함으로써 2개의 열을 병합에 사용하도록 했다. 여기서는 내부 조인을 사용했지만, 다른 조인을 사용해도 결과는 같았을 것이다. 똑같은 병합 기준 값들이 두 파일에 존재하기 때문이다.

추가 정보

병합 기준 열이 1개이든 여러 개이든, 이전 레시피에서 논의한 모든 논리와 잠재적 이슈가 똑같이 적용된다. 내부, 외부, 왼쪽, 오른쪽 조인이 똑같이 작동한다. 병합 결과로 반환될 행 수도 미리 계산할 수있다. 고유한 병합 기준 값의 수를 확인해야 하며 데이터프레임 간의 일치성을 확인해야 하는 것도 마찬가지다.

이전 장의 레시피 중 NLS 근무 주 수와 대학 등록 데이터를 사용하는 것을 읽었다면, 이 레시피에서 사용한 데이터는 구조가 다르다는 것을 알아챘을 것이다. 이전의 레시피에서는 한 사람당 한 행만이 있되, 여러 해의 근무 주 수와 대학 등록을 나타내는 다수의 열이 있었다. 예를 들어, weeksworked01은 2001년의 근무 주 수를 나타낸다. 이번 레시피에서 사용한 데이터의 근무 주 수와 대학 등록 열 구조는 이전 레시피들에서 사용한 데이터프레임보다 더 잘 *정돈된* 것으로 간주된다. 데이터를 정돈하는 법을 9장 '데이터 타이딩과 리셰이핑'에서 배운다.

8.4 일대다 병합

일대다 병합에서, 왼쪽 데이터 테이블에는 병합 기준 열에 대해 중복되지 않은 값들이 있고, 오른쪽 데이터 테이블에는 해당 열에 대해 중복된 값들이 있다. 이때 일반적으로 내부 조인이나 왼쪽 조인을 하게 되는데, 오른쪽 데이터 테이블에 병합 기준 값이 누락된 것이 존재하는 경우 어떤 조인을 사용하는지가 중요하다. 왼쪽 조인을 수행하면 내부 조인을 할 때 반환되는 모든 결과뿐 아니라 왼쪽 데이터셋에만 존재하는 병합 기준 값 각각에 대해 한 행씩 반환된다. 하지만 병합 기준 값이 오른쪽 데이터셋에만 존재하는 행에 대해서는 모든 열의 값이 병합 결과 데이터에서 누락된다. 이러한 사실은 어렵지 않게 파악할 수 있으며 상당히 중요하므로 일대다 병합을 할 때 주의깊게 코딩해야 한다.

필자는 일대다 병합을 할 때 신경이 곤두서는데, 충분히 그럴 만하다. 필자가 데이터 정제 수업을 진행할 때는 이 주제를 시작하기 전에 잠시 멈추고 이렇게 말하곤 한다. "친구를 데려오기 전에는 일대다 병합을 하지 마세요."

물론 농담 섞인 말이지만, 여기서 강조하고 싶은 것은 중요한 병합을 앞두고 있을 때는 신중해야 한다는 점이다. 일대다 병합은 절대로 사소한 것이 아니다. 데이터 구조가 너무 많이 바뀔 수 있기 때문이다.

데이터프레임을 병합하기 전에 알아둬야 할 점이 몇 가지 있다. 첫째, 각 데이터프레임에서 어느 열을 병합 기준 열로 삼는 것이 타당한가 하는 점이다. 병합 기준 열이 반드시 같은 열일 필요는 없다. 실제로 대기업 데이터베이스 시스템에서 서로 이름이 다른 기본 키와 외래 키로 일대다 병합을 하는 경우가 많다. (관계형 데이터베이스에서는 왼쪽 데이터 테이블의 기본 키가 오른쪽 데이터베이스의 외래 키와 연결되는 경우가 많다.) 둘째, 어떤 종류의 조인을 사용할지와 그 이유를 알아야 한다.

셋째, 양쪽 데이터 테이블에 행이 몇 개씩 있는지 알아야 한다. 넷째, 조인 유형, 각 데이터셋의 행 수, 사전 조사한 병합 기준 값의 개수에 따라 몇 개의 행이 유지될지를 예상해야 한다. 모든 병합 기준 값이 양쪽 데이터셋에 나타나거나 내부 조인을 수행할 때의 행 수는 일대다 병합의 오른쪽 데이터셋의 행 수와 같다. 그렇지만 이와 같이 직관적으로 알 수 없을 때도 많다. 우리는 일대다 병합에서 왼쪽 조인을 수행하곤 하는데, 이때 유지되는 행 수는 오른쪽 데이터셋의 병합 기준 값 행 수에 왼쪽 데이터셋에서 병합 기준 값과 불일치하는 행 수를 더한 값이다.

이 레시피의 예를 따라 해보면 좀 더 명확해질 것이다.

준비

이 레시피에서는 GHCN 데이터베이스의 기상 관측소 데이터를 사용한다. 각각의 국가에 대응하는 행이 있는 데이터프레임이 하나 있고, 기상 관측소에 대응하는 행이 있는 데이터프레임도 하나 있다. 일반적으로 나라마다 기상 관측소가 여러 곳 있다.

작업 방법

이 레시피에서는 국가별 데이터에 대해 일대다 병합을 수행해 한 행에 한 국가가 오게 하고, 기상 관측소 데이터를 병합해 국가별로 여러 관측소가 오게 한다. 그럼 시작하자.

① 판다스를 임포트하고 기상 관측소 및 국가 데이터를 로드한다.

```
>>> import pandas as pd
>>> countries = pd.read_csv("data/ltcountries.csv")
>>> locations = pd.read_csv("data/ltlocations.csv")
```

② 기상 관측소의 인덱스(locations)와 국가별 데이터의 인덱스를 설정한다.
countries 데이터프레임의 병합 기준 값이 고유한지 확인한다.

```
>>> countries.set_index(['countryid'], inplace=True)
>>> locations.set_index(['countryid'], inplace=True)
>>> countries.head()
                     country
countryid
AC          Antigua and Barbuda
AE          United Arab Emirates
AF                   Afghanistan
AG                       Algeria
AJ                    Azerbaijan
>>> countries.index.nunique()==countries.shape[0]
True

>>> locations[['locationid','latitude','stnelev']].head(10)
           locationid  latitude  stnelev
countryid
AC         ACW00011604   57.7667     18.0
AE         AE000041196   25.3330     34.0
AE         AEM00041184   25.6170     31.0
AE         AEM00041194   25.2550     10.4
AE         AEM00041216   24.4300      3.0
AE         AEM00041217   24.4330     26.8
AE         AEM00041218   24.2620    264.9
AF         AF000040930   35.3170   3366.0
AF         AFM00040911   36.7000    378.0
AF         AFM00040938   34.2100    977.2
```

③ join으로 국가 및 관측소 위치에 대해 왼쪽 조인을 수행한다.

```
>>> stations = countries.join(locations)

>>> stations[['locationid','latitude','stnelev','country']].head(10)
            locationid  latitude  stnelev             country
countryid
AC          ACW00011604   57.7667     18.0  Antigua and Barbuda
AE          AE000041196   25.3330     34.0  United Arab Emirates
AE          AEM00041184   25.6170     31.0  United Arab Emirates
AE          AEM00041194   25.2550     10.4  United Arab Emirates
AE          AEM00041216   24.4300      3.0  United Arab Emirates
AE          AEM00041217   24.4330     26.8  United Arab Emirates
AE          AEM00041218   24.2620    264.9  United Arab Emirates
AF          AF000040930   35.3170   3366.0           Afghanistan
AF          AFM00040911   36.7000    378.0           Afghanistan
AF          AFM00040938   34.2100    977.2           Afghanistan
```

④ 병합 기준 열이 일치하는지 확인한다.

앞에서 변경을 가했으므로 데이터프레임을 다시 로드한다. checkmerge 함수를 실행하면, 두 데이터프레임에 병합 기준 값(countryid)이 27,472행 있고, countries(왼쪽 데이터프레임)에는 있지만 locations에는 없는 행이 2개임을 볼 수 있다. 이는 내부 조인을 수행하면 27,472행이 반환되고 왼쪽 조인을 하면 27,474행이 반환됨을 뜻한다. 함수의 마지막 문장에서는 한쪽 데이터프레임에만 나타나는 countryid 값을 식별한다.

```
>>> countries = pd.read_csv("data/ltcountries.csv")
>>> locations = pd.read_csv("data/ltlocations.csv")
>>>
>>> def checkmerge(dfleft, dfright, idvar):
...     dfleft['inleft'] = "Y"
...     dfright['inright'] = "Y"
...     dfboth = pd.merge(dfleft[[idvar,'inleft']],\
...         dfright[[idvar,'inright']], on=[idvar], how="outer")
...     dfboth.fillna('N', inplace=True)
...     print(pd.crosstab(dfboth.inleft, dfboth.inright))
...     print(dfboth.loc[(dfboth.inleft=='N') | (dfboth.inright=='N')])
...
>>> checkmerge(countries.copy(), locations.copy(), "countryid")
inright  N     Y
```

```
inleft
N      0      1
Y      2  27472
       countryid inleft inright
9715        LQ      Y      N
13103       ST      Y      N
27474       FO      N      Y
```

⑤ 한쪽 파일에만 있는 행을 표시한다.

countryid가 countries에만 있고 locations에는 없는 것과, locations에만 있고 countries에는 없는 것을 출력한다.

```
>>> countries.loc[countries.countryid.isin(["LQ","ST"])]
    countryid                       country
124        LQ  Palmyra Atoll [United States]
195        ST                    Saint Lucia

>>> locations.loc[locations.countryid=="FO"]
       locationid  latitude  longitude  stnelev    station countryid
7363  FOM00006009      61.4     -6.667    102.0  AKRABERG        FO
```

⑥ locations와 countries 데이터프레임을 병합한다.

왼쪽 조인을 수행한다. 또한, countries 데이터에만 나타나고 기상 관측소 데이터에는 없는 병합 기준 값이 나타나는 각 열에 대해 누락값의 수를 센다.

```
>>> stations = pd.merge(countries, locations, on=["countryid"], how="left")

>>> stations[['locationid','latitude','stnelev','country']].head(10)
    locationid  latitude  stnelev               country
0  ACW00011604   57.7667     18.0   Antigua and Barbuda
1  AE000041196   25.3330     34.0  United Arab Emirates
2  AEM00041184   25.6170     31.0  United Arab Emirates
3  AEM00041194   25.2550     10.4  United Arab Emirates
4  AEM00041216   24.4300      3.0  United Arab Emirates
5  AEM00041217   24.4330     26.8  United Arab Emirates
6  AEM00041218   24.2620    264.9  United Arab Emirates
7  AF000040930   35.3170   3366.0           Afghanistan
8  AFM00040911   36.7000    378.0           Afghanistan
```

```
  9  AFM00040938    34.2100    977.2           Afghanistan
>>> stations.shape
(27474, 7)
>>> stations.loc[stations.countryid.isin(["LQ","ST"])].isnull().sum()
countryid      0
country        0
locationid     2
latitude       2
longitude      2
stnelev        2
station        2
dtype: int64
```

일대다 병합 결과로 반환된 행과 새로운 누락값의 개수가 예상과 일치함을 확인했다.

원리

②에서 데이터프레임의 join 메서드로 countries와 locations 데이터프레임에 대해 왼쪽 조인을 수행했다. 여러 병합 방법 중 왼쪽 조인이 가장 쉽다. join 메서드는 병합에 데이터프레임의 인덱스를 사용하므로, 먼저 인덱스부터 설정해야 한다. 그 후 왼쪽 데이터프레임의 join 메서드에 오른쪽 데이터프레임을 전달한다.

join은 예제에서 제안한 것보다 더 유연하지만(예: 조인 유형을 지정할 수 있음), 필자는 가장 단순한 병합을 할 때를 제외하면 판다스의 merge 함수를 선호한다. merge 함수는 원하는 옵션을 모두 지정할 수 있어 작업 결과에 대해 좀 더 확신을 가질 수 있기 때문이다. 병합을 하기 전에는 몇 가지 검사를 할 필요가 있다. ④에서 그러한 검사를 수행해, 내부 조인을 수행할 경우 27,472행이, 왼쪽 조인을 수행할 경우 27,474행이 반환될 것임을 미리 확인했다.

또한 병합 기준 값이 한쪽 데이터프레임에만 있고 다른 쪽에는 없는 행들을 표시했다. 왼쪽 조인을 하기로 했다면, 오른쪽 데이터프레임에서 비롯된 누락값을 어떻게 처리할지 결정해야 한다. 예제에서는 병합 기준 값 두 개가 오른쪽 데이터프레임에 없으므로 그러한 열들에 대해 누락값이 두 행 생긴다.

추가 정보

checkmerge를 호출할 때 countries와 locations 데이터프레임의 사본을 전달했었다.

```
>>> checkmerge(countries.copy(), locations.copy(), "countryid")
```

여기서 copy를 사용한 것은 checkmerge 함수로 인해 원본 데이터프레임이 변경되는 것을 방지하기 위해서다.

참고

조인의 여러 가지 유형에 관해서는 '일대일 병합' 레시피에서 설명했다.

8.5 다대다 병합

다대다 병합에서는 병합 기준 값이 왼쪽과 오른쪽 데이터프레임 모두에서 중복되는데, 데이터가 그런 형태로 되어 있더라도 반드시 다대다 병합을 해야만 하는 경우는 드물다. 다대다 병합을 하는 주된 이유는 여러 일대다 관계에서 중앙 파일이 누락되었기 때문인 경우가 많다. 예를 들어, 기부자, 기부내역, 기부자 연락처 테이블이 있다고 할 때, 기부내역과 연락처는 기부자마다 여러 행이 존재한다. 이와 같이 기부내역 및 연락처 파일과 일대다 관계를 이루는 기부자 파일에 액세스하지 못한다면 어떻게 될까? 이런 일은 의외로 자주 일어난다. 사람들은 데이터를 건네줄 때 데이터의 하부 구조에는 그다지 관심을 기울이지 않는다. 필자의 경험상 다대다 병합은 애초의 데이터베이스 설계 때문이 아니라, 주요 정보 누락 때문에 하게 될 때가 많았다.

다대다 병합의 결과는 병합 기준 값들의 카티전 곱(Cartesian product)이 된다. 즉, 특정 기부자 ID가 연락처에 두 번, 기부내역에 다섯 번 나온다면, 병합 결과에서는 10개의 행이 된다. 반환되는 데이터는 행 수가 더 많지만 분석을 하는 입장에서는 의미가 없다. 이 예에서는 다대다 병합으로 인해 기부내역이 주소별로 중복될 것이다.

다대다 병합이 필요할 수도 있는 상황에서의 한 가지 해결책은 다대다 병합을 하는 대신 일대다 관계를 복원하는 것이다. 기부자의 예에서는 최신 연락처 정보를 제외한 모든 행을 삭제함으로써 기부자 한 명당 한 행만 남길 수 있다. 그런 다음에 기부내역과 일대다 병합을 수행할 수 있다. 하지만 다대다 병합이 불가피할 때도 있다. 때로는 분석 또는 플랫 파일을 생산할 때 중복을 무시하고 전체 데이터를 포함해야 한다. 이 레시피에서는 다대다 병합이 필요할 때 어떻게 수행하는지 시연한다.

준비

클리블랜드 미술관 소장품 데이터를 사용한다. CSV 파일이 두 개 있는데, 하나는 소장품별 매체 인용이, 다른 하나에는 소장품별 작가 정보가 있다.

> **Tip**
>
> 클리블랜드 미술관의 공공 API[2]를 통해 데이터를 얻을 수 있다. 인용과 작가 데이터 외에도 API를 통해 얻을 수 있는 데이터가 많다.

작업 방법

이 레시피를 완료하려면 다음 순서를 따른다.

① 판다스를 임포트하고 클리블랜드 미술관 소장품 데이터를 로드한다.

```
>>> import pandas as pd
>>> cmacitations = pd.read_csv("data/cmacitations.csv")
>>> cmacreators = pd.read_csv("data/cmacreators.csv")
```

② citations 데이터를 살펴본다.

```
>>> cmacitations.head(10)
      id                                   citation
0  92937  Milliken, William M. "The Second Exhibition of...
1  92937  Glasier, Jessie C. "Museum Gets Prize-Winning ...
2  92937  "Cleveland Museum Acquires Typical Pictures by...
3  92937  Milliken, William M. "Two Examples of Modern P...
4  92937  <em>Memorial Exhibition of the Work of George ...
5  92937  The Cleveland Museum of Art. <em>Handbook of t...
6  92937  Cortissoz, Royal. "Paintings and Prints by Geo...
7  92937  Isham, Samuel, and Royal Cortissoz. <em>The Hi...
8  92937  Mather, Frank Jewett, Charles Rufus Morey, and...
```

---

2 https://openaccess-api.clevelandart.org/

```
9  92937  "Un Artiste Americain." <em>L'illustration.</e...
>>> cmacitations.shape
(11642, 2)
>>> cmacitations.id.nunique()
935
```

③ creators 데이터를 살펴본다.

```
>>> cmacreators.loc[:,['id','creator','birth_year']].head(10)
      id                                    creator  birth_year
0   92937         George Bellows (American, 1882-1925)      1882
1   94979  John Singleton Copley (American, 1738-1815)      1738
2  137259        Gustave Courbet (French, 1819-1877)      1819
3  141639  Frederic Edwin Church (American, 1826-1900)      1826
4   93014            Thomas Cole (American, 1801-1848)      1801
5  110180   Albert Pinkham Ryder (American, 1847-1917)      1847
6  135299      Vincent van Gogh (Dutch, 1853-1890)      1853
7  125249      Vincent van Gogh (Dutch, 1853-1890)      1853
8  126769       Henri Rousseau (French, 1844-1910)      1844
9  135382         Claude Monet (French, 1840-1926)      1840
>>> cmacreators.shape
(737, 8)
>>> cmacreators.id.nunique()
654
```

④ citations 데이터에서 병합 기준 값의 중복을 보인다.

소장품 148758에 대해 174회의 매체 인용이 있다.

```
>>> cmacitations.id.value_counts().head(10)
148758    174
122351    116
92937      98
123168     94
149112     93
94979      93
124245     87
128842     86
```

```
102578    84
93014     79
Name: id, dtype: int64
```

⑤ creators 데이터에 병합 기준 값의 중복을 보인다.

```
>>> cmacreators.id.value_counts().head(10)
140001    4
149386    4
146797    3
146795    3
149041    3
142753    3
114538    3
140427    3
114537    3
142752    3
Name: id, dtype: int64
```

⑥ 병합을 확인한다.

'일대다 병합' 레시피에서 사용했던 checkmerge 함수를 사용한다.

```
>>> def checkmerge(dfleft, dfright, idvar):
...     dfleft['inleft'] = "Y"
...     dfright['inright'] = "Y"
...     dfboth = pd.merge(dfleft[[idvar,'inleft']],\
...       dfright[[idvar,'inright']], on=[idvar], how="outer")
...     dfboth.fillna('N', inplace=True)
...     print(pd.crosstab(dfboth.inleft, dfboth.inright))
...
>>> checkmerge(cmacitations.copy(), cmacreators.copy(), "id")
inright     N     Y
inleft
N           0    46
Y        2579  9701
```

⑦ 양쪽 데이터프레임에 중복된 병합 기준 값을 보인다.

```
>>> cmacitations.loc[cmacitations.id==124733]
          id                                          citation
8963   124733   Weigel, J. A. G. <em>Catalog einer Sammlung vo...
8964   124733   Winkler, Friedrich. <em>Die Zeichnungen Albrec...
8965   124733   Francis, Henry S. "Drawing of a Dead Blue Jay ...
8966   124733   Kurz, Otto. <em>Fakes: A Handbook for Collecto...
8967   124733   Minneapolis Institute of Arts. <em>Watercolors...
8968   124733   Pilz, Kurt. "Hans Hoffmann: Ein N rnberger D r...
8969   124733   Koschatzky, Walter and Alice Strobl. <em>Du¨ re...
8970   124733   Johnson, Mark M<em>. Idea to Image: Preparator...
8971   124733   Kaufmann, Thomas DaCosta. <em>Drawings from th...
8972   124733   Koreny, Fritz. <em>Albrecht Du¨ rer and the ani...
8973   124733   Achilles-Syndram, Katrin. <em>Die Kunstsammlun...
8974   124733   Schoch, Rainer, Katrin Achilles-Syndram, and B...
8975   124733   DeGrazia, Diane and Carter E. Foster. <em>Mast...
8976   124733   Dunbar, Burton L., et al. <em>A Corpus of Draw...
>>> cmacreators.loc[cmacreators.id==124733, ['id','creator','birth_year','title']]
          id                           creator birth_year            title
449   124733        Albrecht D rer (German, 1471-1528)       1471   Dead Blue Roller
450   124733   Hans Hoffmann (German, 1545/50-1591/92)   1545/50   Dead Blue Roller
```

⑧ 다대다 병합을 한다.

```
>>> cma = pd.merge(cmacitations, cmacreators, on=['id'], how="outer")
>>> cma['citation'] = cma.citation.str[0:20]
>>> cma['creator'] = cma.creator.str[0:20]
>>> cma.loc[cma.id==124733, ['citation','creator','birth_year']]
                 citation               creator birth_year
9457   Weigel, J. A. G. <em   Albrecht D rer (Germ       1471
9458   Weigel, J. A. G. <em   Hans Hoffmann (Germa    1545/50
9459   Winkler, Friedrich.    Albrecht D rer (Germ       1471
9460   Winkler, Friedrich.    Hans Hoffmann (Germa    1545/50
9461   Francis, Henry S. "D   Albrecht D rer (Germ       1471
9462   Francis, Henry S. "D   Hans Hoffmann (Germa    1545/50
9463   Kurz, Otto. <em>Fake   Albrecht D rer (Germ       1471
9464   Kurz, Otto. <em>Fake   Hans Hoffmann (Germa    1545/50
9465   Minneapolis Institut   Albrecht D rer (Germ       1471
```

```
9466    Minneapolis Institut    Hans Hoffmann (Germa    1545/50
9467    Pilz, Kurt. "Hans Ho    Albrecht D rer (Germ       1471
9468    Pilz, Kurt. "Hans Ho    Hans Hoffmann (Germa    1545/50
9469    Koschatzky, Walter a    Albrecht D rer (Germ       1471
9470    Koschatzky, Walter a    Hans Hoffmann (Germa    1545/50

        (생략)
```

다대다 병합의 복잡한 과정을 살펴봤다. 작동 원리를 설명한다.

원리

②에서 935개의 고유 ID에 대해 11,642회의 인용이 있었다. 미술관 소장품 각각에는 고유 ID가 있다. 소장품마다 평균적으로 12회의 매체 인용이 있다(11,642/935). ③에서 654 품목에 대해 737명의 작가가 있고, 작품 대부분은 단 한 명의 작가가 있다. 하지만 citations와 creators 데이터프레임 양쪽에 중복되는 ID(이 레시피에서의 병합 기준 열)가 있다는 사실은 우리의 병합이 다대다 병합이 될 것임을 뜻한다.

④에서는 citations 데이터프레임에서 어느 ID가 중복되는지에 대해 감을 잡았다. 미술관 소장품 일부는 80회 이상의 인용이 있는데, 해당 품목의 인용을 살펴보고 의미가 있는지 확인하는 것이 좋다. ⑤에서는 작가가 두 명 이상인 품목을 확인했는데, 3명이 넘는 경우도 드물게 있었다. ⑥에서는 대다수의 ID가 citations 파일과 creators 파일에 모두 존재하지만, citations 행만 있고 creators 행이 없는 경우도 2,579행이나 있었다. 내부 조인이나 오른쪽 조인을 하게 되면 이 행들을 잃어버리게 되지만, 왼쪽 조인이나 외부 조인을 하면 보존할 수 있다(citations 데이터프레임을 왼쪽 데이터프레임으로, creators 데이터프레임을 오른쪽 데이터프레임으로 가정).

⑦에서는 양쪽 데이터프레임 모두에 ID가 있으면서 각 데이터프레임 내에서도 중복된 소장품 하나를 살펴봤다. 이 품목은 citations 데이터프레임에 14행이 있고 creators 데이터프레임에 2행이 있다. 병합된 데이터프레임에서는 28행이 된다(2 * 14). citations 데이터는 creators의 각 행에 대해 반복된다.

⑧에서 병합 결과를 살펴보고 이를 확인했다. id를 병합 기준 열로 삼아 외부 조인을 수행했다. (또한 citation과 creator 설명을 보기 쉽게 줄였다.) 병합된 파일에서 ⑦에 사용한 것과 같은 ID를 표시했을 때 예상대로 28행을 얻었다(지면을 절약하려고 아래쪽의 행 14개를 생략했다).

추가 정보

다대다 병합을 할 때 피치 못하게 겪을 수 있는 일을 알아두면 좋다. 그렇지만 이럴 때조차도, 다대다 관계는 한쪽의 데이터 파일이 누락된 두 개의 일대다 관계로 이뤄진 것이라고 할 수 있다. 소장품마다 한 행을 갖는 데이터 테이블은 citations 데이터 및 creators 데이터와 일대다 관계를 가질 가능성이 높다. 해당 파일을 구할 수 없다면 구조를 재현해보는 것이 좋다. 이 데이터를 가지고 id를 포함하는 파일을 (아마 title도) 작성할 수 있을 것이고, 그런 다음 citations 및 creators 데이터와 일대다 병합을 할 수 있을 것이다.

하지만, 이후의 분석을 위해 플랫 파일을 생산해야만 하는 경우가 있다. 관계형 데이터를 잘 처리하지 못하는 소프트웨어를 사용해야 할 필요가 있을 때가 그렇다. 정제한 데이터를 넘겨받은 타 부서의 누군가가 엑셀로 시각화 작업을 많이 하는 경우를 예로 들 수 있다. 그 사람이 어느 분석 단계에서 중복 열을 제거해야 하는지 안다면, ⑧에서 생산한 것과 같은 구조의 파일을 보내줘도 괜찮을 것이다.

8.6 병합 루틴 개발

데이터 정제 과정에서 데이터 병합을 주차장으로 빗대어 생각하면 도움이 된다. 주차 시 사고가 일어날 위험이 모든 주차 구역에서 똑같지는 않다. 주차장에 진출입할 때 사고를 피하는 한 가지 방법은 특정 주차 구역에 갈 때마다 비슷한 전략을 취하는 것이다. 덜 붐비는 지역을 정해두고 늘 같은 길로 다니는 것도 한 가지 전략이 될 수 있다

데이터 병합 전후에 데이터의 손상을 피하려고 할 때도 주차장의 예와 비슷한 접근 방식을 적용할 수 있다. 80~90%의 경우에 통하는 일반적인 방법을 택한다면 무엇이 가장 중요한지에 초점을 맞출 수 있다. 데이터를 다루는 테크닉이 중요한 것이 아니라 데이터 자체가 중요하다.

이 레시피에서는 필자가 작업할 때 대부분 통하는 일반적인 접근을 시연하겠지만, 특정 기법이 중요한 것은 아니다. 잘 이해하고 편안하게 사용할 수 있으면 도움이 될 뿐이다.

준비

이 장의 '일대다 병합하기' 레시피에서 중점을 둔 목표로 복귀한다. GHCN 데이터베이스의 countries 데이터를 locations 데이터와 왼쪽 조인하고자 한다.

작업 방법

이 레시피에서는 countries와 locations 데이터의 병합 기준 값 불일치를 확인한 후 왼쪽 조인을 한다.
그럼 시작하자.

① 판다스를 임포트하고 기상 관측소 및 국가 데이터를 로딩한다.

```
>>> import pandas as pd
>>> countries = pd.read_csv("data/ltcountries.csv")
>>> locations = pd.read_csv("data/ltlocations.csv")
```

② 병합 기준 열의 일치 여부를 확인한다.

```
>>> def checkmerge(dfleft, dfright, mergebyleft, mergebyright):
...     dfleft['inleft'] = "Y"
...     dfright['inright'] = "Y"
...     dfboth = pd.merge(dfleft[[mergebyleft,'inleft']],\
...         dfright[[mergebyright,'inright']], left_on=[mergebyleft],\
...         right_on=[mergebyright], how="outer")
...     dfboth.fillna('N', inplace=True)
...     print(pd.crosstab(dfboth.inleft, dfboth.inright))
...     print(dfboth.loc[(dfboth.inleft=='N') | (dfboth.inright=='N')].head(20))
...
>>> checkmerge(countries.copy(), locations.copy(), "countryid", "countryid")
inright  N      Y
inleft
N        0      1
Y        2  27472
      countryid inleft inright
9715         LQ      Y       N
13103        ST      Y       N
27474        FO      N       Y
```

③ 국가와 위치 데이터를 병합한다.

```
>>> stations = pd.merge(countries, locations, left_on=["countryid"],
right_on=["countryid"], how="left")
>>> stations[['locationid','latitude','stnelev','country']].head(10)
    locationid  latitude  stnelev            country
```

```
 0   ACW00011604   57.7667     18.0    Antigua and Barbuda
 1   AE000041196   25.3330     34.0    United Arab Emirates
 2   AEM00041184   25.6170     31.0    United Arab Emirates
 3   AEM00041194   25.2550     10.4    United Arab Emirates
 4   AEM00041216   24.4300      3.0    United Arab Emirates
 5   AEM00041217   24.4330     26.8    United Arab Emirates
 6   AEM00041218   24.2620    264.9    United Arab Emirates
 7   AF000040930   35.3170   3366.0            Afghanistan
 8   AFM00040911   36.7000    378.0            Afghanistan
 9   AFM00040938   34.2100    977.2            Afghanistan
>>> stations.shape
(27474, 7)
```

왼쪽 조인을 수행한 결과는 예상과 일치한다. 27,472개의 행은 양쪽 데이터프레임 모두에 병합 기준 값이 있고, 나머지 두 행은 병합 기준 값이 왼쪽 데이터프레임에만 있고 오른쪽에는 없다.

원리

필자가 수없이 많이 병합을 해본 결과, ❷와 ❸에 사용한 논리가 잘 작동했다. 지난 레시피에서 사용한 checkmerge 함수에 네 번째 인자를 추가했는데, 그렇게 하면 왼쪽과 오른쪽 데이터프레임에 대해 병합 기준 열을 다르게 지정할 수 있다. 병합을 할 때마다 이 함수를 매번 재작성할 필요는 없이, 모듈에 넣어두고 임포트하면 된다. (10장에서 헬퍼 함수를 추가하는 법을 다룬다.)

병합을 실행하기 전에 checkmerge 함수를 호출해, 여러 유형의 조인을 실행했을 때 어떤 결과를 예상할 수 있는지에 대해 충분한 정보를 얻을 수 있다. 내부, 외부, 왼쪽, 오른쪽 조인의 결과로 반환되는 행 수를 알아볼 수 있으며, 실제 병합을 하지 않고도 누락값이 어디에 생길지 알 수 있다. 물론 실제 병합을 하기에 앞서 시험삼아 외부 조인을 하는 셈이므로 꽤 값비싼 연산이긴 하다. 그렇지만 하던 일을 잠시 멈추고 생각할 시간을 갖는다는 점에서 충분히 그럴 가치가 있다.

마침내, ❸에서 병합을 수행했다. 이것은 필자가 선호하는 구문이다. 필자는 항상 왼쪽 데이터프레임을 첫 번째 인자로 하고 오른쪽 데이터프레임을 두 번째 인자로 하는데, 다른 방식으로 merge에 왼쪽과 오른쪽 데이터프레임을 지정할 수도 있다. 또한 병합 기준 열이 같고 on을 사용할 수 있더라도(이전 레시피에서 했던 방식), 필자는 left_on과 right_on의 값을 지정한다. 그렇게 하면 병합 기준 열이 달라져도 구문을 변경할 필요가 없고, 두 데이터프레임에 대해 명시적으로 병합 기준 열을 지정할 수 있다는 장점이 있다.

다소 논란의 여지가 있는 루틴으로, 필자는 왼쪽 조인을 how 매개변수의 기본값으로 한다. 필자는 왼쪽 조인을 기본 가정으로 둔 채로 그 외의 조인을 할 이유가 있는지 생각해본다. 왼쪽 데이터프레임의 행들이 분석 단위(학생, 환자, 고객 등)가 되며 필자가 보충 데이터(성적, 혈압, 우편번호 등)를 추가한다. 분석 단위인 행을 삭제하는 것은 문제의 소지가 있다. 병합 기준 값이 오른쪽 데이터프레임에 나타나지 않으므로 내부 조인을 하면 문제가 생기기 때문이다. 예를 들어, 이번 장의 '일대일 병합' 레시피의 NLS 데이터에서 행을 삭제하면 응답자의 부모에 관한 정보가 있는 보충 데이터에는 해당 행이 없어서 문제가 생긴다.

참고

10장 '사용자 정의 함수와 클래스로 데이터 정제를 자동화'에서 유용한 데이터 정제 함수를 포함한 모듈을 작성한다.

조인의 여러 유형을 이 장의 '일대일 병합하기' 레시피에서 설명했다.

09

데이터 타이딩과
리셰이핑

톨스토이와 해들리 위컴이 말했듯이, 타이디한 데이터는 모두 본질적으로 비슷하지만, 그렇지 못한 데이터는 제각각으로 지저분하다.[1] 데이터를 들여다보다가 '도대체 왜 이렇게 했을까?'라는 의문을 품을 때가 얼마나 많았던가. 부실한 데이터 구조의 유형이 다양하기는 하지만, 다행스럽게도 인간의 창의력은 한계가 있는지라 데이터셋이 정규화 혹은 타이딩된 형태로부터 벗어나는 주요한 유형을 몇 가지 범주로 묶을 수 있다.

위컴은 타이디 데이터에 관한 연구를 통해 이러한 사실을 관찰했다. 우리는 이를 토대로, 또 스스로 경험한 이상한 구조의 데이터에 관한 경험을 토대로 리셰이핑 작업을 준비할 수 있다. 타이디하지 못한 데이터는 종종 다음과 같은 특징을 보인다.

- 병합 기준 열 관계에 관한 명확성이 부족

- 일대다 관계의 '일(one)'에 해당하는 쪽에 중복이 있음

- 다대다 관계로 인해 데이터가 중복됨

- 열 이름에 값이 저장됨

- 하나의 변숫값에 여러 값이 저장됨

- 데이터가 분석 단위에 맞게 구조화되지 않음(이 특징은 타이디하지 못한 데이터에 반드시 나타나는 것은 아니지만, 이번 장의 레시피들을 분석 단위와 관련된 공통적인 문제에 적용할 수 있다.)

---

1 (옮긴이) 위컴이 《Journal of Statistical Software》에 기고한 〈Tidy Data〉에서, 톨스토이의 《안나 카레니나》에 나온 "행복한 가정은 서로 닮았지만, 불행한 가정은 모두 저마다의 이유로 불행하다"라는 문장을 인용하며 비유한 말.

이번 장에서는 이러한 문제가 있는 데이터를 정제하기 위해 강력한 도구를 사용해 다음과 같은 작업을 한다.

- 중복 행 제거하기

- 다대다 관계 수정하기

- stack과 melt를 사용해 넓은 포맷을 긴 포맷으로 리셰이핑

- 열 그룹을 녹이기

- unstack과 pivot을 사용해 긴 포맷을 넓은 포맷으로 리셰이핑

9.1 중복 행 제거하기

분석 단위에서 데이터 중복은 다음과 같은 이유로 발생한다.

- 데이터프레임이 일대다 병합의 결과로 만들어진 것일 수 있고, '일'에 해당하는 쪽이 분석 단위인 경우가 있다.

- 반복적인 측정 혹은 패널 데이터의 데이터프레임이 플랫 파일에 들어 있을 때도 있다. 이는 위에서 말한 상황의 특수한 사례다.

- 여러 일대다 관계가 평탄화된 분석 파일로 작업하면서 다대다 관계를 만들어내기도 한다.

'일'에 해당하는 쪽이 분석 단위일 때는 '다'에 해당하는 쪽을 어떻게든 축소해야 한다. 예를 들어, 대학생 집단에 대한 조사 결과를 분석할 때는 학생이 분석 단위가 되는데, 이때 과목 등록 데이터가 학생마다 여러 행 있다고 하자. 이 데이터를 분석할 때 학생별로 한 행을 만들어내려면, 학생별로 과목 수를 세고 학점을 합산하는 등의 작업을 먼저 끝내둬야 한다. 이러한 예를 일반화해서 표현하자면, 중복 데이터를 제거하기에 앞서 '다'에 해당하는 쪽의 정보를 집계해야 하는 경우가 종종 있다.

이 레시피에서는 판다스로 중복 행을 제거하는 법을 살펴보고, 이때 집계를 해야 할지 하지 말아야 할지를 구분하는 법을 알아본다. 다대다 관계에서의 중복은 다음 레시피에서 다룬다.

준비

이 레시피에서는 코로나19 일일 사례 데이터를 사용한다. 매일 국가별로 한 행이 있는데, 각 행에는 해당일의 신규 확진자 수와 사망자 수가 있다. 국가별 인구통계 정보와 누적 확진자 수 및 사망자 수도 있으며, 국가별 마지막 행에는 총 확진자 수와 총 사망자 수가 있다.

> 참고 ─────────
> 아워월드인데이터는 코로나19 공공 데이터[2]를 제공한다. 이 레시피에서는 2020년 7월 18일에 다운로드한 데이터를 사용
> 한다.

작업 방법

COVID 일일 데이터에서 각국의 중복된 인구통계 데이터를 drop_duplicates로 제거한다. 중복 데이터
를 제거하기 전에 집계가 필요할 경우 groupby로 drop_duplicates를 대신하는 법을 알아본다.

① 판다스를 임포트하고 COVID 일일 사례 데이터를 로드한다.

```
>>> import pandas as pd
>>> covidcases = pd.read_csv("data/covidcases720.csv")
```

② 일일 확진자 및 사망자 열, 총 확진자 수의 열, 인구통계 열의 리스트를 각각 생성한다.

```
>>> dailyvars = ['casedate','new_cases','new_deaths']
>>> totvars = ['location','total_cases','total_deaths']
>>> demovars = ['population','population_density','median_age',
... 'gdp_per_capita','hospital_beds_per_thousand','region']
>>>
>>> covidcases[dailyvars + totvars + demovars].head(3).T
                                   0              1              2
casedate                  2019-12-31     2020-01-01     2020-01-02
new_cases                       0.00           0.00           0.00
new_deaths                      0.00           0.00           0.00
location                 Afghanistan    Afghanistan    Afghanistan
total_cases                     0.00           0.00           0.00
total_deaths                    0.00           0.00           0.00
population              38,928,341.00  38,928,341.00  38,928,341.00
population_density             54.42          54.42          54.42
median_age                     18.60          18.60          18.60
gdp_per_capita              1,803.99       1,803.99       1,803.99
hospital_beds_per_thousand      0.50           0.50           0.50
region                    South Asia     South Asia     South Asia
```

---

2 https://ourworldindata.org/coronavirus-source-data

③ 일일 데이터만 있는 데이터프레임을 생성한다.

```
>>> coviddaily = covidcases[['location'] + dailyvars]
>>> coviddaily.shape
(29529, 4)
>>> coviddaily.head()
      location    casedate  new_cases  new_deaths
0  Afghanistan  2019-12-31        0.0         0.0
1  Afghanistan  2020-01-01        0.0         0.0
2  Afghanistan  2020-01-02        0.0         0.0
3  Afghanistan  2020-01-03        0.0         0.0
4  Afghanistan  2020-01-04        0.0         0.0
```

④ 국가별로 한 행을 선택한다.

고유한 위치의 개수를 구함으로써 얼마나 많은 국가(location)가 있는지를 예상한다. location과 casedate를 기준으로 정렬한다. 그런 다음, drop_duplicates를 사용해 location별로 한 행씩 선택하고, 각국의 마지막 행을 원한다는 것을 keep 매개변수로 지시한다.

```
>>> covidcases.location.nunique()
209
>>> coviddemo = covidcases[['casedate'] + totvars + demovars].\
...   sort_values(['location','casedate']).\
...   drop_duplicates(['location'], keep='last').\
...   rename(columns={'casedate':'lastdate'})
>>>
>>> coviddemo.shape
(209, 10)
>>> coviddemo.head(3).T
                                   184            310            500
lastdate                    2020-07-12     2020-07-12     2020-07-12
location                   Afghanistan        Albania        Algeria
total_cases                  34,451.00       3,371.00      18,712.00
total_deaths                  1,010.00          89.00       1,004.00
population               38,928,341.00   2,877,800.00  43,851,043.00
population_density               54.42         104.87          17.35
median_age                       18.60          38.00          29.10
gdp_per_capita                1,803.99      11,803.43      13,913.84
hospital_beds_per_thousand        0.50           2.89           1.90
region                      South Asia  Eastern Europe   North Africa
```

⑤ 그룹별로 값을 합산한다.

판다스 데이터프레임의 groupby 메서드로 국가별 총 확진자 및 사망자 수를 합산한다. 또한, 국가별로 전체 행에
걸쳐 중복된 열(median_age, gdp_per_capita, region, casedate)에 대해 마지막 값을 구한다(데이터프레임에서
몇 개 열만 선택한다). 이 숫자는 ④에서 구한 숫자와 일치한다.

```
>>> covidtotals = covidcases.groupby(['location'], as_index=False).\
...    agg({'new_cases':'sum','new_deaths':'sum','median_age':'last',
...      'gdp_per_capita':'last','region':'last','casedate':'last',
...      'population':'last'}).\
...    rename(columns={'new_cases':'total_cases',
...      'new_deaths':'total_deaths','casedate':'lastdate'})

>>> covidtotals.head(3).T
                          0                1                2
location          Afghanistan          Albania          Algeria
total_cases         34,451.00         3,371.00        18,712.00
total_deaths         1,010.00            89.00         1,004.00
median_age              18.60            38.00            29.10
gdp_per_capita       1,803.99        11,803.43        13,913.84
region             South Asia   Eastern Europe    North Africa
lastdate           2020-07-12       2020-07-12       2020-07-12
population      38,928,341.00     2,877,800.00    43,851,043.00
```

drop_duplicates를 선택할지 groupby를 선택할지는 '다'에 해낭하는 쪽을 축소하기에 앞서 십계를 할 필
요가 있는지에 따라 결정하면 된다.

원리

COVID 데이터는 국가별 일별로 한 행씩이 있지만, 실제 일별 데이터는 얼마 되지 않는다. 일별 데이
터라고 할 만한 것은 casedate, new_cases, new_deaths이고, 나머지 열에는 누적 확진자 수와 사망자 수,
인구통계 데이터가 있다. new_cases와 new_deaths의 실제 값을 갖고 얻고 나면 누적 데이터는 중복된다.
하루 중의 인구통계 데이터는 모두 같은 값이다.

'일'에 해당하는 국가(및 관련 인구통계) 데이터와 '다'에 해당하는 일별 데이터 사이에는 일대다 관계가
있다. 일별 데이터프레임과 인구통계 데이터가 있는 데이터프레임을 생성함으로써 그 구조를 복원할
수 있다. ③과 ④에서 그러한 작업을 했다. 국가들의 총계가 필요할 때는 중복 데이터를 저장하는 것보
다는 직접 생성하는 쪽이 낫다.

하지만 누적 합계 변수가 전혀 쓸모없는 것은 아니다. 총 확진자와 총 사망자 수를 확인하는 데 활용할 수 있다. ⑤에서 중복 제거 외의 작업이 필요할 때 groupby로 데이터를 재건했다. 이 경우에는 국가별로 new_cases와 다대다 관계 new_deaths를 요약했다.

추가 정보

필자도 사소한 것들을 잊어버리곤 하며, 데이터 구조를 바꿀 때 특정 열의 의미가 바뀌기도 한다. 이 예에서 casedate는 국가별 마지막 행의 날짜가 되어버렸다. 그래서 이 열의 이름을 lastdate로 바꿨다.

참고

7장 '집계 시 지저분한 데이터를 고치기'에서 groupby를 자세히 다룬다. 해들리 위컴의 논문 〈Tidy Data〉는 https://vita.had.co.nz/papers/tidy-data.pdf에서 얻을 수 있다.

9.2 다대다 관계 수정하기

다대다 병합으로 만들어진 데이터 테이블을 다뤄야 할 때가 있다. 다대다 병합에서는 병합 기준 값이 왼쪽과 오른쪽 모두에서 중복된다. 8장에서 논의한 바와 같이, 데이터 파일에서는 다대다 관계가 '일'에 해당하는 쪽이 제거된 일대다 관계 여러 개로 표현되곤 한다. 데이터셋 A와 B 사이에 일대다 관계가 있고, 데이터셋 A와 C 사이에도 일대다 관계가 있다고 하자. 이때 A를 빼놓고 B와 C만 받게 되면 문제가 생긴다.

이런 식으로 구성된 데이터를 다룰 때는 가능하다면 일대다 관계를 복원하는 것이 최선의 방법이다. B와 C 사이의 다대다 관계를 참고로 A 데이터셋의 구조를 만들어내는 것이다. 다대다 관계의 양쪽 모두에서 좋은 병합 기준 열을 식별하는 것이 관건이다. 이론적으로, B와 C 데이터셋 모두에 중복된 열이 있더라도 A 데이터셋에는 중복이 없을 것이다.

이번 레시피에서 사용하는 클리블랜드 미술관 소장품 데이터가 좋은 예다. 작가(creators) 파일과 매체 인용(media citations) 파일의 두 데이터셋이 있다. 작가 파일에는 모든 소장품에 대해 작가 정보가 있으며, 작가 한 명당 한 행이 있어 각 소장품에 대해 여러 행이 있을 수 있다. 인용 파일에는 소장품별 인용 정보(신문, 방송, 잡지 등)가 있으며, 인용 건별로 행이 있어 각 소장품에 대해 여러 개의 인용 행이 있을 수 있다.

소장품의 품목별로 고유 식별자가 붙은 행이 하나씩 있는 데이터셋을 갖고 있지 않다면, 결국 작가와 인용 데이터셋 사이의 다대다 관계만 주어지게 된다.

이러한 상황에 대해, 소장품 데이터를 JSON 파일로 반환하는 API를 아낌없이 제공하는 미술관측의 잘못은 아니라고 덧붙이고 싶다. 필자가 추출한 작가와 인용 데이터프레임 외에도 JSON 파일로부터 데이터를 추출해 소장품 데이터프레임을 만들어낼 수 있다. 하지만 항상 그런 데이터에 액세스할 수 있는 것은 아니므로 그럴 때를 대비해 전략을 갖고 있으면 좋다.

준비

클리블랜드 미술관 소장품 데이터로 작업한다. CSV 파일에는 작가와 인용 데이터가 소장품을 식별하는 id 열을 기준으로 병합돼 있다. 품목별로 하나 이상의 인용과 작가 행이 있다.

> 참고
> 클리블랜드 미술관은 이 데이터에 액세스하는 공개 API[3]를 제공한다. 이 레시피에서 사용한 인용과 작가 데이터 외에도 여러 가지를 API를 통해 얻을 수 있다.

작업 방법

데이터에 내재한 일대다 관계를 복원함으로써 데이터프레임 간의 다대다 관계를 처리한다.

① 판다스를 임포트하고 미술관 소장품 데이터를 로드한다.

```
>>> import pandas as pd
>>> cma = pd.read_csv("data/cmacollections.csv")
```

② 미술관 소장품 데이터를 보인다.
또한 고유한 id, citation, creator 값들의 개수를 출력한다.

```
>>> cma.shape
(12326, 9)
>>> cma.head(2).T
                           0                    1
id                      92937               92937
```

---

3 https://openaccess-api.clevelandart.org

```
citation        Milliken, William    Glasier, Jessie C.
creator         George Bellows (Am   George Bellows (Am
title           Stag at Sharkey's    Stag at Sharkey's
birth_year           1882                 1882
death_year           1925                 1925
collection      American - Painting  American - Painting
type                Painting             Painting
creation_date        1909                 1909
>>> cma.id.nunique()
972
>>> cma.drop_duplicates(['id','citation']).id.count()
9758
>>> cma.drop_duplicates(['id','creator']).id.count()
1055
```

③ 중복된 인용 및 작성자가 있는 소장품을 보인다.

처음 14개 행만 표시한다(실제로 총 28개 있음).

```
>>> cma.set_index(['id'], inplace=True)
>>> cma.loc[124733, ['title','citation','creator','birth_year']].head(14)
              title           citation              creator birth_year
id
124733  Dead Blue Roller  Weigel, J. A. G. <  Albrecht D rer (Ge       1471
124733  Dead Blue Roller  Weigel, J. A. G. <  Hans Hoffmann (Ger    1545/50
124733  Dead Blue Roller  Winkler, Friedrich  Albrecht D rer (Ge       1471
124733  Dead Blue Roller  Winkler, Friedrich  Hans Hoffmann (Ger    1545/50
124733  Dead Blue Roller  Francis, Henry S.   Albrecht D rer (Ge       1471
124733  Dead Blue Roller  Francis, Henry S.   Hans Hoffmann (Ger    1545/50
124733  Dead Blue Roller  Kurz, Otto. <em>Fa  Albrecht D rer (Ge       1471
124733  Dead Blue Roller  Kurz, Otto. <em>Fa  Hans Hoffmann (Ger    1545/50
124733  Dead Blue Roller  Minneapolis Instit  Albrecht D rer (Ge       1471
124733  Dead Blue Roller  Minneapolis Instit  Hans Hoffmann (Ger    1545/50
124733  Dead Blue Roller  Pilz, Kurt. "Hans   Albrecht D rer (Ge       1471
124733  Dead Blue Roller  Pilz, Kurt. "Hans   Hans Hoffmann (Ger    1545/50
124733  Dead Blue Roller  Koschatzky, Walter  Albrecht D rer (Ge       1471
124733  Dead Blue Roller  Koschatzky, Walter  Hans Hoffmann (Ger    1545/50
```

④ 소장품 데이터프레임을 생성한다.

```
>>> collectionsvars = ['title','collection','type']
>>> cmacollections = cma[collectionsvars].\
...    reset_index().\
...    drop_duplicates(['id']).\
...    set_index(['id'])
>>> cmacollections.shape
(972, 3)
>>> cmacollections.head()
                           title         collection       type
id
92937            Stag at Sharkey's  American - Painting  Painting
94979               Nathaniel Hurd  American - Painting  Painting
137259   Mme L... (Laure Borreau)  Mod Euro - Painting   Painting
141639     Twilight in the Wilderness  American - Painting  Painting
93014   View of Schroon Mountain, Esse  American - Painting  Painting
>>> cmacollections.loc[124733]
title         Dead Blue Roller
collection         DR - German
type                   Drawing
Name: 124733, dtype: object
```

⑤ 인용 데이터프레임을 생성한나.

여기에는 id와 citation만 포함된다.

```
>>> cmacitations = cma[['citation']].\
...    reset_index().\
...    drop_duplicates(['id','citation']).\
...    set_index(['id'])
>>>
>>> cmacitations.loc[124733]
             citation
id
124733 Weigel, J. A. G. <
124733 Winkler, Friedrich
124733 Francis, Henry S.
124733 Kurz, Otto. <em>Fa
124733 Minneapolis Instit
```

```
124733  Pilz, Kurt. "Hans
124733  Koschatzky, Walter
124733  Johnson, Mark M<em
124733  Kaufmann, Thomas D
124733  Koreny, Fritz. <em
124733  Achilles-Syndram,
124733  Schoch, Rainer, Ka
124733  DeGrazia, Diane an
124733  Dunbar, Burton L.,
```

⑥ 작가 데이터프레임을 생성한다.

```
>>> creatorsvars = ['creator','birth_year','death_year']
>>>
>>> cmacreators = cma[creatorsvars].\
...    reset_index().\
...    drop_duplicates(['id','creator']).\
...    set_index(['id'])
>>>
>>> cmacreators.loc[124733]
                 creator birth_year death_year
id
124733  Albrecht D rer (Ge       1471       1528
124733  Hans Hoffmann (Ger    1545/50    1591/92
```

⑦ 1950년 이후 출생한 작가의 작품 수를 센다.

먼저 문자열로 된 birth_year 값을 숫자로 변환한다. 그런 다음 젊은 작가만으로 이뤄진 데이터프레임을 생성한
다. 끝으로, 그 데이터프레임을 소장품 데이터프레임과 병합해 1950년 이후 출생한 작가가 한 명 이상인 소장품을
표시하는 플래그를 만든다.

```
>>> cmacreators['birth_year'] = cmacreators.birth_year.str.findall("\d+").str[0].astype(float)
>>> youngartists = cmacreators.loc[cmacreators.birth_year>1950, ['creator']].assign(creato
rbornafter1950='Y')
>>> youngartists.shape[0]==youngartists.index.nunique()
True
>>> youngartists
                 creator creatorbornafter1950
id
```

```
371392   Belkis Ay n (Cuban              Y
162624   Robert Gober (Amer             Y
172588   Rachel Harrison (A             Y
169335   Pae White (America             Y
169862   Fred Wilson (Ameri             Y
312739   Liu Jing (Chinese,             Y
293323   Zeng Xiaojun (Chin             Y
172539   Fidencio Fifield-P             Y
>>> cmacollections = pd.merge(cmacollections, youngartists, left_on=['id'],
right_on=['id'], how='left')
>>> cmacollections.creatorbornafter1950.fillna("N", inplace=True)
>>> cmacollections.shape
(972, 5)
>>> cmacollections.creatorbornafter1950.value_counts()
N    964
Y      8
Name: creatorbornafter1950, dtype: int64
```

한 개의 데이터셋으로부터 소장품(cmacollections), 인용(cmacitations), 작가(cmacreators) 데이터셋을 만들어냈다. cmacollections는 cmacitations 및 cmacreators와 일대다 관계를 갖는다.

원리

대기업 데이터를 직접 다루는 일을 주로 한다면 이런 식의 구조를 가진 파일을 접할 일이 많지 않겠지만, 누구나 그렇게 운이 좋지는 않다. 미술관으로부터 소장품에 관한 매체 인용과 작가에 관한 데이터를 요청받는다면, 이렇게 인용과 작가가 중복된 데이터를 받는 것은 그리 놀라운 일이 아니다. 하지만 소장품의 고유 식별자로 보이는 것이 존재한다면 소장품과 인용 간, 소장품과 작가 간의 일대다 관계를 복원할 수 있으리라는 희망이 있다.

②는 고유 id 값 972개가 있음을 보여준다. 이를 통해 데이터프레임의 12,326행이 972개의 소장품만으로 이뤄졌을 것임을 짐작할 수 있다. 고유 id와 citation의 쌍이 9,758건이므로 소장품별 평균 인용 횟수는 약 10회다. id와 creator는 1,055쌍이 있다.

③은 소장품의 title과 같은 값이 중복됨을 보여준다. 반환되는 행의 수는 왼쪽과 오른쪽 데이터프레임에 존재하는 병합 기준 값들의 카티전 곱과 같다. 'Dead Blue Roller'라는 작품은 14회 인용되었으며

(③에서는 그중 절반만 나타냈다) 작가는 2명이다. 작가 한 명당 14행, 즉 인용 횟수만큼이 중복된다. 데이터를 이런 상태로 유지해야 하는 경우는 극히 드물다.

이 데이터를 더 나은 형태로 바꿀 때 길잡이 역할을 하는 것은 id 열이다. ④에서 소장품 데이터프레임을 생성할 때 이것을 사용했다. id 당 한 행만 남겼으며, title, collection, type 같이 소장품과 관련 있는 열만 남기고, 인용 또는 작가 관련 열은 배제했다(id가 인덱스이므로 중복을 드롭하기 전에 인덱스를 먼저 리셋해야 한다).

⑤와 ⑥에서 citations과 creators 데이터프레임을 만들 때도 같은 절차를 따랐다. drop_duplicates를 사용해 id와 citation 간, id와 creator 간의 고유한 조합을 남겼다. 그 결과, 예상대로 14행의 citations와 2행의 creators를 얻었다.

⑦은 이러한 데이터프레임들을 바탕으로 새로운 열을 구성하고 분석하는 법을 시연한다. 그 예로 1950년 이후 출생한 작가가 한 명 이상인 소장품의 개수를 구한다. 이때 소장품이 분석 단위에 해당하지만, 계산을 하려면 작가 데이터프레임의 정보도 필요하다. cmacollections와 cmacreators 사이는 일대다 관계이므로, 1950년 이후 출생 작가가 여러 명이더라도 작가 데이터프레임에서 id 당 한 행만 조회해야 한다.

```
youngartists.shape[0]==youngartists.index.nunique()
```

추가 정보

다대다 병합에서 발생하는 중복은 양적 데이터를 다룰 때 가장 문제가 된다. 원본 파일에 소장품의 감정가가 있었다면, 그 값도 title과 마찬가지로 중복되었을 것이다. 그 상태로 기술통계를 구하면 실제와 상당히 차이가 나게 된다. 예를 들어 'Dead Blue Roller'라는 작품의 감정가가 백만 달러라고 하면 28건의 중복을 합산한 금액은 2천8백만 달러가 된다.

이 예는 데이터 정규화 및 타이딩의 중요성을 보여준다. 감정가를 나타내는 열이 있었다면, ④에서 cmacollections 데이터프레임을 만들 때 포함했을 것이다. 그렇게 하면 값이 중복되지 않으므로 소장품의 요약통계를 생성하는 데 문제가 생기지 않는다.

항상 분석 단위로 돌아가는 것이 도움이 된다. 이는 데이터 타이딩 개념과 겹치는 부분도 있지만 몇 가지 차이가 있다. ⑦에서 1950년 이후 출생한 작가의 작품 수 아니라 1950년 이후 출생 작가의 수에만 관심이 있었다면 접근 방식이 매우 달라졌을 것이다. 이 경우는 작가가 분석 단위이므로 단순히 작가 데이터프레임만 사용하면 된다.

참고

8장 '데이터프레임을 결합할 때의 데이터 이슈'의 '다대다 병합' 레시피에서 다대다 병합을 조사한다.

10장 '사용자 정의 함수와 클래스로 데이터 정제를 자동화'의 '표 형식이 아닌 구조의 데이터를 다루기'에서는 이러한 구조의 데이터를 매우 다른 방식으로 다루는 것을 시연한다.

9.3 stack과 melt로 넓은 데이터를 긴 포맷으로 리셰이핑

위컴은 타이디하지 못한 데이터의 한 가지 유형으로 열 이름에 변숫값이 포함되는 형태를 지적했는데, 이는 대기업이나 관계형 데이터에서는 드물지만 분석 데이터나 설문조사 데이터에서는 꽤 흔하게 나타난다. 변수명 뒤쪽에 기간(월 또는 연도)을 나타내는 부분이 붙어 있을 수도 있고, 비슷한 이름의 변수들이 여러 개 있는 경우도 있다(예: familymember1age, familymember2age, …). 이런 일이 일어나는 것은 조사 설계자의 입장에서는 그렇게 하는 것이 편리하기도 하고 변수에 관한 이해와도 일치하기 때문이다.

설문조사 데이터가 이런 식으로 지저분해지기 쉬운 것은 단 하나의 조사 도구에 다수의 분석 단위가 있기 때문일 수 있다. 미국에서 10년마다 가구 및 개인에 대한 질문을 동시에 하는 인구조사가 그러한 예다. 또한 설문조사 데이터는 반복적인 측정 혹은 패널 데이터로 이뤄지곤 함에도 응답자당 한 행만 있는 경우가 많다. 이러한 경우, 새로운 측정값 혹은 응답은 새로운 행이 아니라 새로운 열에 저장되며, 열 이름은 이전 기간의 응답과 비슷하게 하면서 뒤쪽만 바꾸게 된다.

미국의 NLS 데이터가 좋은 예다. NLS 데이터는 개인을 매년 조사한 패널 데이터이지만, 제공된 분석 파일에는 응답자당 한 행의 데이터만 있다. 특정 연도의 근무 주 수를 묻는 질문에 대한 응답은 새로운 열에 저장된다. NLS 데이터를 타이딩한다는 것은 weeksworked00부터 weeksworked04까지의 열 (2000~2004년의 근무 주 수)을 1인당 1년간 단 하나의 근무 주 수 열과 연도 열을 가진 다섯 개의 행으로 변환함을 의미한다.

놀랍게도 판다스에는 이러한 변환을 쉽게 할 수 있는 함수가 여러 개 있다. stack, melt, wide_to_long이 그것이다. stack과 melt를 이번 레시피에서 살펴보고, wide_to_long은 다음 레시피에서 살펴본다.

준비

이 레시피에서는 NLS 데이터에서 연도별 근무 주 수와 대학 등록 상태를 가지고 작업한다. 데이터프레임에는 응답자 한 명 당 하나의 행만 있다.

> **참고**
>
> NLS는 미국 노동통계국에서 주관하며 https://www.nlsinfo.org/investigator/pages/search에 공개되어 있다. 1980년에서 1985년 사이 출생한 개인의 집단을 대상으로 1997년에 조사를 시작한 이래 2017년까지 매년 후속조사가 이뤄졌다.

작업 방법

stack과 melt를 사용해 NLS의 근무 주 수 데이터의 열 이름에서 연도를 뽑아냄으로써, 넓은 데이터를 긴 데이터로 변환한다.

① pandas를 임포트하고 NLS 데이터를 로딩한다.

```
>>> import pandas as pd
>>> nls97 = pd.read_csv("data/nls97f.csv")
```

② 근무 주 수의 값 일부를 본다.

먼저 인덱스를 설정한다.

```
>>> nls97.set_index(['originalid'], inplace=True)
>>>
>>> weeksworkedcols = ['weeksworked00','weeksworked01','weeksworked02',
...     'weeksworked03','weeksworked04']
>>> nls97[weeksworkedcols].head(2).T
originalid      8245   3962
weeksworked00     46      5
weeksworked01     52     49
weeksworked02     52     52
weeksworked03     48     52
weeksworked04     52     52
>>> nls97.shape
(8984, 89)
```

③ stack을 사용해 넓은 데이터를 긴 데이터로 변환한다.

먼저 weeksworked## 열만 선택한다. stack으로 원래 데이터프레임의 열 이름을 인덱스로 옮기고 weeksworked## 값을 관련 행으로 옮긴다. 인덱스를 리셋해서 weeksworked## 열 이름을 level_1 열(이름을 year로 바꿈)의 값으로 하고, weeksworked## 값을 0 열(weeksworked로 이름을 바꿈)의 값으로 한다.

```
>>> weeksworked = nls97[weeksworkedcols].\
...    stack(dropna=False).\
...    reset_index().\
...    rename(columns={'level_1':'year',0:'weeksworked'})
>>>
>>> weeksworked.head(10)
   originalid         year  weeksworked
0        8245  weeksworked00           46
1        8245  weeksworked01           52
2        8245  weeksworked02           52
3        8245  weeksworked03           48
4        8245  weeksworked04           52
5        3962  weeksworked00            5
6        3962  weeksworked01           49
7        3962  weeksworked02           52
8        3962  weeksworked03           52
9        3962  weeksworked04           52
```

④ year 값을 수정한다.

연도 값의 마지막 숫자를 정수로 변환하고 2000을 더한다.

```
>>> weeksworked['year'] = weeksworked.year.str[-2:].astype(int)+2000
>>> weeksworked.head(10)
   originalid  year  weeksworked
0        8245  2000           46
1        8245  2001           52
2        8245  2002           52
3        8245  2003           48
4        8245  2004           52
5        3962  2000            5
6        3962  2001           49
7        3962  2002           52
8        3962  2003           52
```

```
9        3962   2004           52
>>> weeksworked.shape
(44920, 3)
```

⑤ 또 다른 방법으로, melt를 사용해 넓은 데이터를 길게 변환할 수도 있다.

먼저 인덱스를 리셋하고 originalid와 weeksworked## 열들을 선택한다. melt의 매개변수로는, ID 변수를 나타내는 id_vars 매개변수에 originalid를 지정하고, 회전(melt)할 열을 나타내는 value_vars 매개변수에는 weeksworked## 열들을 지정하며, var_name과 value_name 매개변수를 사용해 열의 이름을 각각 year와 weeksworked로 바꾼다. value_vars 열의 이름은 새로운 year 열의 값이 된다(원래 열 이름 뒷부분이었던 것을 정수로 변환). value_vars 열의 값은 해당 행의 새로운 weeksworked 열에 할당된다.

```
>>> weeksworked = nls97.reset_index().\
...    loc[:,['originalid'] + weeksworkedcols].\
...    melt(id_vars=['originalid'], value_vars=weeksworkedcols,
...    var_name='year', value_name='weeksworked')
>>>
>>> weeksworked['year'] = weeksworked.year.str[-2:].astype(int)+2000
>>> weeksworked.set_index(['originalid'], inplace=True)
>>> weeksworked.loc[[8245,3962]]
           year  weeksworked
originalid
8245       2000           46
8245       2001           52
8245       2002           52
8245       2003           48
8245       2004           52
3962       2000            5
3962       2001           49
3962       2002           52
3962       2003           52
3962       2004           52
```

⑥ 대학 등록 열을 녹여서(melt) 리셰이핑한다.

근무 주 수 열에 melt 함수를 사용한 것과 같은 방법으로 작업한다.

```
>>> colenrcols = ['colenroct00','colenroct01','colenroct02',
...    'colenroct03','colenroct04']
>>>
```

```
>>> colenr = nls97.reset_index().\
...    loc[:,['originalid'] + colenrcols].\
...    melt(id_vars=['originalid'], value_vars=colenrcols,
...       var_name='year', value_name='colenr')
>>>
>>> colenr['year'] = colenr.year.str[-2:].astype(int)+2000
>>> colenr.set_index(['originalid'], inplace=True)
>>> colenr.loc[[8245,3962]]
           year        colenr
originalid
8245       2000  1. Not enrolled
8245       2001  1. Not enrolled
8245       2002  1. Not enrolled
8245       2003  1. Not enrolled
8245       2004  1. Not enrolled
3962       2000  1. Not enrolled
3962       2001  1. Not enrolled
3962       2002  1. Not enrolled
3962       2003  1. Not enrolled
3962       2004  1. Not enrolled
```

⑦ 근무 주 수와 대학 등록 데이터를 병합한다.

```
>>> workschool = pd.merge(weeksworked, colenr, on=['originalid','year'], how="inner")
>>> workschool.shape
(44920, 4)
>>> workschool.loc[[8245,3962]]
           year  weeksworked        colenr
originalid
8245       2000           46  1. Not enrolled
8245       2001           52  1. Not enrolled
8245       2002           52  1. Not enrolled
8245       2003           48  1. Not enrolled
8245       2004           52  1. Not enrolled
3962       2000            5  1. Not enrolled
3962       2001           49  1. Not enrolled
3962       2002           52  1. Not enrolled
3962       2003           52  1. Not enrolled
3962       2004           52  1. Not enrolled
```

근무 주 수와 대학 등록을 모두 녹여서 단일 데이터프레임을 만들었다.

원리

넓은 형태의 데이터를 긴 형태로 리셰이핑할 때 stack이나 melt 중 어느 것을 사용해도 되지만, melt가 좀 더 유연하다. stack을 사용하면 열 이름이 모두 인덱스로 옮겨진다. ④에서 쌓기를 했을 때의 행 수는 예상대로 44920행이었는데, 이는 열의 개수 5에 초기 데이터의 행 수 8,984를 곱한 것과 같다.

melt를 사용하면 인덱스가 아닌 ID 변수를 기준으로 열 이름과 값을 회전할 수 있다. 이때 id_vars 매개변수를 사용한다. 어느 변수를 녹일지를 value_vars 매개변수로 지정한다.

⑥에서는 대학 등록 열도 리셰이핑한다. ⑤와 ⑥에서 생성한 데이터프레임을 병합해서 근무 주 수와 대학 등록 데이터를 리셰이핑한 데이터프레임 한 개를 생성했다. ⑤~⑦ 단계를 한 번에 끝내는 법을 다음 레시피에서 살펴본다.

9.4 열 그룹을 녹이기

이전 레시피에서는 두 그룹의 열들을 녹이려면 melt를 두 번 실행한 뒤 하나의 데이터프레임으로 병합해야 했다. 그렇게 해도 잘되기는 하지만, wide_to_long 함수를 사용하면 손쉽게 동일한 결과를 얻을 수 있다. wide_to_long은 melt보다 기능이 많지만 사용법은 좀 더 복잡하다.

준비

이 레시피는 NLS의 근무 주 수와 대학 등록 데이터를 사용한다.

작업 방법

wide_to_long으로 여러 그룹의 열들을 한 번에 변환한다.

① pandas를 임포트하고 NLS 데이터를 로드한다.

```
>>> import pandas as pd
>>> nls97 = pd.read_csv("data/nls97f.csv")
>>> nls97.set_index('personid', inplace=True)
```

② 근무 주 수와 대학 등록 데이터의 일부를 보인다.

```
>>> weeksworkedcols = ['weeksworked00','weeksworked01','weeksworked02',
...    'weeksworked03','weeksworked04']
>>> colenrcols = ['colenroct00','colenroct01','colenroct02',
...    'colenroct03','colenroct04']
>>>
>>> nls97.loc[nls97.originalid.isin([1,2]),
...    ['originalid'] + weeksworkedcols + colenrcols].T
personid                135335              999406
originalid                    1                   2
weeksworked00                53                  51
weeksworked01                52                  52
weeksworked02               NaN                  44
weeksworked03                42                  45
weeksworked04                52                  52
colenroct00     3. 4-year college   3. 4-year college
colenroct01     3. 4-year college   2. 2-year college
colenroct02     3. 4-year college   3. 4-year college
colenroct03       1. Not enrolled   3. 4-year college
colenroct04       1. Not enrolled   3. 4-year college
```

③ wide_to_long 함수를 실행한다.

stubnames에 리스트를 전달해 변환하려는 열 그룹을 지시한다(리스트의 각 아이템과 같은 이름으로 시작하는 모든 열이 선택된다). i 매개변수로 ID 변수(originalid)를, j 매개변수로 열 이름 뒤에 붙어 있던 00, 01 등에 기반한 열의 이름(year)을 지정한다.

```
>>> workschool = pd.wide_to_long(nls97[['originalid'] + weeksworkedcols
...    + colenrcols], stubnames=['weeksworked','colenroct'],
...    i=['originalid'], j='year').reset_index()
>>>
>>> workschool['year'] = workschool.year+2000
>>> workschool = workschool.sort_values(['originalid','year'])
>>> workschool.set_index(['originalid'], inplace=True)
>>> workschool.head(10)
            year   weeksworked            colenroct
originalid
1           2000            53    3. 4-year college
```

1	2001	52	3. 4-year college
1	2002	NaN	3. 4-year college
1	2003	42	1. Not enrolled
1	2004	52	1. Not enrolled
2	2000	51	3. 4-year college
2	2001	52	2. 2-year college
2	2002	44	3. 4-year college
2	2003	45	3. 4-year college
2	2004	52	3. 4-year college

이전 레시피에서 melt 함수를 사용해 여러 단계로 처리했던 일을 이번에는 wide_to_long 함수로 한 번에 끝냈다.

원리

wide_to_long 함수는 stack이나 melt보다 준비할 것이 더 많지만 대부분의 작업을 처리해준다. 우리가 할 일은 열 그룹에서 반복되는 부분(여기서는 weeksworked와 colenroct)을 함수에 전달하는 것이다. wide_to_long는 열 이름의 뒷부분(연도)을 값으로 바꿔서 j 매개변수로 지정한 열에 채워준다.

추가 정보

이 레시피에서는 stubnames 열의 뒷부분이 00~04로 동일하지만 항상 그렇게 되어 있으리라는 법은 없다. 한쪽 그룹에는 뒷부분에 글자가 붙어 있고 다른 그룹에는 그렇지 않다면, 후자는 누락값으로 처리된다. 데이터프레임에서 weeksworked03을 빼고 weeksworked05를 추가해서 확인해볼 수 있다.

```
>>> weeksworkedcols = ['weeksworked00','weeksworked01','weeksworked02',
...    'weeksworked04','weeksworked05']
>>>
>>> workschool = pd.wide_to_long(nls97[['originalid'] + weeksworkedcols
...    + colenrcols], stubnames=['weeksworked','colenroct'],
...    i=['originalid'], j='year').reset_index()
>>>
>>> workschool['year'] = workschool.year+2000
>>> workschool = workschool.sort_values(['originalid','year'])
>>> workschool.set_index(['originalid'], inplace=True)
>>> workschool.head(12)
```

```
         year  weeksworked        colenroct
originalid
1        2000           53   3. 4-year college
1        2001           52   3. 4-year college
1        2002          NaN   3. 4-year college
1        2003          NaN      1. Not enrolled
1        2004           52      1. Not enrolled
1        2005           53                  NaN
2        2000           51   3. 4-year college
2        2001           52   2. 2-year college
2        2002           44   3. 4-year college
2        2003          NaN   3. 4-year college
2        2004           52   3. 4-year college
2        2005           53                  NaN
```

이제 2003년의 weeksworked 값과 2005년의 colenroct 값이 NaN으로 바뀐 것을 볼 수 있다. (originalid 1의 2002년 weeksworked 값은 원래 누락돼 있었다.)

9.5 unstack과 pivot을 사용해 데이터를 넓은 포맷으로 리셰이핑

타이디한 데이터를 그렇지 않은 구조로 변환해야 할 때도 있다. 데이터 분석용 소프트웨어 패키지가 관계형 데이터를 잘 다루지 못한다든지, 데이터를 요청한 기관에서 정해준 포맷에 맞춰 보내줘야 할 때도 있기 때문이다. unstack과 pivot은 긴 포맷에서 넓은 포맷으로 데이터를 리셰이핑하는 데 유용하다. unstack은 stack과 정반대의 일을 하며, pivot은 melt와 반대의 일을 한다.

준비

이 레시피에서도 NLS의 근무 주 수와 대학 등록 데이터를 사용한다.

작업 방법

NLS 데이터프레임에 쌓기/녹이기를 수행한 후 unstack과 pivot으로 원상복구한다.

① 판다스를 임포트하고, NLS 데이터를 로드한다.

```
>>> import pandas as pd
>>> nls97 = pd.read_csv("data/nls97f.csv")
>>> nls97.set_index(['originalid'], inplace=True)
```

② 데이터를 쌓는다.

이전 레피시에서 수행한 stack 연산을 되풀이한다.

```
>>> weeksworkedcols = ['weeksworked00','weeksworked01',
...   'weeksworked02','weeksworked03','weeksworked04']
>>> weeksworkedstacked = nls97[weeksworkedcols].\
...   stack(dropna=False)
>>> weeksworkedstacked.loc[[1,2]]
originalid
1            weeksworked00    53
             weeksworked01    52
             weeksworked02    NaN
             weeksworked03    42
             weeksworked04    52
2            weeksworked00    51
             weeksworked01    52
             weeksworked02    44
             weeksworked03    45
             weeksworked04    52
dtype: float64
```

③ 데이터를 녹인다.

이전 레시피에서 수행한 melt 연산을 되풀이한다.

```
>>> weeksworkedmelted = nls97.reset_index().\
...   loc[:,['originalid'] + weeksworkedcols].\
...   melt(id_vars=['originalid'], value_vars=weeksworkedcols,
...     var_name='year', value_name='weeksworked')
>>>
>>> weeksworkedmelted.loc[weeksworkedmelted.originalid.isin([1,2])].\
...   sort_values(['originalid','year'])
      originalid        year  weeksworked
377            1  weeksworked00           53
```

9361	1	weeksworked01	52
18345	1	weeksworked02	NaN
27329	1	weeksworked03	42
36313	1	weeksworked04	52
8980	2	weeksworked00	51
17964	2	weeksworked01	52
26948	2	weeksworked02	44
35932	2	weeksworked03	45
44916	2	weeksworked04	52

④ 길게 쌓은 데이터를 unstack을 사용해 넓은 포맷으로 변환한다.

```
>>> weeksworked = weeksworkedstacked.unstack()
>>> weeksworked.loc[[1,2]]
          weeksworked00  weeksworked01  weeksworked02  weeksworked03  weeksworked04
originalid
1                    53             52            NaN             42             52
2                    51             52             44             45             52
```

⑤ 길게 녹인 데이터를 pivot을 사용해 넓은 포맷으로 변환한다.

pivot은 unstack보다 약간 더 복잡하다. melt로 했던 일을 되돌리려면, 열 이름의 뒷부분으로 사용할 열(year)과 되돌릴 열(여기서는 weeksworked)을 pivot의 인자로 전달해야 한다.

```
>>> weeksworked = weeksworkedmelted.pivot(index='originalid', \
...   columns='year', values=['weeksworked']).reset_index()
>>> weeksworked.columns = ['originalid'] + \
...   [col[1] for col in weeksworked.columns[1:]]
>>> weeksworked.loc[weeksworked.originalid.isin([1,2])].T
                0  1
originalid      1  2
weeksworked00  53 51
weeksworked01  52 52
weeksworked02 NaN 44
weeksworked03  42 45
weeksworked04  52 52
```

NLS 데이터를 타이디하지 않은 형태로 되돌렸다.

원리

②와 ③에서 각각 stack과 melt를 수행해 데이터프레임을 넓은 포맷에서 긴 포맷으로 회전했다. 그런 다음, unstack(④)과 pivot(⑤)을 수행해 원래의 넓은 포맷으로 되돌렸다.

unstack은 stack에서 생성한 다중 인덱스를 사용해 데이터를 어떻게 회전할지 알아낸다.

pivot 함수에는 인덱스 열(originalid), 값을 열의 이름으로 추가할 열(year), 넓은 포맷으로 되돌릴 열들의 이름(weeksworked)을 지정해야 한다. 그 결과로 다중 수준의 열 이름이 반환되는데, 두 번째 수준에서 끄집어냄으로써 이를 수정한다([col[1] for col in weeksworked.columns[1:]]).

10

사용자 정의 함수와
클래스로 데이터 정제를 자동화

재사용 가능한 코드를 작성해야 하는 이유는 수없이 많다. 당면한 데이터 정제 문제에서 한걸음 물러서서 매우 유사한 문제들의 관계를 고려할 때 핵심적인 이슈를 더 잘 이해할 수 있다. 또한 바로 처리해야 하는 일회성 작업보다는 장기간 이뤄지는 작업으로 눈을 돌리면 체계적으로 처리할 가능성이 높아지며, 데이터 조작과 관련된 실질적인 문제를 해결하는 데도 도움이 된다.

이번 장에서는 일상적인 데이터 정제 작업을 수행하는 모듈을 작성한다. 이러한 모듈에 포함된 함수와 클래스는 다른 데이터프레임에 재사용할 수 있으며, 장기간에 걸쳐 변화하는 데이터프레임에 적용할 수도 있다. 이러한 함수들은 1~9장에서 논의한 여러 작업을 처리할 뿐 아니라 재사용이 가능하다.

10장의 레시피는 다음과 같다.

- 데이터를 처음 살펴보는 함수

- 요약통계와 빈도를 표시하는 함수

- 이상치와 예상치 못한 값을 식별하는 함수

- 데이터 집계와 결합을 위한 함수

- 시리즈 값을 업데이트하는 로직을 담은 클래스

- 표 형태가 아닌 데이터 구조를 다루는 클래스

10.1 데이터를 처음 살펴보는 함수

데이터를 판다스 데이터프레임으로 임포트한 뒤에 처음 하는 일은 데이터의 특성과 관계없이 비슷하다. 행과 열의 개수를 확인하고 열의 자료형을 확인하며, 처음 몇 행을 살펴본다. 또한 인덱스를 살펴보고 데이터프레임 행에 고유 식별자가 있는지 확인한다. 이와 같이 개별적이면서 쉽게 반복할 수 있는 작업은 함수로 만들어 모듈에 넣기에 좋다.

이 레시피에서는 판다스 데이터프레임을 처음 살펴볼 때 사용하기 좋은 함수를 포함하는 모듈을 작성한다. 다른 파이썬 프로그램에서 임포트할 수 있는 파이썬 코드의 모음을 모듈이라 한다. 모듈이 저장된 폴더에 액세스할 수만 있으면 프로그램에서 모듈을 손쉽게 사용할 수 있다.

준비

이 레시피에서는 파일을 두 개 작성하는데, 하나는 함수가 있는 파일이고 다른 하나는 함수를 호출하는 파일이다. 함수를 basicdescriptives.py에 작성하고, 이 파일을 helperfunctions라는 하위 폴더에 두자.

이 레시피에서는 NLS 데이터를 사용한다.

> **참고**
> NLS는 미국 노동통계국에서 주관하며 https://www.nlsinfo.org/investigator/pages/search에 공개되어 있다. 1980년에서 1985년 사이 출생한 개인의 집단을 대상으로 1997년에 조사를 시작한 이래 2017년까지 매년 후속조사가 이뤄졌다.

작업 방법

데이터프레임을 처음 살펴보는 함수를 작성한다.

① 이 함수를 작성할 basicdescriptives.py 파일을 생성한다.
getfirstlook 함수는 데이터프레임에 대한 요약 정보를 딕셔너리로 반환한다. 파일을 helperfunctions 폴더에 basicdescriptives.py라는 이름으로 저장한다(깃허브 저장소에서 파일을 내려받아도 된다). 그런 다음, 딕셔너리를 보기 좋게 출력하는 displaydict 함수를 작성한다.

```
import pandas as pd

def getfirstlook(df, nrows=5, uniqueids=None):
  out = {}
```

```
    out['head'] = df.head(nrows)
    out['dtypes'] = df.dtypes
    out['nrows'] = df.shape[0]
    out['ncols'] = df.shape[1]
    out['index'] = df.index
    if (uniqueids is not None):
      out['uniqueids'] = df[uniqueids].nunique()
    return out


def displaydict(dicttodisplay):
  print(*(': '.join(map(str, x)) \
    for x in dicttodisplay.items()), sep='\n\n')
```

② getfirstlook 함수를 호출하는 firstlook.py 파일을 작성한다.

판다스를 임포트하고 NLS 데이터를 로드한다.

```
>>> import pandas as pd
>>> import os
>>> import sys
>>> nls97 = pd.read_csv("data/nls97f.csv")
```

③ basicdescriptives 모듈을 임포트한다.

basicdescriptives를 임포트하려면 파이썬 경로에 helperfunctions 폴더를 추가해두어야 한다. 임포트하는 모듈명은 파일명과 같다. 이 모듈에 있는 함수를 사용하기 쉽게 모듈의 별칭을 bd로 지정한다. (모듈을 수정할 경우 importlib의 reload()를 사용해 basicdescriptives 모듈을 다시 임포트할 수 있다.)

```
>>> sys.path.append(os.getcwd() + "/helperfunctions")
>>> import basicdescriptives as bd
>>> # import importlib
>>> # importlib.reload(bd)
```

④ 앞에서 만든 함수를 사용해 NLS 데이터를 살펴본다.

basicdescriptives 모듈의 getfirstlook 함수에 데이터프레임을 전달하기만 하면 NLS 데이터의 요약을 빠르게 확인할 수 있다. displaydict 함수는 딕셔너리를 보기 좋게 출력한다.

```
>>> dfinfo = bd.getfirstlook(nls97)
>>> bd.displaydict(dfinfo)
head:          gender  birthmonth  ...      colenroct17  originalid
```

```
personid                    ...
100061    Female      5   ...  1. Not enrolled    8245
100139      Male      9   ...  1. Not enrolled    3962
100284      Male     11   ...  1. Not enrolled    3571
100292      Male      4   ...             NaN     2979
100583      Male      1   ...  1. Not enrolled    8511

[5 rows x 89 columns]

dtypes: gender                 object
birthmonth                     int64
birthyear                      int64
highestgradecompleted          float64
maritalstatus                  object
                               ...
colenrfeb16                    object
colenroct16                    object
colenrfeb17                    object
colenroct17                    object
originalid                     int64
Length: 89, dtype: object

nrows: 8984

ncols: 89

index: Int64Index([100061, 100139, 100284, 100292, 100583, 100833, 100931,
            101089, 101122, 101132,
            ...
            998997, 999031, 999053, 999087, 999103, 999291, 999406,
            999543, 999698, 999963],
           dtype='int64', name='personid', length=8984)
```

⑤ getfirstlook의 nrows와 uniqueids 매개변수에 값을 전달한다.
값을 전달하지 않을 때의 기본값은 각각 5와 None이다.

```
>>> dfinfo = bd.getfirstlook(nls97,2,'originalid')
>>> bd.displaydict(dfinfo)
```

```
head:               gender  birthmonth  ...      colenroct17  originalid
personid                                ...
100061    Female            5  ... 1. Not enrolled      8245
100139    Male              9  ... 1. Not enrolled      3962

[2 rows x 89 columns]

dtypes: gender                      object
birthmonth                int64
birthyear                 int64
highestgradecompleted   float64
maritalstatus            object
                            ...
colenrfeb16              object
colenroct16              object
colenrfeb17              object
colenroct17              object
originalid                int64
Length: 89, dtype: object

nrows: 8984

ncols: 89

index: Int64Index([100061, 100139, 100284, 100292, 100583, 100833, 100931,
            101089, 101122, 101132,
            ...
            998997, 999031, 999053, 999087, 999103, 999291, 999406,
            999543, 999698, 999963],
           dtype='int64', name='personid', length=8984)

uniqueids: 8984
```

⑥ 반환된 딕셔너리의 키와 값을 가지고 작업한다.

getfirstlook을 실행한 결과로 얻은 딕셔너리에서 키 값을 선택해 출력할 수 있다. 행 수와 자료형을 출력하고, 각 행에 uniqueid 인스턴스가 있는지(dfinfo['nrows'] == dfinfo['uniqueids']) 출력한다.

```
>>> dfinfo['nrows']
8984
>>> dfinfo['dtypes']
gender                    object
birthmonth                 int64
birthyear                  int64
highestgradecompleted    float64
maritalstatus             object
                            ...
colenrfeb16               object
colenroct16               object
colenrfeb17               object
colenroct17               object
originalid                 int64
Length: 89, dtype: object
>>> dfinfo['nrows'] == dfinfo['uniqueids']
True
```

함수가 어떻게 작동하며 어떻게 호출할지 살펴보자.

원리

이 레시피에서는 거의 모든 행위가 ①에서 살펴본 getfirstlook 함수에서 일어난다. getfirstlook 함수는 별도의 파일인 basicdescriptives.py에 있으며, 파일명(확장자 제외)으로 모듈을 임포트했다.

현재 사용 중인 파일에 함수를 작성해서 호출할 수도 있었지만, 그렇게 하지 않고 별도 모듈에 넣었으므로 모듈이 저장된 폴더에 접근할 수만 있으면 어느 파일에서든 호출할 수 있게 됐다. ③에서 basicdescriptives를 임포트할 때 그 모듈의 전체 코드가 로딩되므로, 그곳에 있는 모든 함수를 호출할 수 있다.

getfirstlook 함수는 인자로 전달된 데이터프레임에 관한 유용한 정보를 담은 딕셔너리를 반환한다. 첫 다섯 행을 볼 수 있고, 행과 열 개수, 자료형, 인덱스를 확인할 수 있다. uniqueid 매개변수를 값으로 전달하면 해당 열에 유일값이 몇 개 있는지도 알 수 있다.

키워드 매개변수(nrows와 uniqueid)에 기본값을 추가하면, 추가 기능이 필요하지 않을 때는 굳이 매개변수를 지정하지 않아도 되므로 getfirstlook의 유연성이 높아진다. ④에서는 nrows와 uniqueids의 값을 지정하지 않고 호출했으므로 기본값이 사용됐다. ⑤에서는 2개의 행만 표시하고, originalid에 유일값이 있는지 조사하도록 했다.

추가 정보

이 레시피와 다음번 레시피의 요점은 코드를 다운로드해서 여러분의 데이터를 가지고 실행하는 것이 아니다. 필자는 독자가 데이터 정제에서 선호하는 접근을 유용한 모듈에 모으고, 쉽게 재사용할 수 있음을 보이고자 했다. 이 레시피의 코드는 제안일 뿐이므로 참고만 하면 된다.

위치 매개변수와 키워드 매개변수를 함께 사용할 때는 항상 위치 매개변수가 먼저 오게 해야 한다.

10.2 요약통계와 빈도를 표시하는 함수

데이터프레임 작업의 처음 며칠간은 연속변수의 분포와 범주형변수의 개수를 파악하려고 노력한다. 또한 선택한 그룹별로 계산을 할 때도 있다. 판다스와 넘파이에는 그러한 용도로 describe, mean, valuecounts, crosstab 같은 빌트인 메서드가 많이 있지만, 데이터 분석가마다 이러한 도구들을 다룰 때 선호하는 방식이 있다. 예를 들어, describe보다 백분위수를 볼 일이 많다면 분석가가 스스로 함수를 만들어서 사용할 수 있다. 이 레시피에서는 요약통계와 빈도를 표시하는 사용자 정의 함수를 작성한다.

준비

이 레시피에서도 basicdescriptives 모듈을 사용하며, 이 레시피에서 정의할 모든 함수가 그곳에 저장돼 있다. 또한 NLS 데이터를 계속 사용한다.

작업 방법

요약통계와 개수를 생성하는 함수를 작성해서 사용한다.

① basicdescriptives 모듈에 gettots 함수를 작성한다.

이 함수는 판다스 데이터프레임을 받아서 선택한 요약통계를 담은 딕셔너리를 생성하며, 판다스 데이터프레임을 반환한다.

```
def gettots(df):
  out = {}
```

```
out['min'] = df.min()
out['per15'] = df.quantile(0.15)
out['qr1'] = df.quantile(0.25)
out['med'] = df.median()
out['qr3'] = df.quantile(0.75)
out['per85'] = df.quantile(0.85)
out['max'] = df.max()
out['count'] = df.count()
out['mean'] = df.mean()
out['iqr'] = out['qr3']-out['qr1']
return pd.DataFrame(out)
```

② pandas, os, sys 라이브러리를 임포트한다.

이 코드는 taking_measure.py 파일에 있다.

```
>>> import pandas as pd
>>> import os
>>> import sys
>>> nls97 = pd.read_csv("data/nls97f.csv")
>>> nls97.set_index('personid', inplace=True)
```

③ basicdescriptives 모듈을 임포트한다.

```
>>> sys.path.append(os.getcwd() + "/helperfunctions")
>>> import basicdescriptives as bd
```

④ 연속변수의 요약통계를 보인다.

①에서 작성한 gettots 함수를 사용한다.

```
>>> bd.gettots(nls97[['satverbal','satmath']]).T
        satverbal      satmath
min       14.00000     7.000000
per15    390.00000   390.000000
qr1      430.00000   430.000000
med      500.00000   500.000000
qr3      570.00000   580.000000
per85    620.00000   621.000000
max      800.00000   800.000000
count   1406.00000  1407.000000
```

```
mean     499.72404    500.590618
iqr      140.00000    150.000000
>>> bd.gettots(nls97.filter(like="weeksworked"))
                 min   per15   qr1  ...   count      mean   iqr
weeksworked00    0.0     0.0   5.0  ...    8603  26.417761  45.0
weeksworked01    0.0     0.0  10.0  ...    8564  29.784096  41.0
weeksworked02    0.0     0.0  13.0  ...    8556  31.805400  39.0
weeksworked03    0.0     0.0  14.0  ...    8490  33.469611  38.0
weeksworked04    0.0     1.0  18.0  ...    8458  35.104635  34.0
    ...
weeksworked15    0.0     0.0  33.0  ...    7389  39.605630  19.0
weeksworked16    0.0     0.0  23.0  ...    7068  39.127476  30.0
weeksworked17    0.0     0.0  37.0  ...    6670  39.016642  15.0

[18 rows x 10 columns]
```

⑤ 행별, 열별로 누락값을 세는 함수를 작성한다.

getmissings 함수는 데이터프레임과 비율 또는 개수를 표시하는 매개변수를 받는다. 두 개의 시리즈를 반환하는데, 그중 하나는 각 열의 누락값이고 다른 하나는 행별 누락값이다. basicdescriptives 모듈에 함수를 저장한다.

```
def getmissings(df, byrowperc=False):
  return df.isnull().sum(),\
    df.isnull().sum(axis=1).value_counts(normalize=byrowperc).sort_index()
```

⑥ getmissings 함수를 호출한다.

먼저 두 번째 매개변수인 byrowperc를 True로 해서 호출한다. 그렇게 하면 누락값과 관련된 행의 비율을 출력한다. 예에서 missingbyrows 값은 weeksworked16과 weeksworked17에 누락값이 0개인 행이 73.9%인 것으로 나타난다. 같은 함수를 다시 한번 호출하되 byrowperc를 지정하지 않으면 기본값인 False가 되어, 비율 대신 개수를 출력한다.

```
>>> missingsbycols, missingsbyrows = bd.getmissings(nls97[['weeksworked16','weekswork
ed17']], True)
>>> missingsbycols
weeksworked16   1916
weeksworked17   2314
dtype: int64
>>> missingsbyrows
```

```
0    0.739203
1    0.050757
2    0.210040
dtype: float64
>>> missingsbycols, missingsbyrows = bd.getmissings(nls97[['weeksworked16','weekswork
ed17']])
>>> missingsbyrows
0    6641
1     456
2    1887
dtype: int64
```

⑦ 범주형변수 전체의 빈도를 계산하는 함수를 작성한다.

makefreqs 함수는 전달된 데이터프레임의 모든 범주 자료형 열 각각에 대해 value_counts를 실행한다. 빈도는 outfile에 지정한 파일에 저장된다.

```
def makefreqs(df, outfile):
    freqout = open(outfile, 'w')
    for col in df.select_dtypes(include=["category"]):
        print(col, "----------------------", "frequencies",
        df[col].value_counts().sort_index(),"percentages",
        df[col].value_counts(normalize=True).sort_index(),
        sep="\n\n", end="\n\n\n", file=freqout)

    freqout.close()
```

⑧ makefreqs 함수를 호출한다.

먼저 각 객체 열의 자료형을 범주로 변경한다. 이 호출은 NLS 데이터프레임의 범주 자료형 열 각각에 대해 value_counts를 실행하고, 빈도를 현재 폴더 아래 views 폴더의 nlsfreqs.txt에 저장한다.

```
>>> nls97.loc[:, nls97.dtypes == 'object'] = \
...    nls97.select_dtypes(['object']). \
...    apply(lambda x: x.astype('category'))
>>> bd.makefreqs(nls97, "views/nlsfreqs.txt")
```

⑨ 그룹별 개수를 구하는 함수를 작성한다.

getcnts 함수는 열 이름의 리스트 cats의 열 값의 각 조합에 대해 행 수를 센다. 또한 cats에서 마지막 열을 제외한 열 값의 각 조합에 대해 행 수를 센다. 이것은 최종 열의 모든 값들의 총계를 제공한다. (어떻게 보이는지는 다음 단계에서 볼 수 있다).

```
def getcnts(df, cats, rowsel=None):
  tots = cats[:-1]
  catcnt = df.groupby(cats).size().reset_index(name='catcnt')
  totcnt = df.groupby(tots).size().reset_index(name='totcnt')
  percs = pd.merge(catcnt, totcnt, left_on=tots,
    right_on=tots, how="left")
  percs['percent'] = percs.catcnt / percs.totcnt
  if (rowsel is not None):
    percs = percs.loc[eval("percs." + rowsel)]
  return percs
```

⑩ 결혼 상태, 성별, 대학 등록 열을 getcnts 함수에 전달한다.

그 결과로 각 열 값의 조합의 개수와 최종 열을 제외한 전체 조합의 개수가 데이터프레임으로 반환된다. 이것은 그룹 내 비율 계산에 쓰인다. 예를 들어, 393명의 응답자가 이혼한 여성이며 그중 317명(또는 81%)은 2000년 10월에 대학교에 등록하지 않았다.

```
>>> bd.getcnts(nls97, ['maritalstatus','gender','colenroct00'])
    maritalstatus  gender     colenroct00  catcnt  totcnt  percent
0        Divorced  Female   1. Not enrolled    317     393  0.806616
1        Divorced  Female  2. 2-year college     35     393  0.089059
2        Divorced  Female  3. 4-year college     41     393  0.104326
3        Divorced    Male   1. Not enrolled    238     270  0.881481
4        Divorced    Male  2. 2-year college     15     270  0.055556
..            ...     ...               ...    ...     ...       ...
25        Widowed  Female  2. 2-year college      1      19  0.052632
26        Widowed  Female  3. 4-year college      2      19  0.105263
27        Widowed    Male   1. Not enrolled      3       4  0.750000
28        Widowed    Male  2. 2-year college      0       4  0.000000
29        Widowed    Male  3. 4-year college      1       4  0.250000
```

⑪ getcnts의 rowsel 매개변수를 사용해 출력을 특정 행으로 제한한다.

```
>>> bd.getcnts(nls97, ['maritalstatus','gender','colenroct00'],
"colenroct00.str[0:1]=='1'")
     maritalstatus  gender      colenroct00  catcnt  totcnt    percent
0         Divorced  Female  1. Not enrolled     317     393   0.806616
3         Divorced    Male  1. Not enrolled     238     270   0.881481
6          Married  Female  1. Not enrolled    1168    1636   0.713936
9          Married    Male  1. Not enrolled    1094    1430   0.765035
12   Never-married  Female  1. Not enrolled    1094    1307   0.837031
15   Never-married    Male  1. Not enrolled    1268    1459   0.869088
18       Separated  Female  1. Not enrolled      66      79   0.835443
21       Separated    Male  1. Not enrolled      67      75   0.893333
24         Widowed  Female  1. Not enrolled      16      19   0.842105
27         Widowed    Male  1. Not enrolled       3       4   0.750000
```

요약통계와 빈도를 생성하는 함수를 작성하고 사용하는 법을 시연했다.

원리

①에서는 데이터프레임의 전체 열에 대한 기술통계를 계산해 요약 데이터프레임을 반환하는 함수를 작성한다. 통계 대부분을 describe 메서드로 생성할 수 있지만, 이 함수에는 제15 백분위수, 제85 백분위수, 사분위범위 같은 몇 가지 통계를 추가한다. ④에서 이 함수를 두 번 호출하는데, 첫 번째는 SAT 언어 및 수학 점수에 대해서이고, 두 번째는 근무 주 수 열에 대해서다.

⑤와 ⑥에서는 전달한 데이터프레임의 각 열에 대해 누락값의 수를 보여주는 함수를 작성하고 호출한다. 또한 각 행의 누락값도 세며, 누락값의 빈도를 표시한다. byrowperc 매개변수에 True를 전달하면 행별 누락값 빈도를 전체 행에 대한 비율로 나타낼 수 있다.

⑦과 ⑧은 전달한 데이터프레임의 모든 범주형변수의 빈도를 담은 텍스트 파일을 생산한다. 범주 자료형인 모든 열에 대해 루핑을 하며 value_counts를 실행한다. 출력이 길 때가 많으므로 파일에 저장한다. 빈도를 저장해두면 나중에 찾아보기도 좋다.

⑨에서 작성하고 ⑩~⑪에서 호출한 getcnts 함수는 독특하다. 판다스의 crosstab 함수는 매우 유용하여 필자가 자주 사용하지만, 때로는 하위 그룹별 카운트와 비율을 번거로움 없이 확인할 방법이 필요하다. getcnts 함수가 그러한 용도다.

추가 정보

기능이 많지 않은 함수라 할지라도 큰 도움이 될 수 있다. getmissings 함수는 코드가 많지 않지만, 누락값은 빈번하게 확인하므로 이 함수를 이용하다보면 결과적으로 상당한 시간이 절약된다. 또한 열과 행별로 누락값을 확인해야 함을 상기시켜준다.

참고

요약통계와 빈도를 생성하는 판다스 도구를 3장 '데이터 측정'에서 다뤘다.

10.3 이상치와 예상치 못한 값을 식별하는 함수

데이터 정제의 여러 영역 가운데 코드 재사용의 효용이 가장 큰 것을 꼽으라고 한다면 이상값과 예상치 못한 값의 식별을 빼놓을 수 없을 것이다. 그 이유는 우리의 사전 가정이 극단보다는 분포의 중심경향성으로 이끌기 때문이다. 고양이를 떠올려보자. 특정한 고양이를 생각한 것이 아니라면 일반적인 고양이의 이미지를 떠올렸을텐데, 그 체중은 2~10kg이 아니라 3~5kg일 것이다.

극단값을 인식하려면 더 신중해질 필요가 있으며, 데이터를 검사하는 표준 함수를 갖고 있으면 큰 도움이 된다. 특별한 계기가 없더라도 이러한 함수를 실행할 수 있다. 이 레시피에서는 이상값과 예상치 못한 값을 일상적으로 식별할 때 사용할 수 있는 함수의 예를 든다.

준비

이 레시피에서는 파일 두 개를 작성한다. 하나는 이상값을 검사하는 데 사용할 함수가 있는 파일이고, 다른 파일에는 그러한 함수를 호출하는 데 사용하는 코드가 있다. 함수가 있는 파일의 이름은 outliers. py로 하고, helperfunctions 폴더에 두자.

이 레시피의 코드를 실행하려면 판다스 외에도 matplotlib과 scipy 라이브러리가 필요하다. 터미널(윈도우에서는 파워셸)에서 pip install matplotlib과 pip install scipy 명령으로 matplotlib과 scipy를 각각 설치할 수 있다. pprint 유틸리티도 필요하며, pip install pprint 명령으로 설치할 수 있다.

이 레시피에서는 NLS와 코로나19 데이터를 사용한다. 코로나19 데이터에는 국가별로 한 행씩이 있으며, 각 행에는 해당 국가의 누적 확진자 수 및 사망자 수가 있다.

> **참고**
>
> 아워월드인데이터는 코로나19 공공 데이터[1]를 제공한다. 이 레시피에서 사용한 데이터는 2020년 7월 18일에 다운로드한 것이다.

작업 방법

변수의 분포를 확인하고, 극단값을 나열하고, 분포를 시각화하는 함수를 작성하고 호출한다.

① pandas, os, sys, pprint 라이브러리를 임포트한다.

또한 NLS와 코로나19 데이터를 로드한다.

```
>>> import pandas as pd
>>> import os
>>> import sys
>>> import pprint
>>> nls97 = pd.read_csv("data/nls97f.csv")
>>> nls97.set_index('personid', inplace=True)
>>> covidtotals = pd.read_csv("data/covidtotals720.csv")
```

② 분포의 몇 가지 중요한 속성을 표시하는 함수를 작성한다.

getdistprops 함수는 시리즈를 받아서 중심경향성, 형상, 퍼짐의 측도를 생성하고 이러한 측도를 담은 딕셔너리를 반환한다. 또한 정규성에 대한 샤피로 검정이 값을 반환하지 않는 상황을 처리하는데, 이 경우 normstat과 normpvalue 키를 추가하지 않는다. 이 함수를 현재 디렉터리 아래의 helperfunctions 디렉터리에 outliers.py 파일에 저장한다. (또한 이 함수와 모듈의 다른 함수에서 필요로 하는 pandas, matplotlib, scipy, math 라이브러리를 임포트한다.)

```
import pandas as pd
import matplotlib.pyplot as plt
import scipy.stats as scistat
import math

def getdistprops(seriestotest):
    out = {}
    normstat, normpvalue = scistat.shapiro(seriestotest)
    if (not math.isnan(normstat)):
```

---

1 https://ourworldindata.org/coronavirus-source-data

```
    out['normstat'] = normstat
    if (normpvalue>=0.05):
      out['normpvalue'] = str(round(normpvalue, 2)) + ": Accept Normal"
    elif (normpvalue<0.05):
      out['normpvalue'] = str(round(normpvalue, 2)) + ": Reject Normal"
  out['mean'] = seriestotest.mean()
  out['median'] = seriestotest.median()
  out['std'] = seriestotest.std()
  out['kurtosis'] = seriestotest.kurtosis()
  out['skew'] = seriestotest.skew()
  out['count'] = seriestotest.count()
  return out
```

③ 시리즈의 백만 명당 확진자 수를 getdistprops 함수에 전달한다.

skew 및 kurtosis 값은 total_cases_pm의 분포가 정규분포에 비해 상당한 양(positive)의 치우침과 두꺼운 꼬리가 있음을 나타낸다. 샤피로 정규성 검정(normpvalue) 결과도 이를 뒷받침한다. (getdistprops가 반환한 딕셔너리를 pprint로 보기 좋게 출력한다.)

```
>>> dist = ol.getdistprops(covidtotals.total_cases_pm)
>>> pprint.pprint(dist)
{'count': 209,
 'kurtosis': 26.137524276840452,
 'mean': 2297.0221435406693,
 'median': 868.866,
 'normpvalue': '0.0: Reject Normal',
 'normstat': 0.5617035627365112,
 'skew': 4.284484653881833,
 'std': 4039.840202653782}
```

④ 데이터프레임의 이상값을 나열하는 함수를 작성한다.

getoutliers 함수는 sumvars의 전체 열에 대해 이터레이션을 한다. 제1 사분위 또는 제3 사분위에서 사분위범위(제1 사분위와 제3 사분위 사이의 거리)의 1.5배 떨어진 곳을 이상값 임계치로 설정한다. 그리고 높은 임계치보다 크거나 낮은 임계치보다 작은 값을 가진 행을 모두 선택한다. 이상값 및 임계치 수준에 대해 검사한 변수를 가리키는 열(varname)을 추가한다. 또한 반환할 데이터프레임에 othervars 리스트에 열을 포함시킨다.

```
def getoutliers(dfin, sumvars, othervars):
  dfin = dfin[sumvars + othervars]
  dfout = pd.DataFrame(columns=dfin.columns, data=None)
```

```
    dfsums = dfin[sumvars]
    for col in dfsums.columns:
        thirdq, firstq = dfsums[col].quantile(0.75),\
            dfsums[col].quantile(0.25)
        interquartilerange = 1.5*(thirdq-firstq)
        outlierhigh, outlierlow = interquartilerange+thirdq,\
            firstq-interquartilerange
        df = dfin.loc[(dfin[col]>outlierhigh) | \
            (dfin[col]<outlierlow)]
        df = df.assign(varname = col, threshlow = outlierlow,\
            threshhigh = outlierhigh)
        dfout = pd.concat([dfout, df])
    return dfout
```

⑤ getoutlier 함수를 호출한다.

이상값을 검사할 열의 리스트(sumvars)와 반환되는 데이터프레임에 포함할 열의 리스트(othervars)를 전달한다.
각 변수에 대해 이상값의 수를 보이고 SAT 수학 점수의 이상값을 확인한다.

```
>>> sumvars = ['satmath','wageincome']
>>> othervars = ['originalid','highestdegree','gender','maritalstatus']
>>> outliers = ol.getoutliers(nls97, sumvars, othervars)
>>> outliers.varname.value_counts(sort=False)
wageincome    260
satmath        10
Name: varname, dtype: int64
>>> outliers.loc[outliers.varname=='satmath', othervars + sumvars]
        originalid  highestdegree  ...  satmath  wageincome
223058        6696        0. None  ...     46.0     30000.0
267254        1622  2. High School ...     48.0    100000.0
291029        7088  2. High School ...     51.0         NaN
337438         159  2. High School ...    200.0         NaN
399109        3883  2. High School ...     36.0         NaN
448463         326    4. Bachelors ...     47.0         NaN
738290        7705        0. None  ...      7.0         NaN
748274        3394    4. Bachelors ...     42.0         NaN
799095         535      5. Masters ...     59.0    120000.0
955430        2547  2. High School ...    200.0         NaN
```

```
[10 rows x 6 columns]
>>> outliers.to_excel("views/nlsoutliers.xlsx")
```

⑥ 히스토그램과 박스플롯을 생성하는 함수를 작성한다.

makeplot 함수는 시리즈, 제목, X축 레이블을 받는다. 기본 플롯은 히스토그램이다.

```
def makeplot(seriestoplot, title, xlabel, plottype="hist"):
  if (plottype=="hist"):
    plt.hist(seriestoplot)
    plt.axvline(seriestoplot.mean(), color='red',\
      linestyle='dashed', linewidth=1)
    plt.xlabel(xlabel)
    plt.ylabel("Frequency")
  elif (plottype=="box"):
    plt.boxplot(seriestoplot.dropna(), labels=[xlabel])
  plt.title(title)
  plt.show()
```

⑦ makeplot 함수를 호출해 히스토그램을 그린다.

```
>>> ol.makeplot(nls97.satmath, "Histogram of SAT Math", "SAT Math")
```

그 결과로 다음과 같은 히스토그램이 만들어진다.

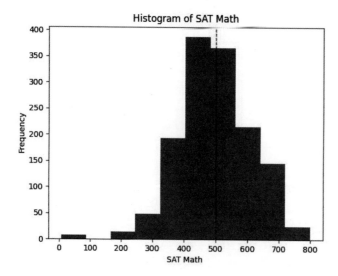

그림 10.1 SAT 수학 점수 빈도

⑧ makeplot 함수로 박스플롯을 그린다.

```
>>> ol.makeplot(nls97.satmath, "Boxplot of SAT Math", "SAT Math", "box")
```

그 결과로 다음과 같은 박스플롯이 생성된다.

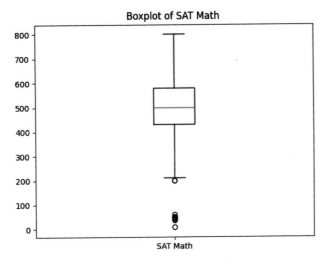

그림 10.2 중앙값, 사분위범위, 이상값 임계치를 나타낸 박스플롯

이상값과 예상치 못한 값을 검사하는 재사용 가능한 코드를 개발하는 법을 보였다.

원리

분포의 주요 속성인 평균, 중앙값, 표준편차, 왜도, 첨도를 가져오는 것에서 시작한다. ③에서 getdistprop 함수에 시리즈를 전달해서 이러한 측도가 포함된 딕셔너리를 얻었다.

④의 함수는 sumvars에서 이상값이 있는 열을 선택한다. othervars의 열에 대한 값과 함수가 반환하는 데이터프레임의 임계치도 포함한다.

⑥에서는 간단한 히스토그램이나 박스플롯을 그리는 함수를 작성한다. matplotlib의 기능은 훌륭하지만, 간단한 히스토그램이나 박스플롯을 그리려고 해도 구문을 기억해내는 데 시간이 몇 분 걸릴 수 있다. 늘 사용하는 매개변수인 시리즈, 제목, X축 레이블을 사용하는 함수를 만들어 두면 시간을 아낄 수 있다. 이 함수를 ⑦과 ⑧에서 호출한다.

추가 정보

연속변수의 값이 어떻게 분포하는지, 즉 중심경향성과 분포의 형상을 파악하는 데 너무 많은 시간을 쏟는 것은 바람직하지 않다. 주요 연속변수에 대해 이 레시피에서 보인 것과 같은 함수를 실행하는 것이 좋은 출발점이 될 것이다.

파이썬 모듈은 이식성이 높은 편이므로 이런 작업을 쉽게 할 수 있다. 이 예에서 사용한 outliers 모듈을 활용하고 싶다면, 프로그램에서 액세스할 수 있는 폴더에 outliers.py 파일을 저장하고 파이썬 경로에 폴더를 추가한 뒤 모듈을 임포트하면 된다.

극단값을 조사할 때는 그 값이 왜 극단적인지 설명할 수 있는 다른 변수의 맥락을 알면 좋다. 예를 들어, 성인 남성의 키가 178cm라면 이상값이 아니지만, 9살이라면 이상값이 확실하다. ④와 ⑤에서 생산한 데이터프레임은 이상값 및 관련 있을 수 있는 다른 값을 함께 제공한다. 데이터를 엑셀 파일로 저장하면 이상값 행을 나중에 조사하거나 다른 사람에게 데이터를 공유하기 좋다.

참고

4장 '데이터의 부분집합에서 누락값과 이상값 식별'에서 이상값과 예상치 못한 값을 탐지하는 법을 자세히 다룬다. 히스토그램, 박스플롯, 기타 여러 시각화를 5장 '시각화를 통해 예상치 못한 값을 식별하기'에서 알아본다.

10.4 데이터 집계와 결합을 위한 함수

데이터 분석 프로젝트 대부분에서 데이터의 리셰이핑이 필요하다. 그룹별 집계가 필요할 수도 있고, 데이터를 수직 혹은 수평으로 결합해야 할 수도 있다. 이러한 리셰이핑을 위해 데이터를 준비하는 작업은 비슷비슷하다. 이러한 작업을 함수로 루틴화하면 코드의 신뢰성과 작업 능률을 높일 수 있다. 병합을 하기 전에 병합 기준 열의 불일치를 확인하거나, 집계를 하기 전에 이전 기간부터 다음 기간까지의 패널 데이터에 예상치 못한 값이 있는지 확인해야 할 수도 있다. 여러 개의 파일을 이어붙인 뒤 데이터가 정확히 결합되었는지 검증해야 할 때도 있다.

이외에도 데이터 집계와 결합 작업에 있어서 일반화된 코딩 솔루션이 필요한 예는 많다. 이 레시피에서는 이러한 작업을 돕는 함수를 정의한다.

준비

이 레시피에서는 코로나19 일별 데이터를 사용한다. 이 데이터는 일별 국가별 신규 확진자 수와 신규 사망자 수로 이뤄진다. 또한 2019년의 각국의 지표온도 데이터도 사용한다. 국가별로 파일이 나뉘어 있으며, 국가별 파일에는 기상관측소마다 월별로 1개씩의 행이 있다.

> 참고
>
> 지표온도 데이터는 미국 해양대기청에서 공개한 GHCN 통합 데이터베이스에서 가져온 것이다.[2]

작업 방법

데이터를 집계하고, 데이터를 수직으로 결합하고, 병합 기준 열을 확인하는 함수를 사용한다.

① pandas, os, sys 라이브러리를 임포트한다.

```
>>> import pandas as pd
>>> import os
>>> import sys
```

② 그룹별 기간별로 값을 집계하는 함수(adjmeans)를 작성한다.

전달된 데이터프레임의 값을 그룹별(byvar), 기간별(period)로 정렬한다. 데이터프레임 값을 넘파이 배열로 변환한다. 값을 순회하며, var 열을 누적하다가, 새로운 byvar 값에 도달하면 0으로 재설정한다. 집계를 하기 전에 특정 기간과 그다음 기간 사이에 극단적으로 변화하는 값이 있는지 확인한다. changeexclude 매개변수는 특정 기간과 다음 기간 사이의 극단적인 변화의 크기를 나타낸다. excludetype 매개변수는 changeexclude 값이 절댓값인지 var 열의 평균에 대한 비율인지를 나타낸다. 이 함수는 helperfunctions 폴더의 combineagg.py 파일에 저장한다.

```
def adjmeans(df, byvar, var, period, changeexclude=None, excludetype=None):
    df = df.sort_values([byvar, period])
    df = df.dropna(subset=[var])

    # 넘파이 배열을 순회
    prevbyvar = 'ZZZ'
    prevvarvalue = 0
```

```
  rowlist = []
  varvalues = df[[byvar, var]].values

  # 제외 비율을 절대수로 변환
  if (excludetype=="ratio" and changeexclude is not None):
    changeexclude = df[var].mean()*changeexclude

  # 변숫값에 대해 반복문을 수행
  for j in range(len(varvalues)):
    byvar = varvalues[j][0]
    varvalue = varvalues[j][1]
    if (prevbyvar!=byvar):
      if (prevbyvar!='ZZZ'):
        rowlist.append({'byvar':prevbyvar, 'avgvar':varsum/byvarcnt,\
          'sumvar':varsum, 'byvarcnt':byvarcnt})
      varsum = 0
      byvarcnt = 0
      prevbyvar = byvar

    # 극단적인 변화를 변숫값에서 제외
    if ((changeexclude is None) or (0 <= abs(varvalue-prevvarvalue) \
      <= changeexclude) or (byvarcnt==0)):
      varsum += varvalue
      byvarcnt += 1

    prevvarvalue = varvalue

  rowlist.append({'byvar':prevbyvar, 'avgvar':varsum/byvarcnt, \
    'sumvar':varsum, 'byvarcnt':byvarcnt})
  return pd.DataFrame(rowlist)
```

③ combineagg 모듈을 임포트한다.

```
>>> sys.path.append(os.getcwd() + "/helperfunctions")
>>> import combineagg as ca
```

④ 데이터프레임을 로드한다.

```
>>> coviddaily = pd.read_csv("data/coviddaily720.csv")
>>> ltbrazil = pd.read_csv("data/ltbrazil.csv")
>>> countries = pd.read_csv("data/ltcountries.csv")
>>> locations = pd.read_csv("data/ltlocations.csv")
```

⑤ adjmeans 함수를 호출해 패널 데이터를 그룹 및 기간별로 요약한다.
위치(location)별 신규 확진자 수(new_cases)를 구한다.

```
>>> ca.adjmeans(coviddaily, 'location','new_cases','casedate')
             byvar       avgvar    sumvar  byvarcnt
0      Afghanistan   186.221622   34451.0       185
1          Albania    26.753968    3371.0       126
2          Algeria    98.484211   18712.0       190
3          Andorra     7.066116     855.0       121
4           Angola     4.274336     483.0       113
..             ...          ...       ...       ...
204         Vietnam     1.937173     370.0       191
205  Western Sahara     6.653846     519.0        78
206           Yemen    14.776596    1389.0        94
207          Zambia    16.336207    1895.0       116
208        Zimbabwe     8.614035     982.0       114

[209 rows x 4 columns]
```

⑥ adjmeans 함수를 다시 호출하되, 이번에는 new_cases가 전날에 비해 150건 넘게 증감한 것을 제외한다. 그 결과로
몇몇 국가의 확진자 수가 줄어든 것을 볼 수 있다.

```
>>> ca.adjmeans(coviddaily, 'location','new_cases','casedate', 150)
             byvar       avgvar    sumvar  byvarcnt
0      Afghanistan   141.968750   22715.0       160
1          Albania    26.753968    3371.0       126
2          Algeria    94.133690   17603.0       187
3          Andorra     7.066116     855.0       121
4           Angola     4.274336     483.0       113
..             ...          ...       ...       ...
204         Vietnam     1.937173     370.0       191
205  Western Sahara     2.186667     164.0        75
```

```
206          Yemen    14.776596   1389.0      94
207          Zambia   11.190909   1231.0     110
208        Zimbabwe    8.614035    982.0     114

[209 rows x 4 columns]
```

⑦ 병합 기준 열의 값이 한 파일에만 있고 다른 파일에는 없는 것을 확인하는 함수를 작성한다.

checkmerge 함수는 전달받은 두 개의 데이터프레임에 대해 외부 조인을 수행한다. 세 번째 매개변수는 첫 번째 데이터프레임의 병합 기준 열이고, 네 번째 매개변수는 두 번째 데이터프레임의 병합 기준 열이다. 그런 다음 크로스탭으로 병합 기준 값이 양쪽 데이터프레임에 있는 것과 한쪽 데이터프레임에만 있는 것의 행 수를 나타낸다. 한 파일에만 있는 병합 기준 값에 대해 최대 20행만 출력한다.

```python
def checkmerge(dfleft, dfright, mergebyleft, mergebyright):
  dfleft['inleft'] = "Y"
  dfright['inright'] = "Y"
  dfboth = pd.merge(dfleft[[mergebyleft,'inleft']],\
    dfright[[mergebyright,'inright']], left_on=[mergebyleft],\
    right_on=[mergebyright], how="outer")
  dfboth.fillna('N', inplace=True)
  print(pd.crosstab(dfboth.inleft, dfboth.inright))
  print(dfboth.loc[(dfboth.inleft=='N') | (dfboth.inright=='N')].head(20))
```

⑧ checkmerge 함수를 호출한다.

countries 지표온도 데이터프레임(국가별로 한 행이 있음)과 locations 데이터프레임(각국의 기상관측소별로 한 행이 있음)의 병합을 확인한다. 27,472개의 병합 기준 열 값이 양쪽 데이터프레임에 있고, 2개는 countries 파일에만 있으며, 1개는 locations 파일에만 있음이 크로스탭에 나타난다.

```
>>> ca.checkmerge(countries.copy(), locations.copy(),\
...    "countryid", "countryid")
inright  N     Y
inleft
N        0     1
Y        2 27472
      countryid inleft inright
9715        LQ      Y       N
13103       ST      Y       N
27474       FO      N       Y
```

⑨ 폴더 내의 모든 CSV 파일을 이어붙이는 함수를 작성한다.

이 함수는 지정한 폴더 내의 모든 파일의 이름에 대해 반복문을 수행한다. endswith 메서드를 사용해 파일명의 확장자가 CSV인지 검사한다. 그런 다음 데이터프레임을 로딩하고 행의 개수를 출력한다. 끝으로, 새로운 데이터프레임의 행을 반환할 데이터프레임에 concat으로 추가한다. 파일의 열 이름이 다를 경우 이름을 출력한다.

```python
def addfiles(directory):
  dfout = pd.DataFrame()
  columnsmatched = True

  # 파일에 대해 반복문을 수행
  for filename in os.listdir(directory):
    if filename.endswith(".csv"):
      fileloc = os.path.join(directory, filename)

      # 다음 파일 열기
      with open(fileloc) as f:
        dfnew = pd.read_csv(fileloc)
        print(filename + " has " + str(dfnew.shape[0]) + " rows.")
        dfout = pd.concat([dfout, dfnew])

        # 현재 파일에 다른 열이 있는지 검사
        columndiff = dfout.columns.symmetric_difference(dfnew.columns)
        if (not columndiff.empty):
          print("", "Different column names for:", filename,\
            columndiff, "", sep="\n")
          columnsmatched = False
  print("Columns Matched:", columnsmatched)
  return dfout
```

⑩ addfiles 함수를 사용해 모든 국가(countries)의 지표온도 파일을 이어붙인다.

오만(ltoman) 파일이 약간 달라 보인다. 이곳에는 latabs 열이 없다. 결합된 데이터프레임의 국가 수가 국가별 파일의 행 수와 일치한다.

```python
>>> landtemps = ca.addfiles("data/ltcountry")
ltbrazil.csv has 1104 rows.
ltcameroon.csv has 48 rows.
ltindia.csv has 1056 rows.
ltjapan.csv has 1800 rows.
```

```
ltmexico.csv has 852 rows.
ltoman.csv has 288 rows.

Different column names for:
ltoman.csv
Index(['latabs'], dtype='object')

ltpoland.csv has 120 rows.
Columns Matched: False
>>> landtemps.country.value_counts()
Japan        1800
Brazil       1104
India        1056
Mexico        852
Oman          288
Poland        120
Cameroon       48
Name: country, dtype: int64
```

지저분한 데이터를 리셰이핑하는 작업 일부를 체계화하는 법을 시연했다. 유용한 다른 함수도 생각할 수 있을 것이다.

원리

②에서 정의한 adjmeans 함수에서, 다음 byvar 열 값을 얻은 후에야 var 열 값의 합을 추가하는 것에 유의하자. 그렇게 하는 이유는 다음번 byvar 값을 얻기 전에는 byvar 값에 대해 마지막 행이라는 것을 알릴 방법이 없기 때문이다. 값을 0으로 재설정하기 직전에 합계를 rowlist에 추가하므로 이렇게 해도 문제가 되지는 않는다. 또한 byvar 값이 더 이상 없으므로 마지막 byvar 값에 대한 총계를 출력하려면 특별한 처리가 필요함을 의미한다. 여기서는 반복문이 끝난 후 마지막으로 추가하는 식으로 처리했다.

②에서 정의한 adjmeans 함수를 ⑤에서 호출한다. changeexclude 매개변수에 대한 값을 지정하지 않으므로, 함수는 모든 값을 집계에 포함한다. 그 결과는 groupby를 집계 함수와 함께 사용한 것과 같다. 그렇지만 인자를 changeexclude에 전달하면 집계에서 제외할 행을 결정한다. ⑥에서 adjmeans의 다섯 번째 인자는 신규 확진자 수가 전날보다 150건 넘게 많거나 적을 경우 제외함을 나타낸다.

⑨의 함수는 이어붙일 데이터 파일들의 구조가 똑같거나 거의 비슷할 때 잘 작동한다. 열 이름이 다르면 ⑩에서 보는 바와 같이 경고를 출력한다. 오만 파일에는 latabs 열이 없다. 이는 이어붙인 파일에서 오만에 해당하는 행의 latabs가 누락될 것임을 의미한다.

추가 정보

adjmeans 함수에서 집계할 값을 총계에 포함하기 전에 수행하는 검사는 단순한 편이지만, 그보다 더 복잡한 검사를 상상할 수 있을 것이다. 행을 포함시킬지를 결정하기 위해 adjmeans 함수에서 다른 함수를 호출하는 것도 가능하다.

참고

데이터프레임을 수직, 수평으로 결합하는 방법을 8장 '데이터프레임을 결합할 때의 데이터 이슈'에서 살펴본다.

10.5 시리즈 값을 업데이트하는 로직을 담은 클래스

때로는 특정 데이터셋을 장기간에 걸쳐 다루기도 하며, 그 기간은 수년이 될 수도 있다. 이러한 데이터는 매월 혹은 매년 갱신되거나 개인이 추가될 때 갱신되겠지만 데이터 구조는 안정적일 것이다. 데이터셋에 많은 열이 있다면 클래스를 구현함으로써 코드의 신뢰성과 가독성을 향상할 수 있다.

클래스를 만들 때는 객체의 어트리뷰트와 메서드를 갖도록 정의한다. 필자는 데이터 정제 작업에 클래스를 사용할 때, 클래스가 분석 단위를 표현하도록 개념을 잡는다. 분석 단위가 학생이라면 학생 클래스를 만드는 식이다. 학생 클래스에 의해 생성되는 각 인스턴스에는 생일과 성별을 나타내는 어트리뷰트와 수강 등록 메서드가 있을 것이다. 또한 학생클래스로부터 메서드와 어트리뷰트를 상속받는 하위 클래스를 만들 수도 있을 것이다.

NLS 데이터프레임의 데이터 정제 작업도 클래스로 잘 구현할 수 있다. 이 데이터셋은 20년간 데이터 구조가 안정적이었다. NLS의 응답자 클래스를 구현하는 법을 이 레시피에서 알아본다.

준비

이 레시피의 코드를 실행하려면 현재 폴더 아래에 helperfunctions 폴더가 있어야 한다. 이 레시피에서 만드는 클래스의 파일(respondent.py)을 그 폴더에 둘 것이다.

작업 방법

NLS 데이터를 기반으로 새로운 시리즈를 생성하는 응답자 클래스를 정의한다.

① pandas, os, sys, pprint 라이브러리를 임포트한다.

아래 코드는 응답자 클래스를 저장하는 파일이 아닌 별도 파일에 저장한다. 파일 이름은 class_cleaning.py라고 하자. 이 파일에서 응답자 객체를 인스턴스화하게 된다.

```
>>> import pandas as pd
>>> import os
>>> import sys
>>> import pprint
```

② 응답자 클래스를 작성해 helperfunctions 폴더의 respondent.py 파일에 저장한다.

클래스를 호출할 때(클래스 객체를 인스턴스화할 때), __init__ 메서드가 자동으로 실행된다. (init 앞뒤에 밑줄을 두 개씩 쓴다). 다른 인스턴스 메서드와 마찬가지로 __init__ 메서드의 첫 번째 매개변수는 self다. 이 클래스에는 __init__ 메서드에 respdict 매개변수가 있는데, 이것은 NLS 데이터 값들의 딕셔너리를 받는다. 이후 단계에서 NLS 데이터프레임의 각 행마다 응답자 객체를 인스턴스화할 것이다.

__init__ 메서드는 전달받은 respdict 값을 self.respdict에 힐딩해 인스딘스 변수를 생성히며, 다른 메서드가 그것을 참조할 수 있다. 끝으로, respondentcnt라는 카운터를 증가시킨다. 이 카운터는 나중에 respondent 인스턴스 개수를 확인하는 데 사용할 수 있다. math와 datetime 모듈도 임포트한다. (클래스명은 관례에 따라 대문자로 시작한다.)

```
import math
import datetime as dt

class Respondent:
  respondentcnt = 0

  def __init__(self, respdict):
    self.respdict = respdict
    Respondent.respondentcnt+=1
```

③ 자녀 수를 세는 메서드를 추가한다.

이 메서드는 응답자와 함께 사는 자녀 수와 응답자와 함께 살지 않는 자녀 수를 더해서 총 자녀 수를 구하는 매우 단순한 메서드다. self.respdict 딕셔너리의의 childathome과 childnotathome 키 값을 사용한다.

```python
def childnum(self):
    return self.respdict['childathome'] + self.respdict['childnotathome']
```

④ 설문조사가 이뤄진 20년간의 평균 근무 주 수를 구하는 메서드를 추가한다.

딕셔너리 컴프리헨션을 이용해 누락값이 없는 근무 주 수의 딕셔너리(workdict)를 만든다. workdict의 값을 합산해 workdict의 길이로 나눈다.

```python
def avgweeksworked(self):
    workdict = {k: v for k, v in self.respdict.items() \
      if k.startswith('weeksworked') and not math.isnan(v)}
    nweeks = len(workdict)
    if (nweeks>0):
      avgww = sum(workdict.values())/nweeks
    else:
      avgww = 0
    return avgww
```

⑤ 주어진 날짜를 기준으로 나이를 계산하는 메서드를 추가한다.

이 메서드는 날짜 문자열(bydatestring)을 받아서 나이 계산의 종료 날짜로 사용한다. datetime 모듈을 사용해 date 문자열을 datetime 객체인 bydate로 변환한다. bydate의 연도에서 self.respdict의 출생연도를 뺀 후, 올해의 생일이 도래하지 않았으면 1을 더 뺀다. (NLS 데이터셋에는 출생연도와 생월만 있으므로 중간 날짜인 15를 선택한다).

```python
def ageby(self, bydatestring):
    bydate = dt.datetime.strptime(bydatestring, '%Y%m%d')
    birthyear = self.respdict['birthyear']
    birthmonth = self.respdict['birthmonth']
    age = bydate.year - birthyear
    if (bydate.month<birthmonth or (bydate.month==birthmonth \
        and bydate.day<15)):
      age = age -1
    return age
```

⑥ 응답자가 4년제 대학에 등록한 적이 있는지를 나타내는 플래그를 생성하는 메서드를 추가한다.

딕셔너리 컴프리헨션으로 4년제 대학 등록 값이 있는지 확인한다.

```python
def baenrollment(self):
    colenrdict = {k: v for k, v in self.respdict.items() \
      if k.startswith('colenr') and v=="3. 4-year college"}
    if (len(colenrdict)>0):
      return "Y"
    else:
      return "N"
```

⑦ 응답자 클래스를 임포트한다.

이제 Respondent 객체를 인스턴스화할 준비가 됐다! 이 작업은 ①에서 만든 class_cleaning.py 파일에서 하자. 먼저 응답자 클래스를 임포트한다. (respondent.py가 helperfunctions 폴더에 있다고 가정한다.)

```python
>>> sys.path.append(os.getcwd() + "/helperfunctions")
>>> import respondent as rp
```

⑧ NLS 데이터를 로드하고 딕셔너리의 리스트를 생성한다.

to_dict 메서드를 사용해 딕셔너리의 리스트(nls97list)를 생성한다. 데이터프레임의 각 행이 딕셔너리가 되며 열 이름이 키가 된다. 첫 번째 딕셔너리(첫 행)의 일부를 출력한다.

```python
>>> nls97 = pd.read_csv("data/nls97f.csv")
>>> nls97list = nls97.to_dict('records')
>>> nls97.shape
(8984, 89)
>>> len(nls97list)
8984
>>> pprint.pprint(nls97list[0:1])
[{'birthmonth': 5,
  'birthyear': 1980,
  'childathome': 4.0,
  'childnotathome': 0.0,
  'colenrfeb00': '1. Not enrolled',
  'colenrfeb01': '1. Not enrolled',
  ...
  'weeksworked16': 48.0,
  'weeksworked17': 48.0}]
```

⑨ 리스트를 순회하며 respondent 객체를 생성한다.

각각의 딕셔너리를 응답자 클래스에 전달한다(rp.Respondent(respdict)). 응답자 객체를 생성하면(resp), 모든 인스턴스 메서드를 사용해 원하는 값을 얻을 수 있다. 인스턴스 메서드에서 반환되는 값들을 가지고 새로운 딕셔너리를 생성해 analysisdict에 추가한다.

```
>>> analysislist = []
>>>
>>> for respdict in nls97list:
...     resp = rp.Respondent(respdict)
...     newdict = dict(originalid=respdict['originalid'],
...         childnum=resp.childnum(),
...         avgweeksworked=resp.avgweeksworked(),
...         age=resp.ageby('20201015'),
...         baenrollment=resp.baenrollment())
...     analysislist.append(newdict)
...
```

⑩ 딕셔너리를 판다스 DataFrame 메서드에 전달한다.

먼저, analysislist의 원소 개수와 생성된 인스턴스의 수가 같은지 확인한다.

```
>>> len(analysislist)
8984
>>> resp.respondentcnt
8984
>>> pprint.pprint(analysislist[0:2])
[{'age': 40,
  'avgweeksworked': 49.05555555555556,
  'baenrollment': 'Y',
  'childnum': 4.0,
  'originalid': 8245},
 {'age': 37,
  'avgweeksworked': 49.388888888888886,
  'baenrollment': 'N',
  'childnum': 2.0,
  'originalid': 3962}]
>>> analysis = pd.DataFrame(analysislist)
>>> analysis.head(2)
   originalid  childnum  avgweeksworked  age baenrollment
```

0	8245	4.0	49.055556	40	Y
1	3962	2.0	49.388889	37	N

파이썬에서 클래스를 작성하고, 클래스에 데이터를 전달하고, 클래스의 인스턴스를 생성하고, 클래스 메서드를 호출하여 변숫값을 갱신하는 방법을 시연했다.

원리

이 레시피의 주된 작업은 ②에서 이뤄졌다. 응답자 클래스를 작성하고 이후 작업의 기틀을 잡았다. 각 행의 값을 갖는 딕셔너리를 클래스의 __init__ 메서드에 전달한다. __init__ 메서드는 딕셔너리를 인스턴스 변수에 할당해 클래스의 모든 메서드에서 사용할 수 있게 한다(self.respdict = respdict).

③~⑥에서는 딕셔너리를 사용해 자녀 수, 연도별/연령별 근무 주 수, 대학 등록을 계산한다. ④와 ⑥은 다수의 키에 대해 값이 같은지 확인할 때 딕셔너리 컴프리헨션이 유용함을 보여준다. 딕셔너리 컴프리헨션으로 관련 키(weeksworked##, colenroct##, colenrfeb##)를 선택하고 그러한 키들의 값을 검사할 수 있었다. 이와 같이 정리가 될 된(untidy) 설문조사 데이터 등을 다룰 때 딕셔너리 컴프리헨션이 매우 유용하다.

⑧에서 to_dict로 딕셔너리의 리스트를 생성했다. 예상되는 리스트 아이템 개수는 8,984개로, 데이터 프레임의 행 수와 같다. pprint로 첫 번째 아이템이 어떻게 생겼는지 출력했다. 이 딕셔너리는 열 이름과 열 값을 각각 키와 값으로 갖는다.

⑨에서는 리스트를 순회하며 응답자 객체를 생성하고 리스트 아이템을 전달한다. 원하는 값을 얻으려면 메서드를 호출하면 되는데, 예외적으로 originalid는 딕셔너리에서 직접 끄집어낼 수 있다. 그러한 값들을 갖는 딕셔너리(newdict)를 생성해 리스트(analysislist)에 추가한다.

⑩에서는 ⑨에서 생성한 리스트(analysislist)를 판다스 DataFrame 메서드에 전달함으로써 판다스 데이터프레임을 생성한다.

추가 정보

클래스에 데이터 행을 전달하는 것도 가능하지만 여기서는 딕셔너리를 전달했다. 그 이유는 데이터프레임을 itertuples나 iterrows로 순회하는 것보다 넘파이 배열이 더 효율적이기 때문이다. 데이터프레임 행 대신 딕셔너리를 사용하더라도 클래스에서 필요로 하는 기능을 별로 희생하지 않아도 된다. sum 과 mean 같은 함수도 사용할 수 있고 특정 조건에 맞는 값의 개수를 셀 수도 있다.

응답자 클래스는 그 개념상 데이터에 대한 이터레이션을 피하기 어렵다. 이 응답자 클래스는 우리가 분석 단위로 생각하는 설문조사 응답자와 일치한다. 이는 우리가 당연히 데이터를 얻는 방식이기도 하다. 하지만 데이터 행을 하나씩 순회하는 것은 넘파이 배열을 사용하더라도 자원을 많이 소모한다.

그러나 다루는 데이터가 열의 개수가 많고 시간이 흘러도 구조가 많이 바뀌지 않는다면, 예시한 것과 같이 클래스를 구성하는 것이 유리하다. 가장 중요한 이점은 데이터에 대한 우리의 직관과 일치하고 각 응답자의 데이터를 이해하는 데 집중한다는 것이다. 또한 클래스를 잘 구성하면, 그렇지 않은 경우보다 훨씬 적은 양의 데이터를 전달한다.

참고

데이터프레임 행과 넘파이 배열을 탐색하는 방법을 7장 '집계 시 지저분한 데이터 고치기'에서 살펴 본다.

파이썬에서 클래스를 다루는 법을 간단히 소개했다. 파이썬에서의 객체 지향 프로그래밍을 더 배우고 싶다면, 더스티 필립스(Dusty Phillips)의 《Python 3 Object-Oriented Programming, Third Edition》을 추천한다.

10.6 표 형태가 아닌 데이터 구조를 다루는 클래스

데이터 과학자들이 JSON이나 XML 파일처럼 표 형태가 아닌 데이터를 받는 일이 점점 많아지고 있다. JSON과 XML은 유연하여 데이터 항목 간의 복잡한 관계를 파일 하나로 나타낼 수 있다. 대기업의 데이터 시스템에서 두 테이블에 나타내는 일대다 관계를 JSON에서는 부모 노드와 자식 노드로 잘 표현할 수 있다.

JSON 데이터를 받았을 때 가장 먼저 할 일은 정규화로, 이 책의 레시피 두 곳에서 수행한다. 실제로 JSON의 유연성으로 인해 복잡해 보이는 데이터로부터 일대일과 일대다 관계를 복원하려고 시도한다. 그렇지만 이러한 데이터를 다루는 또 다른 좋은 방법이 있다.

데이터를 정규화하는 대신, 적절한 분석 단위에 따라 객체를 인스턴스화하는 클래스를 작성하고 그 클래스의 메서드를 사용해 일대다 관계를 탐색할 수 있다. 예를 들어, 학생 노드가 있고 수강 과목을 나타내는 자식 노드 여러 개가 있는 JSON 파일을 받았다면, 일반적으로는 학생 파일과 과목 파일을 생성하고 학생 ID를 양쪽 파일의 병합 기준 열로 삼는 방식으로 정규화하려고 할 것이다. 이 레시피에서는 그렇게 하는 대신, 데이터를 그대로 둔 채로 학생 클래스를 만들고, 총 학점 계산처럼 자식 노드를 계산하는 메서드를 만들 것이다.

이 레시피에서는 클리블랜드 미술관 데이터를 사용하자. 이 데이터에는 소장품이 있고, 품목별로 하나 이상의 매체 인용과 작가에 해당하는 노드가 있다.

준비

이 레시피는 requests 및 pprint 라이브러리가 있는 것으로 가정한다. 아직 설치하지 않았다면 pip로 설치할 수 있다. 터미널(윈도우에서는 파워셸)에서 pip install requests 및 pip install pprint를 입력한다.

클리블랜드 미술관 collections API를 사용할 때 생성되는 JSON 파일 구조를 보인다. (지면을 절약하려고 JSON 파일을 축약했다.)

```
{
  "id": 165157,
  "title": "Fulton and Nostrand",
  "creation_date": "1958",
  "citations": [
    {
      "citation": "Annual Exhibition: Sculpture, Paintings, Watercolors, Drawings",
      "page_number": "Unpaginated, [8],[12]",
      "url": null
    },
    {
      "citation": "\"Moscow to See Modern U.S. Art,\"<em> New York Times</em> (May 31, 1959).",
      "page_number": "P. 60",
      "url": null
    }
  ],
```

```
  "creators": [
    {
      "description": "Jacob Lawrence (American, 1917-2000)",
      "role": "artist",
      "birth_year": "1917",
      "death_year": "2000"
    }
  ]
}
```

> **참고**
>
> 클리블랜드 미술관은 이 데이터에 대한 공개 액세스를 제공한다.[3] 이 레시피에서 사용하는 인용과 작가 외에도 많은 정보를
> API를 통해 얻을 수 있다.

작업 방법

작가와 매체 인용에 필요한 데이터를 요약하는 소장품 클래스를 작성한다.

① pandas, json, pprint, requests 라이브러리를 임포트한다.

소장품 객체를 인스턴스화하는 데 사용할 파일을 생성하고 이름은 class_cleaning_json.py로 하자.

```
>>> import pandas as pd
>>> import json
>>> import pprint
>>> import requests
```

② CollectionItem 클래스를 작성한다.

클래스의 __init__ 메서드에 소장품별 딕셔너리를 전달함으로써, 클래스의 인스턴스가 생성될 때마다 자동으로 실행하게 한다. 소장품 딕셔너리를 인스턴스 변수에 할당한다. 클래스를 helperfunctions 폴더의 collectionitem.py로 저장한다.

```
class CollectionItem:
  collectionitemcnt = 0

  def __init__(self, colldict):
```

```
            self.colldict = colldict
            Collectionitem.collectionitemcnt+=1
```

③ 소장품의 첫 번째 작가의 출생년도를 얻는 메서드를 작성한다.

소장품은 작가가 여러 명일 수 있음을 기억하자. 따라서 creators 키는 한 개 이상의 리스트를 값으로 가질 수 있으며, 이 아이템들은 딕셔너리들이다. 첫 번째 작가의 출생년도를 얻으려면 ['creators'][0]['birth_year']가 필요하다. 또한 출생년도 키가 없는 경우도 허용해야 하므로 그 점을 먼저 테스트한다.

```
    def birthyearcreator1(self):
        if ("birth_year" in self.colldict['creators'][0]):
            byear = self.colldict['creators'][0]['birth_year']
        else:
            byear = "Unknown"
        return byear
```

④ 전체 작가의 출생년도를 얻는 메서드를 작성한다.

리스트 컴프리헨션을 사용해 모든 작가 아이템을 순회한다. 이 함수는 출생년도를 리스트를 반환한다.

```
    def birthyearsall(self):
        byearlist = [item.get('birth_year') for item in self.colldict['creators']]
        return byearlist
```

⑤ 작가 수를 세는 메서드를 작성한다.

```
    def ncreators(self):
        return len(self.colldict['creators'])
```

⑥ 매체 인용 수를 세는 메서드를 작성한다.

```
    def ncitations(self):
        return len(self.colldict['citations'])
```

⑦ collectionitem 모듈을 임포트한다.

이 작업은 ①에서 생성한 class_cleaning_json.py 파일에서 한다.

```
>>> sys.path.append(os.getcwd() + "/helperfunctions")
>>> import collectionitem as ci
```

⑧ 미술관 소장품 데이터를 로드한다.

딕셔너리의 리스트가 반환된다.

```
>>> response = requests.get("https://openaccess-api.clevelandart.org/api/artworks/?african
_american_artists")
>>> camcollections = json.loads(response.text)
>>> camcollections = camcollections['data']
```

⑨ camcollections 리스트를 순회한다.

camcollections의 각 아이템에 대해 소장품 인스턴스를 생성한다. 각 아이템(소장품, 작가, 인용 키의 딕셔너리)을 클래스에 전달한다. 방금 작성한 메서드를 호출하고, 반환되는 값을 새로운 딕셔너리(newdict)에 할당한다. 그 딕셔너리를 리스트(analysislist)에 추가한다. (값을 바꿀 필요가 없으므로 값 일부는 title=colldict['title']과 같이 딕셔너리로부터 직접 얻을 수 있다.)

```
>>> analysislist = []
>>>
>>> for colldict in camcollections:
...     coll = ci.Collectionitem(colldict)
...     newdict = dict(id=colldict['id'],
...       title=colldict['title'],
...       type=colldict['type'],
...       creationdate=colldict['creation_date'],
...       ncreators=coll.ncreators(),
...       ncitations=coll.ncitations(),
...       birthyearsall=coll.birthyearsall(),
...       birthyear=coll.birthyearcreator1())
...     analysislist.append(newdict)
...
```

⑩ 새로운 리스트로 분석 데이터프레임을 생성한다.

개수가 맞는지 확인하고, 딕셔너리의 첫 번째 아이템을 출력해본다.

```
>>> len(camcollections)
789
>>> len(analysislist)
789
>>> pprint.pprint(analysislist[0:1])
[{'birthyear': '1917',
```

```
 'birthyearsall': ['1917'],
 'creationdate': '1958',
 'id': 165157,
 'ncitations': 24,
 'ncreators': 1,
 'title': 'Fulton and Nostrand',
 'type': 'Painting'}]
>>> analysis = pd.DataFrame(analysislist)
>>> analysis.birthyearsall.value_counts().head()
[1951]            262
[1953]            118
[1961, None]      105
[1886]             34
[1935]             17
Name: birthyearsall, dtype: int64
>>> analysis.head(2)
       id                title ... birthyearsall  birthyear
0  165157  Fulton and Nostrand ...        [1917]       1917
1  163769        Go Down Death ...        [1899]       1899

[2 rows x 8 columns]
```

클래스를 사용해 표 형식이 아닌 데이터를 다루는 법을 시연했다.

원리

이 레시피는 JSON 파일 또는 일대다/다대다 관계를 내포하는 파일을 직접 다루는 법을 시연했다. 분석 단위(이 경우 소장품)에서 클래스를 작성한 다음, 소장품의 여러 데이터 노드를 요약하는 메서드를 작성했다.

❸에서 ❻까지 작성한 메서드들은 직관적이다. 이 레시피의 '준비' 항에서 데이터 구조를 처음 볼 때는 정제하기가 상당히 까다로울 것으로 보였지만 꽤 안정적인 구조인 것으로 밝혀졌다. creators와 citations에 대해 하나 이상의 자식 노드가 있다. creators와 citations 노드에도 키와 값 쌍으로 된 자식 노드가 있다. 이 키가 항상 존재하는 것은 아니므로, 값을 얻기 전에 키가 있는지부터 검사해야 한다(❸).

추가 정보

JSON 파일을 직접 다루는 것의 장점을 2장 'HTML과 JSON을 판다스로 가져올 때의 데이터 정제'에서 자세히 다뤘다. 가능하면 JSON 파일을 그대로 사용하는 것이 왜 좋은지를 소장품 데이터가 잘 나타낸다. 데이터 구조는 매우 다른 형태라 할지라도 의미가 있다. 데이터를 정규화하다보면 구조의 일부를 잃어버릴 위험이 따르기 마련이다.

[기호]

1인당 GDP   12

[A– Z]

apply   75, 128
BeautifulSoup   58
CSV   2, 33
GHCN   3, 8, 39, 152, 212, 240, 269, 285, 296, 343
GPA   198, 202, 213
JSON(JavaScript Object Notation)   43
k–최근접 이웃   141
KNN   142, 235
lambda   56, 75, 212, 214
matplotlib   105, 120
msgpack   64
NaN   6, 23, 32
NLS   24, 33, 70, 128, 158, 172, 198, 202, 207, 212, 218, 224, 235, 252, 259, 275, 313, 336
numpy.arange   101
numpy.select   213
numpy.where   212
pandas.concat   272
pandas.crosstab   221
pandas.DataFrame.agg   255, 266
pandas.DataFrame.apply   21, 165, 260
pandas.DataFrame.count   13, 19
pandas.DataFrame.describe   12, 250
pandas.DataFrame.dropna   5, 232
pandas.DataFrame.fillna   105, 232
pandas.DataFrame.filter   78, 83, 94, 130, 214, 332
pandas.DataFrame.first   251
pandas.DataFrame.groupby   248
pandas.DataFrame.head   4, 9, 27, 41, 85
pandas.DataFrame.info   10

pandas.DataFrame.isnull   5, 105, 231
pandas.DataFrame.last   251
pandas.DataFrame.nunique   13
pandas.DataFrame.quantile   101
pandas.DataFrame.reset_index   41
pandas.DataFrame.sample   73
pandas.DataFrame.select_dtypes   82
pandas.DataFrame.sum   105
pandas.DataFrame.to_feather   41
pandas.DataFrame.to_pickle   41
pandas.DataFrame.value_counts   96
pandas.options   3
pandas.qcut   121
pandas.read_csv   3, 7
pandas.read_excel   8
pandas.read_feather   41
pandas.read_pickle   41
pandas.Series.agg   205
pandas.Series.all   204
pandas.Series.any   204
pandas.Series.describe   205, 227
pandas.Series.fillna   225
pandas.Series.head   198, 207
pandas.Series.iloc   200
pandas.Series.isin   220
pandas.Series.loc   200
pandas.Series.nlargest   210
pandas.Series.quantile   40, 202~205, 212~213
pandas.Series.replace   222
pandas.Series.str.endswith   219
pandas.Series.str.findall   221
pandas.Series.str.startswith   219
pandas.Series.str.strip   219
pandas.Series.sum   204
pandas.Series.value_counts   21, 26, 94, 106, 219
pandas.set_option   3
pandas.Timedelta   228

pandas.to_datetime	226
pickle	38
pprint	44
pyarrow	39
PyOD	141
pyreadr	33
pyreadstat	24
R	33
rpy2	37
SAT	176, 339
scipy	110, 336
seaborn	120
skewness	99
sklearn	235
statsmodels	110, 135
ZIP 파일	7

[ㄱ - ㅎ]

균일분포	151
극단값	40
기술통계	100
넘파이	212
누락값	32, 105
다대다 병합	267, 290
다변량 관계	143
대치	105, 225, 235
딕셔너리 컴프리헨션	44
리스트 컴프리헨션	44, 50
모듈	325
모수적 검정	118
바이올린 플롯	171
박스플롯	158, 340
범주형변수	94, 330
분위수–분위수 그림	112, 152
사분위범위	158
산점도	112, 178
상관	192
상관행렬	120, 192
수면 시간	90
스택 히스토그램	152
슬라이스 표기	92, 209
아이솔레이션 포레스트	145
연속변수	69, 99, 251, 330, 342
영속화	38
왜도	99, 111, 153, 341
이변량 관계	119
이상값	109, 148
일대다 병합	267
일대일 병합	267
임금소득 분포	177
정규분포	151
정상값	148
조류 관찰	119

조인 연산 273
중심경향(성) 99, 109, 336
중앙값 102
중첩변수 98
지표온도 7, 40, 151, 212, 240, 244, 264, 269, 343
첨도 111, 153, 341
카티전 곱 290
코로나19 57, 69, 105, 172, 224, 240, 244, 248, 264, 301, 336, 343
쿡의 거리 138
크로스탭 121
클리블랜드 미술관 52, 63, 291, 305, 356
패널 데이터 74
페더 39
평균 102
표준편차 109, 255, 341
피클 38
회귀직선 123
히스토그램 99, 115, 152, 340
히트맵 192